MARCO POLO

Berlin
Potsdam

Reisen mit Insider Tipps

W0274541

Diesen Führer schrieb Joachim Nawrocki, er ist seit vielen Jahren Korrespondent der »Zeit« in Berlin.

marcopolo.de
Die aktuellsten Insider-Tipps finden Sie unter www.marcopolo.de, siehe auch Seite 108

MAIRS GEOGRAPHISCHER VERLAG

SYMBOLE

MARCO POLO INSIDER-TIPPS: (Insider Tipp)
Von unserem Autor für Sie entdeckt

★ **MARCO POLO HIGHLIGHTS:**
Alles, was Sie in Berlin kennen sollten

HIER HABEN SIE EINE SCHÖNE AUSSICHT

WO SIE JUNGE LEUTE TREFFEN

PREISKATEGORIEN

Hotels	
€€€	über 150 Euro
€€	100–150 Euro
€	60–120 Euro

Die Preise gelten pro Nacht für zwei Personen im Doppelzimmer mit Frühstück.

Restaurants	
€€€	18–30 Euro
€€	12–20 Euro
€	8–15 Euro

Die Preise gelten für ein Hauptgericht ohne Getränke.

KARTEN

[116 A1] Seitenzahlen und Koordinaten für den Cityatlas Berlin

[0] außerhalb des Kartenausschnittss

Übersichtskarte Berlin mit Umland auf S. 138/139

Stadtplan Potsdam auf S. 140/141

Zu Ihrer Orientierung sind auch die Objekte mit Koordinaten versehen, die nicht im Cityatlas eingetragen sind.

GUT ZU WISSEN

Der Bär ist los **11** · Entspannen & Genießen **25** · Richtig fit! **36**
Gipsbüsten und Porzellan **43** · Die Gourmettempel von Berlin **52**
Berliner Spezialitäten **54** · Alt und edel **65** · Berliner Luxushotels **70**
Juden in Berlin **84**

Inhalt

Die besten Marco Polo Insider-Tipps ... vorderer Umschlag
Die wichtigsten Marco Polo Highlights ... 4
Auftakt ... 7
Entdecken Sie Berlin!
Stichworte ... 13
Bauboom, Kabarett und Love Parade
Feste, Events und mehr ... 16
Sehenswertes ... 19
Sightseeing von Alex bis Zoo
Museen ... 39
Kunst, Altertum und Technik
Essen & Trinken ... 49
Nicht nur Currywurst und Bouletten
Einkaufen ... 61
Gewusst, wo
Übernachten ... 67
Jut jeschlafen?
Am Abend ... 75
Wo die Nacht zum Tag wird

Potsdam ... 87
Potsdam ist nicht nur Sanssouci

Stadtspaziergänge ... 95
Kontrastprogramm: City Mitte und City West
Ausflüge & Touren ... 101
Seen, Parks und Schlösser

Angesagt! ... 106
Praktische Hinweise ... 107
Von Anreise bis Wetter

Cityatlas Berlin mit Strassenregister ... 113

Kartenlegende Cityatlas ... 115
Marco Polo Programm ... 147
Register ... 148
Impressum ... 150

Bloss nicht! ... 151

Die wichtigsten MARCO POLO Highlights

Sehenswürdigkeiten, Orte und Erlebnisse, die Sie nicht verpassen sollten

1. **Reichstagsgebäude**
Mit der wundersamen Glaskuppel setzte Norman Foster ihm ein Glanzlicht auf (Seite 22)

2. **Unter den Linden**
Der berühmteste Boulevard der Stadt und am Ende Berlins Wahrzeichen, das Brandenburger Tor (Seite 24)

3. **Gendarmenmarkt**
Berlins schönster, von historischen Bauten umstandener Platz im Herzen der Stadt (Seite 30)

4. **Glienicker Park**
In Preußens Arkadien Schlösser, Pavillons, Fontänen, Skulpturen – Prinz Carl holte Italien nach Berlin (Seite 32)

5. **Pfaueninsel**
Wunderbare Kulisse für erholsame Spaziergänge – auf der Insel im Wannsee tändelte der dicke Wilhelm mit der schlanken Wilhelmine (Seite 32)

6. **Schloss Charlottenburg**
Preußische Oase mit französischem Charme mitten in der Stadt (Seite 33)

7. **Ägyptisches Museum**
Nofretete, die schöne Ägypterin im gesetzten Alter von 660 Jahren, hat noch jeden fasziniert (Seite 40)

Die Philharmonie am Kemperplatz

Schauspielhaus am Gendarmenmarkt

8 Sammlung Berggrün
Ausgesuchte Sammlung moderner Kunst, die Heinz Berggrün seiner Heimatstadt, die er 1936 verlassen musste, schenkte (Seite 44)

9 Pergamon-Museum
Beeindruckende Monumente der Antike: Pergamon-Altar, Markttor von Milet, Ischtar-Tor (Seite 47)

10 Borchardt
Hier kehrte schon der Kronprinz ein, und die heutigen Gäste sind nicht weniger fein (Seite 57)

11 Oren
Wo jüdisches Leben wieder sprießt, angenehm essen und wie unter Freunden sitzen (Seite 59)

12 KaDeWe
Das größte Kaufhaus des Kontinents, berühmt für seine unübertroffene Lebensmittelabteilung (Seite 63)

Schloss Sanssouci in Potsdam

13 Staatsoper Unter den Linden
Seit Friedrich II. anspruchsvolle Aufführungen und Konzerte der 1570 gegründeten Staatskapelle (Seite 76)

14 Philharmonie
In der phantastischen Konzerthalle spielt Deutschlands bestes Orchester (Seite 83)

15 Potsdam/Sanssouci
Wo Friedrich mit Voltaire diskutierte – eine Park- und Schlösserlandschaft ohnegleichen (Seite 88)

★ *Die Highlights sind in der Karte auf dem hinteren Umschlag eingetragen*

10

Entdecken Sie Berlin!

Berlin mausert sich zur Hauptstadt und Metropole – doch die Kiezkultur bleibt erhalten

Stadtidyll am Tegeler See

Jetzt ist Berlin wirklich *eine* Stadt geworden. Von der ehemaligen Teilung in zwei politische Welten, von der Mauer, die 28 Jahre lang Ost von West trennte, ist kaum noch etwas zu spüren. Inzwischen ist Berlin Hauptstadt des wiedervereinigten Deutschland geworden: Sitz des Parlaments, der Regierung, des Bundespräsidenten sowie vieler Ministerien. Das hat auch die Medien und die wichtigsten Verbände nach Berlin gezogen, die Dienstleistungsbranchen und die Hotelbetreiber. Vor allem in der alten, lange vernachlässigten Mitte Berlins tut sich viel. Restaurants, Galerien, Boutiquen, Szeneläden, Kleinkunstbühnen siedeln sich hier an und machen Berlin zur gegenwärtig interessantesten Stadt Deutschlands.

Die Integration der einstigen Inselstadt in Europa, der Umbau einer ganzen Metropole lässt sich hier hautnah erleben. Und weil dies zwar das Ergebnis eines historischen Ereignisses – des Mauerfalls und des Endes der DDR – ist, aber doch auch eine Entwicklung von Jahren, wird Berlin noch für lange Zeit eine unerhört spannende Gegend bleiben. Ja, Gegend – denn man spürt es nicht nur in Berlin, sondern auch um Berlin herum, selbst im hässlichsten Kiez und im kleinsten Winkel: überall Wandel, Begegnung, Aufbruch, Erneuerung, aber auch Ernüchterung.

Eines der Wahrzeichen Berlins: das Brandenburger Tor

Altes wird neu entdeckt, Neues wächst heran. Da schälen sich traditionelle Strukturen wieder aus dem heraus, was lange überwuchert war von Sperrgebieten, Misswirtschaft und Kaltem Krieg. Heruntergekommene Gebäude wurden zu prächtigen Residenzen des Bundesrats, des Berliner Abgeordnetenhauses und einiger Bundesministerien. Verkommene Ensembles von Häusern und Höfen wurden zu Touristenattraktionen wie die Gegend um den Hackeschen Markt.

Die Wiederbelebung alter Stadtstrukturen ist dabei häufig überzeugender gelungen als der retortenhafte Neubau von Konsumtempeln und Bürotürmen, obwohl es auch dafür positive Beispiele gibt. Berlin jedenfalls ist Boomtown: kulturell, wirtschaftlich, touristisch, politisch.

Und Berlin hat sein Umland zurückgewonnen. Ein völlig neues Berlin-Gefühl ist das, immer noch. In der Umgebung hat fast jeder Ort eine Kirche oder ein Schloss, von Schinkel, Persius oder Knobelsdorff zumindest beeinflusst, und einen Park, der auf Lenné oder Pückler zurückzuführen ist – von den Wäldern und Seen, die die Stadt umgeben, ganz zu schweigen. Nach wenigen Kilometern schon hat man die Metropole hinter sich gelassen, weil sie nicht so in die Landschaft gewuchert ist, wie vergleichbare Stadtorganismen.

»Eine Stadt im Grünen und am Wasser«

Szenenwechsel ist angesagt. »Was immer in Deutschland nach oben strebte, saugte sie mit Tornadokräften in sich hinein«, schrieb Carl Zuckmayer über die Metropole der 1920er-Jahre. Das ist heute wieder so. Der geistige Schmelztiegel und die Talentschmiede, die ihre Attraktion dem Zusammenprall der Kulturen West- und Osteuropas verdankten, sind wieder entstanden. Die »Generation Berlin«, die jungen Schriftsteller, aufstrebenden Manager und Nachwuchspolitiker, sie prägen einen wesentlichen Teil der Berliner Gesellschaft. Das gesellschaftliche Leben ist nicht mehr vergleichbar mit dem der »Käseglocke« West-Berlin und dem Muff in Ost-Berlin: allenthalben Parties, Galadiners, Vernissagen, Modenschauen, Empfänge. Wer auf den richtigen Einladungslisten steht, muss keinen Abend zu Hause bleiben.

Flanieren wie zu Kaisers Zeiten: Unter den Linden

Alle früheren Handicaps Berlins – die geografische Lage, die politische Sonderstellung, die kulturelle Scheidelinie – sind nun zu Platzvorteilen geworden. Berlin gewinnt eine neue Dimension, es hat ungeahnte Herausforderungen bewältigt und ist interessant geworden für Menschen aus aller Welt: nicht nur für Politiker, Unternehmer, Finanziers, Journalisten und Künstler, sondern vor allem auch für auswärtige Besucher, die miterleben wollen, was hier vorgeht. Sie können das kaum noch zu überblickende kulturelle Angebot nutzen, das vielfältige Nachtleben auskosten, die lebendige Berliner Szene erkunden und die schöne Umgebung entdecken. Die Cafés, Kneipen, Clubs und Jazzkeller sind voll – das Leben ist großstädtischer geworden, aber auch hektischer.

Doch auch Geschichte lässt sich hier entdecken. Berlin ist zwar nicht so alt wie Rom, Paris oder Köln, aber immerhin findet man hier ein halbes Hundert Dorfkirchen aus dem Mittelalter, das Jagdschloss Grunewald aus dem 16. sowie den Alten Marstall und das Zeughaus aus dem 17. Jh. Schon um 1100 kamen deutsche Kolonisten vom Niederrhein in diese Gegend, aber erst 1237 wurden Cölln an der Spree und 1244 das gegenüberliegende Städtchen Berlin erstmals urkundlich erwähnt. Im Jahre 1411 machte Kaiser Sigismund den Burggrafen Friedrich von Nürnberg zum Statthalter in der Mark Brandenburg. So kamen die Hohenzollern nach Berlin – und blieben bis 1918. Der erste bedeutende Kurfürst war 1640 bis 1688 Friedrich Wilhelm, den man auch den »Großen Kurfürsten« nennt. Er schuf den brandenburgisch-preußischen Staat und baute Berlin zur Hauptstadt aus. Sein Sohn ließ sich 1701 in Königsberg zum König Friedrich I. krönen. Dessen Nachfolger, Friedrich Wilhelm I., war der »Soldatenkönig«. Er errichtete Manufakturen für Uniformstoffe und Waffenfabriken, förderte Handel, Banken und Bauwesen, und es entstanden die Berliner Vorstädte. Seine Lieblingsgarde waren die berühmten »Langen Kerls«. Dann kam Friedrich II., der Große, der Kultur und Wissenschaft förderte, Baumwoll- und Seidenmanufakturen gründen ließ und die noch heute bestehende Preußische Porzellanmanufaktur kaufte. Mit seinen Kriegen machte er Preußen zu einer Großmacht, einer wenig beliebten freilich.

» Die Preußische Geschichte ist allgegenwärtig «

Dann folgte die Zeit der Romantik: Ludwig Tieck, Joachim von Arnim, Heinrich von Kleist, die literarischen Salons von Rahel Varnhagen und Henriette Herz und später Bettina von Arnim bestimmten das geistige Klima. 1810 gründete Wilhelm von Humboldt die Berliner Universität, die einen raschen Aufschwung nahm. Bald kamen auch die Gründerjahre: 1815 die ersten Maschinenbauanstalten von Freund und Egells, 1821 Beuths Gewerbeinstitut, 1826 die erste Gasanstalt, 1837 Borsig, 1847 Siemens und Halske. Berlin wurde zur Industrie- und Arbeiterstadt. 1848 kämpften Arbeiter, Handwerker und Studenten auf den Barrikaden gemeinsam für eine liberale Verfassung.

Skulptur »Berlin« von Brigitte und Martin Matschinsky-Denninghoff

1871 wurde Berlin Hauptstadt des Deutschen Reiches. Kaiser wurde Wilhelm I., dann für 99 Tage Friedrich III. Es folgte Wilhelm II., der Bismarck verjagte und mit Hurra in den Ersten Weltkrieg ging. Am 9. November 1918, auf den Tag genau 71 Jahre vor der Maueröffnung, ging er ins Exil. Die Weimarer Republik brachte eine beispiellose kulturelle Blüte und wirtschaftliches Wachstum, verbunden freilich mit Finanzspekulation, Firmenbankrotten und sozialen Spannungen. 1920 wurde das Umland Berlins eingemeindet, es entstand Groß-Berlin mit 3,9 Mio. Einwohnern. Und dann kamen die zwölf schlimmsten Jahre: 1933 die Machtergreifung Adolf Hitlers, 1939 der Zweite Weltkrieg, 1945 die Niederlage. Millionen ermordeter Juden, gefallener Soldaten und im Bombenkrieg getöteter Menschen sind das Erbe dieser Zeit.

»Metropole mit bewegter Vergangenheit«

Berlin wurde eine von den vier Siegermächten besetzte Stadt. Die Währungsreform von 1948 lieferte den Sowjets den Vorwand für die totale Blockade West-Berlins, das elf Monate lang nur über eine Luftbrücke ernährt werden konnte, sowie für die Spaltung der Stadt. Am 16. Juni 1953 begann in Ost-Berlin der Volksaufstand gegen das SED-Regime, der am Tag darauf von den Sowjets niedergeschlagen wurde. Um den Flüchtlingsstrom aus der DDR nach West-Berlin aufzuhalten, baute der SED-Staat vom 13. August 1961 an die Mauer in Berlin. Stabilisiert hat das die DDR nicht. Weil Ende der 1980er-Jahre in Folge der Veränderungen in der Sowjetunion klar war, dass die Sowjets eine neue Volkserhebung nicht mehr niederschlagen würden, führten die Proteste der Oppositionellen diesmal zum Erfolg. Am 4. November 1989 demonstrierten eine Million Bürger auf dem Alexanderplatz, und am 9. November fiel die Mauer – und mit ihr die SED-Herrschaft.

Diese friedliche Revolution sagt auch etwas aus über die Menschen hier: ruhige Bürger, beharrlich, wach, klug – manche auch mutig und jedenfalls nicht zu unterschätzen. Die Berliner waren immer ein eigenes Völkchen. Die Wagemutigen, die Hoffnungslosen, die Ausgestoßenen kamen hierher: Hugenotten, Böhmen, Schlesier – erst beargwöhnt, dann integriert. In den Berlinern, konstatierte Gustav Langenscheidt, sammelten sich die Eigenschaften der Germanen, der Gallier und der Slawen: Zähigkeit und Phlegma von den einen, Leichtlebigkeit und Großrednerei von den anderen, Nachahmungskunst und Durst von den dritten.

» Berliner Schnauze: rau, aber herzlich «

Berliner ist man nicht, Berliner wird man, dann aber richtig. Und wer es noch nicht ist, kann es ja werden, deshalb werden Fremde so schnell akzeptiert, sofern sie nicht ganz arrogant oder stocksteif sind und keine Sensibelchen, die der raue Ton schreckt. Denn auf den ersten Blick wirken die Berliner ruppig, aber auf den zweiten sind sie auch ziemlich sentimental. Zugleich ironisieren sie das Hehre, demontieren das Großspurige, distanzieren sich von Ideologien – »Witz als der keuschere Ausdruck der Gefühle«, konstatierte der Schweizer Schriftsteller Max Frisch nach einer Berlin-Reise. Wer nicht zu empfindlich ist, findet leicht Zugang zu den Berlinern. »Fremd ist der Fremde nur in der Fremde«, behauptete Karl Valentin. Stimmt nicht, hier nicht – oder er ist selbst schuld.

Der Bär ist los

Berlin und sein berühmtes Wappentier

Der Bär ist seit 1280 Berliner Wappentier. Zuvor zeigte das Stadtsiegel einen Adler, und später musste der Bär sich den Wappenschild mit einem auf ihm sitzenden Adler teilen. Mit Bär und Mauerkrone gibt es das Wappen erst seit 1875. Dass der Stadtname »Berlin« etwas mit dem Bären zu tun hat, ist also unwahrscheinlich, und auch die slawische Herkunft des Namens ist fraglich, weil sich gleich lautende Orts- und Familiennamen schon vor der 650 begonnenen slawischen Besiedlung in Deutschland fanden. Vermutlich bedeutet »Berlin« so viel wie »fester Platz«, also eine im Sumpf oder in flachem Wasser eingebettete Insel.

Bauboom, Kabarett und Love Parade

Ob Politik, Wirtschaft, Architektur oder Kunst und Kultur – Berlin knüpft wieder an alte Glanzzeiten an

Architektur
Der Bauboom nach der Wiedervereinigung Berlins hat die Elite der Architekten aus aller Welt nach Berlin gezogen. Hunderte von Baulücken vor allem im Bezirk Mitte und im Osten der Stadt, aber auch ehrgeizige Projekte in der ehemaligen West-City und in den Randgebieten haben zahllose Investoren angelockt. Philip Johnson, I. M. Pei, Helmut Jahn, Aldo Rossi, Renzo Piano, Norman Foster, Jean Nouvel, O. M. Ungers, Max Dudler, Zvi Hecker, Frank O. Gehry, Hans Kollhoff und viele andere prägen das neue Gesicht der Stadt. Sicher haben nicht alle – zum Teil auch eingeengt durch strenge Bauvorschriften – nur Meisterwerke abgeliefert. Das neue Bundeskanzleramt von Axel Schultes und Charlotte Frank z. B., die »Kanzlerwaschmaschine«, wurde von der Presse einhellig verrissen und entwickelte sich dennoch binnen kurzer Zeit zum Touristenmagneten. Zu den unbestritten gelungenen Beispielen gehören die Nordischen Botschaften von Berger&Parkkinen (Rauchstr. 1), der Erweiterungsbau des Deutschen Historischen Museums von I. M. Pei, das Quartier Schützenstraße von Aldo Rossi, das Mosse-Palais am Leipziger Platz (Strauch, Callagher, Schneider) und das Auswärtige Amt (Wolff/Kollhoff, Müller/Reimann).

Am Potsdamer Platz zeigt Berlin jetzt seine futuristische Seite

Berlinisch
Das Berlinische ist keine Mundart, kein Jargon, sondern ein »richtiger« Dialekt mit eigenem Wortschatz, eigener Grammatik und vor allem auch eigenem Witz. Die Regeln sind kompliziert. Wer sie nicht beherrscht, scheitert jämmerlich. So etwa, wenn in ernst zu nehmenden Büchern behauptet wird, aus G werde immer J; der Bus heiße also »Jroßer Jelber« – Pustekuchen! J kommt in der Regel nur vor Vokalen, also »Großer Jelber«. Aus auf wird »uff«, doch Haus bleibt »Haus«. Aber auch heißt »ooch«. Hier zeigen sich die Einflüsse des Plattdeutschen. Ei ist also nicht immer »ee«, es hängt davon ab, ob ein altes »ei« oder ein plattes »î« zu Grunde liegt, also: »Eisbeen«. Deshalb wird auch aus mich und dich meist »mir« und »dir«, denn im Plattdeutschen heißt es »mi« und »di«. »Ick« und »Icke« unterscheiden sich wie im Französischen »je« und »moi«: »Ick jehe raus und kie-

ke, und wer steht draußen? Icke!«. Hinzu kommen Übernahmen aus dem Jiddischen (dufte, Schlamassel, Mischpoke) und dem Französischen (Budike, krakehlen, Kledage) – Vastande-wu?

Kabarett

Berlin ist wie in den 1920er-Jahren heute wieder die Hauptstadt des Kabaretts, von Revue und Varieté. An einem Sonnabend zählt die Programmzeitschrift »Zitty« unter dem Stichwort »Cabaret/Varieté« nicht weniger als 35 Veranstaltungen auf. Die Spielstätten der Stachelschweine und der Wühlmäuse, von Distel und Chamäleon, die »Bar jeder Vernunft« im Spiegelzelt, das Kreuzberger BKA und der Friedrichstadtpalast sind nur die bekanntesten Orte des Vergnügens. Häufig wird mit dem Namen des Etablissements an die glorreiche Tradition angeknüpft: Wintergarten, Schall&Rauch, Berliner Brett'l. Vortragskünstler wie Meret Becker, Peter Ensikat, Georgette Dee oder Gayle Tufts bemühen sich, wieder das Niveau zu erreichen, das Stars wie Claire Waldoff, Rudolf Nelson, Otto Reutter, Joachim Ringelnatz oder Friedrich Hollaender in den 1920er-Jahren einst vorgegeben haben.

Kulturpolitik

Es gibt in Berlin kaum einen undankbareren Job als den des Kultursenators. In der jüngeren Vergangenheit ist noch fast jeder gescheitert: Roloff-Momin, Radunski, Thoben, Stölzl – Adrienne Göhler müht

Bei der Love Parade ist schrilles Outfit Pflicht

sich momentan nach Kräften. Das kommt davon, dass man in Berlin glaubt, das nötige Sparen sei ohne Substanzverlust möglich. Etats werden eingefroren, entlassen darf nicht werden, aber Tariferhöhungen kommen so sicher wie der Weihnachtsmann. Also schlingern alle Theater und Opernhäuser am Rande des Konkurses. Und Personalentscheidungen werden meist so lange hinausgeschoben oder zerredet, bis die wirklich guten Leute entnervt aufgeben. Eine Hauptstadtkultur soll schon sein – nur kosten darf sie nichts. Und so wird sich auch die Diskussion um die Zusammenlegung von Staatsoper und Deutscher Oper irgendwann von selbst erledigen: Wenn das Geld für beide einfach nicht mehr reicht …

Love Parade

Im Jahr der Wende fing alles an: Da trafen sich ein paar Hundert Raver, um auf der Straße nach Technomusik zu paradieren. Inzwischen ist aus der Love Parade, die alljährlich im Juli stattfindet und durch den Tiergarten zur Siegessäule führt, das größte Massenspektakel Europas geworden. Und auch ein bedeutender Wirtschaftsfaktor – für die Veranstalter allemal, aber auch für die Stadt. Weswegen der Senat auch lange alle Hühneraugen zudrückte und das Ganze trotz massiver Proteste als politische Demonstration anerkannte. 2001 wurde diese Anerkennung erstmals verweigert, und die Initiatoren mussten selbst zumindest für die Müllbeseitigung aufkommen. Zurück blieben aber auch wieder zerrupfte Büsche, zertrampelter Rasen und uringeschädigte Pflanzen. Es hat eben seinen Preis, Technohauptstadt zu sein.

Mauer-Relikte

»Wo ist denn die Mauer?«, fragen viele Touristen. Tja, erst blieb die Mauer nach der Wende unverhältnismäßig lange stehen, dann wurde sie so ratzekahl abgerissen, dass so gut wie nichts übrig blieb. Also wurde an der Bernauer Straße, wo kein Stück Originalmauer mehr steht, eine Mauergedenkstätte eingerichtet … Letzte Reste der echten Mauer gibt es noch an der Niederkirchnerstraße Nähe Potsdamer Platz) und an der Mühlenstraße gegenüber dem Ostbahnhof (Friedrichshain), wo 118 Künstler die Mauer von der Innenseite bemalt haben. Zu DDR-Zeiten konnten Mauergraffitis natürlich nur auf der Westseite angebracht werden, weshalb das Kunstobjekt den Namen East Side Gallery bekam.

Stadtschloss?

Weil der Berliner Senat sich zehn Jahre lang nicht entscheiden konnte, soll nun eine Kommission klären, was künftig an jener Stelle stehen soll, wo seit dem 15. Jh. das ab 1698 von Andreas Schlüter neu erbaute Berliner Stadtschloss gestanden hat. Die SED hatte die Schlossruine, die nach dem Krieg auch nicht schlimmer aussah als das Charlottenburger Schloss, aus ideologischen Gründen abtragen lassen. Nun fehlt in der Mitte Berlins ganz offensichtlich etwas. Alle Gebäude rundum, u. a. der Dom und das Alte Museum, waren auf dieses Bauwerk ausgerichtet. Die gespenstische Debatte wird deshalb so erbittert geführt, weil einer Rekonstruktion des Schlosses der Palast der Republik (»Palazzo Prozzi«) weichen müsste, der DDR-Nostalgikern ans Herz gewachsen ist.

Feste, Events und mehr

Für Feiertage hat man nicht viel übrig, aber langweilig wird's trotzdem nicht

Seit die Bonner Ministerien nach Berlin gezogen sind, gibt es hier sogar wieder so etwas wie Karneval. Aber die Sache der Berliner ist

Internationale Tourismusbörse in den Messehallen

das nicht. Es ist auch so genug los in Berlin, von der Grünen Woche im Januar bis zu den zahlreichen Weihnachtsmärkten in allen Stadtteilen. Gut besucht sind auch die vielen Straßen- und Stadtteilfeste, und davon gibt es jeden Monat reichlich, vom Britzer Baumblütenfest über das Turmstraßenfest bis zu den Kreuzberger Festlichen Tagen, vom Tierparkfest über Köpenicker Sommer oder Mariannenplatzfest bis zum Weißenseer Blumenfest und den Weihnachtsmärkten. Nur mit offiziellen Feiertagen wissen die Berliner seit Kaisers Geburtstag wenig anzufangen. Der 1. Mai lockt nur noch ein paar Unentwegte zur Demo. Selbst Himmelfahrt, der »Vatertag«, ist nicht mehr, was er mal war. Kostümierte Männer oder *Band Wagons* mit Dixielandkapellen sieht man kaum noch.

Besondere Veranstaltungen

Januar

Grüne Woche: Schweine zum Anschauen, Austern zum Essen und Käse zum Mitnehmen (Messegelände)

Januar/Februar

Schauplatz Museum: viele Veranstaltungen in Museen, zum Schluss die »Lange Nacht der Museen«

Februar

Internationale Filmfestspiele: Kassenfüller und Flops von morgen

März

Internationale Tourismusbörse auf dem Messegelände

Mai

★ *Theatertreffen*: Meisterhafte Aufführungen, anschließend das *Theatertreffen der Jugend*

Internationale Luft- und Raumfahrtausstellung: Technik zum Anfassen auf dem Flughafen Schönefeld

Juni

Christopher Street Day: Schwule und Lesben feiern phantasievoll kostümiert ihr Anderssein.
Musikfestspiele Potsdam Sanssouci

Juni/Juli

Insider Tipp *Open Air Classic Hoppegarten; Glienicker Schlosskonzerte:* beides für Klassikfans sehr empfehlenswert

Juli

Jazz in July im Quasimodo
Classic Open Air am Gendarmenmarkt
Love Parade: Über eine Million Raver verwandeln die City in die größte Techno-Disko der Welt.

Juli/August

Heimatklänge: Dritte-Welt-Kulturen im Haus der Kulturen der Welt und im Tempodrom am Ostbahnhof.
Brandenburgischen Sommerkonzerte: Ende Juni bis Ende August klassische und geistliche Musik in Kirchen und Schlössern der Umgebung.

August

Lange Nacht der Museen: Theater, Musik, Tanz, Lesungen in drei Dutzend Museen

August/September

Internationale Funkausstellung: Die Supershow der Medienbranche. Messegelände, alle zwei Jahre

September

Berliner Festwochen: Musik, Theater, Tanz ohne Ende
Oktoberfest: Riesenrummel ab Mitte September.
Berlin-Marathon: Mitte September kommen Zehntausende zum Rennen und Hunderttausende zum Antreiben.
Art Forum Berlin: Internationale Galerien in den Messehallen

Oktober

Jazztreff: Im Musikinstrumentemuseum spielt die Berliner Jazzszene.

November

★ *JazzFest Berlin:* Vier Tage und Nächte Jazz vom Besten
KinderMusik TheaterWochen mit über hundert Veranstaltungen
Insider Tipp *Jüdische Kulturtage,* Musik, Theater, Literatur – sehr zu empfehlen!

Dezember

Weihnachtsmärkte, z. B. am Europa Center und in der Spandauer Altstadt.

Start zum Berlin-Marathon am Brandenburger Tor

Sightseeing von Alex bis Zoo

Berlin hat mehr Brücken als Venedig, längere Ufer als die Côte d'Azur und mehr Wasserfläche als die Alpenseen

Mit ein paar kurzen Spaziergängen ist Berlin nicht zu erfassen. Dafür ist die Dreieinhalb-Millionen-Stadt mit ihren 880 km² zu groß: 38 km in nordsüdlicher, 45 km in ostwestlicher Richtung, das ganze Ruhrgebiet passt da hinein.

Gewiss lohnt es sich, den Kurfürstendamm entlangzuschlendern, dessen Seitenstraßen zu durchstöbern oder die besondere Atmosphäre um Sophienkirche und Neue Synagoge aufzunehmen. Und auch das restaurierte Ende des einstigen Prachtboulevards Unter den Linden gibt einiges her, wenn man einen Eindruck gewinnen will, wie schön das alte Berlin einmal war.

Die schönsten Flecken aber liegen nicht im Zentrum der Stadt und die noch einigermaßen ursprünglich gebliebenen Stadtviertel auch nicht. In Ruhe durch den Charlottenburger Kiez zu laufen oder durch das alte Rixdorf mit den Resten seiner böhmischen Kolonie, ruhig auch einmal durch die langsam aufblühenden Quartiere im Prenzlauer Berg und natürlich auch durch »Klein-Istanbul« zwischen Kottbusser Tor und Schlesischem Tor – so erlebt man Berlin. Draußen in Spandau, um Kolk und Behnitz, ist man zwar noch innerhalb der Stadtgrenzen, die Spandauer fühlen sich aber nicht als Berliner.

Die wirklichen Kleinode Berlins sind weitab vom Trubel der City: Schloss und Park Charlottenburg, die Pfaueninsel mit ihrem Schloss, der Tierpark mit dem Schlösschen Friedrichsfelde, das Tegeler Fließ, die Schlossinsel von Köpenick, die riesigen Seengebiete und die Wälder, durch die man stundenlang wandern kann, ohne vielen Menschen zu begegnen. Der Wannsee mit seinem berühmten Strandbad, der Müggelsee oder der Tegeler See bieten viele Bademöglichkeiten und nicht wenige Ausflugslokale.

Türkischer Markt in Kreuzberg

Hinter dem Roten Rathaus ragt der Fernsehturm in den Himmel

BAUDENKMÄLER & MONUMENTE

Charité **[129 F1–2]**
Charité heißt Barmherzigkeit, und so heißt das 1710 als Pesthaus errichtete älteste Berliner Krankenhaus seit 1727. Das älteste erhaltene Gebäude ist das einstige Pockenkrankenhaus von 1836. Die meisten Häuser wurden im Stil der Neogotik um die Wende vom 19. zum 20. Jh. erbaut; weithin sichbar ist das Bettenhochhaus (1977–82). Berühmte Ärzte waren hier tätig: u. a. Hufeland, Virchow, Koch und Sauerbruch. Für starke Nerven: das *Medizinhistorische Museum* mit pathologisch-anatomischen Präparaten *(Di und Do–So 10–17, Mi 10 bis 19 Uhr). Mitte, Schumannstr. 20–21, U-Bahn: Oranienburger Tor, Bus: 147*

Denkmal für die ermordeten Juden Europas **[129 F4]**
Nach endlosen Debatten im Herbst 2001 der Baubeginn: Ein weitläufiges, in seinen Ausmaßen beeindruckendes Stelenfeld und darunter ein »Ort der Information« sollen an die Ermordung von vielen Millionen Juden erinnern. *Mitte, Behrenstraße/Ebertstraße, S-Bahn: Unter den Linden*

Evangelisches Johannisstift **[138 C3]**
Am Rande des schönen Spandauer Forsts gelegene, 1910 um die Stiftskirche angeordnete diakonische Einrichtung mit Wohnheimen, Krankenhaus, Kindertagesstätte, Schulen, Sportstätten und Läden. Interessanter Ausgangspunkt für lange Spaziergänge durch den Forst. *Spandau, Schönwalder Allee 26, Bus: 145*

Fernsehturm **[119 F3]**
★ Erbaut 1966–69 im Zuge der Neugestaltung des Alexanderplatzes und seiner Umgebung, mit 365 m Höhe eines der höchsten Bauwerke Europas. In der Turmkugel in 207 m Höhe ein Café, das sich zweimal pro Stunde um seine Achse dreht. *Tgl. 9–1 Uhr nachts, Panoramacafé tgl. 10-1 Uhr, Mitte, Panoramastr. 1a, U- und S-Bahn: Alexanderplatz*

Funkturm **[126 B5]**
Zur Eröffnung der 3. Deutschen Funkausstellung 1926 wurde der »kleine Bruder« des Pariser Eiffelturms in Betrieb genommen. Das 138 m hohe Wahrzeichen Berlins wurde vom Volksmund »Langer Lulatsch« getauft und bietet neben einem großartigen Blick auf die Stadt auch noch ein Restaurant in 55 m Höhe. *Tgl. 10–23 Uhr, Charlottenburg, Messedamm, S-Bahn: Witzleben, U-Bahn: Kaiserdamm*

Gotisches Haus **[138 C3]**
Ältestes Haus der Stadt, um 1500 errichtet und seitdem mehrmals baulich verändert, insbesondere nach einem Brand gegen Ende des 18. Jhs. *Ausstellung zur Baugeschichte Spandaus Mo–Fr 10–17, Sa 10–13 Uhr, Spandau, Breite Str. 32, U-Bahn: Altstadt Spandau*

ICC Internationales Congress-Centrum **[132 B1]**
Eher einem riesigen Raumschiff gleicht der 320 m lange und 80 m breite Bau mit seiner Aluminiumfassade (Architekten Ralf Schüler und Ursulina Schüler-Witte). Über die Kosten wurde während der Bauzeit (1973–76) viel gestritten, erreichten sie am Ende doch die astronomische

MARCO POLO Highlights »Sehenswertes«

★ **Fernsehturm**
Der weiteste Blick über Berlin (Seite 20)

★ **Glienicker Park**
Klassizismus und Romantik zwischen Berlin und Potsdam (Seite 32)

★ **Hackesche Höfe**
Hier und drumherum tummelt sich das neue Berlin (Seite 37)

★ **Marienkirche**
Zweitälteste Pfarrkirche Berlins mit Totentanz-Fries (Seite 28)

★ **Pfaueninsel**
Lustwandeln in Preußens Arkadien (Seite 32)

★ **Gendarmenmarkt**
Wird vielleicht wieder Europas schönster Platz (Seite 30)

★ **Reichstagsgebäude**
Die neue Glaskuppel krönt den Sitz des deutschen Parlaments (Seite 22)

★ **Schloss Charlottenburg**
Besuch beim Alten Fritz und Königin Luise (Seite 33)

★ **Unter den Linden**
Berlins geschichtsträchtigste Meile und alter wie neuer Prachtboulevard (Seite 24)

★ **Zitadelle Spandau**
Festungsbau des 16. Jhs. mit Juliusturm aus dem 12. Jh. (Seite 23)

Höhe von einer Milliarde Mark. Neben Kongressen finden hier der Presseball und Konzerte statt. Vor dem Haupteingang steht die Großplastik »Der Mensch baut seine Stadt« von Jean Ipousteguy. *Charlottenburg, Messedamm, U-Bahn: Kaiserdamm, S-Bahn: Witzleben, Bus: X21, X49, 104, 149, 204, 219*

Kulturforum **[129 E4–5]**
Der britische Architekt James Stirling nannte das Ensemble am Kemperplatz den »größten Architekturzoo der Welt«: Hier stehen beieinander: Neue Nationalgalerie (1965–68, Mies van der Rohe), St.-Matthäus-Kirche (1844–46, Stüler), Philharmonie (1960–63, Scharoun), Kammermusiksaal (1984–87) und Musikinstrumenten-Museum (1979 bis 84, beide Wisniewski nach Plänen von Scharoun) und das misslungene Kunstgewerbemuseum (1973–85, Gutbrod), weiter das Kupferstichkabinett (1994, Gutbrod/Hilmer/Sattler) und die Gemäldegalerie (1996, Hilmer/Sattler). Gegenüber an der Potsdamer Straße die Staatsbibliothek (1967–78, nach Entwürfen von Scharoun). *Tiergarten, Kemperplatz, U-Bahn: Potsdamer Platz*

Messegelände **[126 A5–6]**
Begonnen hat der Messebetrieb in Berlin schon 1822 mit einer Gewerbeausstellung, allerdings nicht auf diesem Gelände. Große Ausstellungen wie die »Grüne Woche«, »Internationale Tourismus-Börse«

Fahrradrikschas warten vor dem Reichstag auf Kundschaft

oder die »Internationale Funkausstellung« locken Hunderttausende von Besuchern an. *Charlottenburg, Hammarskjöldplatz 1, U-Bahn: Kaiserdamm, S-Bahn: Witzleben*

Olympia-Stadion und Waldbühne **[138 C3–4]**

Für die Olympischen Spiele 1936 von Werner March gebaut. Hier stand der legendäre Jesse Owens viermal auf dem Siegertreppchen. Heute trägt hier der Fußballclub Hertha BSC seine Heimspiele aus. Neben den Sportanlagen befindet sich die einem griechischen Theater ähnelnde *Waldbühne* (Insider Tipp), ebenfalls aus dem Jahre 1936. Bis zu 20 000 Besucher können hier Rock-, Pop- und Klassikkonzerten lauschen. *Charlottenburg, Am Glockenturm, U-Bahn: Olympia-Stadion, Bus: A18*

Reichstagsgebäude und Regierungsviertel **[118 A2]**

★ Der Reichstag wurde nach Plänen von Paul Wallot 1884–94 erbaut, ebenso wie das gegenüberliegende Palais des Reichstagspräsidenten. Durch den Reichstagsbrand von 1933 und die Kämpfe um Berlin stark zerstört, wurde der Reichstag 1961 bis 1972 wieder aufgebaut. 1990 konstituierte sich hier der erste Bundestag des wieder vereinten Deutschland. Im Sommer 1995 wurde der Reichstag von den Künstlern Christo und Jeanne-Claude verpackt, und um ihn herum war tagelang ein stimmungsvolles Volksfest. Danach wurde das Gebäude vollkommen entkernt, um nach den Plänen Norman Fosters mit neuer Kuppel für den Deutschen Bundestag hergerichtet zu werden. Seit September 1999 tagt der Bundestag wieder in Berlin. Die Kuppel und das Dachrestaurant sind zur touristischen Attraktion geworden und bis 22 Uhr geöffnet.

Rund um den Reichstag sind zahlreiche moderne Parlamentsgebäude entstanden, sowie auf der westlichen Seite des Spreebogens das überdimensionierte Bundeskanzleramt der Architekten Schultes und Frank. Das Kanzleramt und die gegenüberliegenden Bundestagsbauten sind Teil des noch nicht vollendeten »Band des Bundes«, dem als Mittelstück noch das so genannte Bundesforum fehlt. *Besucherdienst Deutscher Bundestag (Führungen und Teilnahme an Plenarsitzungen) Tel. 227-321 52, Kuppelbesichtigung tgl. 8–24 Uhr, letzter Einlass 22 Uhr, Tiergarten, Platz der Republik, Bundeskanzleramt: Willy-Brandt-Str. 1, S-Bahn: Unter den Linden*

Ribbeck-Haus **[119 E4]**
Das einzige erhaltene Renaissance-Haus (1624). Bauherr Hans Georg von Ribbeck gehörte zur Familie der »Ribbecks auf Ribbeck im Havelland«, denen Theodor Fontane ein dichterisches Denkmal gesetzt hat. *Mitte, Breite Straße 35, U-Bahn: Spittelmarkt*

Riehmers Hofgarten **[136 A3]**
Immer noch beispielhaft für humanes Wohnen in der Großstadt. Maurermeister Riehmer baute das Ensemble aus fünfgeschossigen und reich verzierten Wohnhäusern 1881–1892 zwischen Yorck-, Hagelberger und Großbeerenstraße. Die Fassaden an den Hof- und Straßenfronten sind gleichermaßen schön gestaltet. *Kreuzberg, Yorckstr. 83–86, U-Bahn: Mehringdamm*

Rotes Rathaus **[119 F3]**
Der Sitz der Stadtregierung verdankt seinen Namen nicht einer politischen Richtung, sondern seinen roten Ziegeln. Erbaut wurde es 1861–1870 im Stil der Neorenaissance. Um das Gebäude läuft ein Fries, der Berliner Stadtgeschichte vom 13. bis zum 19. Jh. darstellt. Als im Jahre 1949 die politische Teilung der Stadt vollzogen wurde, richtete sich der nun nur noch für den westlichen Teil zuständige Oberbürgermeister Ernst Reuter im Rathaus Schöneberg ein, das auch Sitz des Parlaments wurde. Erst die November-Revolution von 1989 bereitete den Weg für die Wiedervereinigung beider Halbstädte, sodass seit 1990 der Regierende Bürgermeister seine Amtsgeschäfte wieder im Roten Rathaus führen kann. *Mo–Fr 9–18 Uhr, Mitte, Rathausstraße, U- und S-Bahn: Alexanderplatz, Bus: 100, 142, 157, 348*

Stasi-Zentrale **[139 D–E3]** Insider Tipp
Hier an der Normannenstraße war der Sitz des Ministeriums für Staatssicherheit der DDR; viele tausend Stasibedienstete arbeiteten in dem abgeschirmten Gebäudekomplex. Minister Mielkes Schreibtisch kann besichtigt werden, ferner Dokumente zur Verfolgung in der DDR, Observationstechnik und Kultgegenstände der Stasi. *Mo–Fr 11–18, Sa, So 14–18 Uhr, Lichtenberg, Eingang Ruschestr. 103 (Haus 1), U-Bahn: Magdalenenstraße*

Zitadelle Spandau **[138 C3]**
★ Viel Zeit ließen sich die Baumeister im 16. Jh. Die nach italienischen Vorbildern errichtete Festung auf der Havelinsel wurde 1590 nach dreißigjähriger Bauzeit eingeweiht. Wesentlich älter als die Zitadelle ist der innerhalb der Festungsmauern stehende Juliusturm aus dem 12. Jh. Auch der Palas ist vermutlich schon um 1220 entstanden. In seiner Mauer an der Südseite befinden sich Grabsteine, die of-

fenbar vom Spandauer Judenfriedhof kommen, der nach der Vertreibung der Juden aus der Mark im Jahre 1520 zerstört wurde. Seit 1960 ist im Palas das Spandauer Heimatmuseum untergebracht. Insider Tipp Und auch eine Zitadellenschenke gibt es. *Di–Fr 9–17, Sa, So 10–17 Uhr, Restaurant Di–Fr ab 19 Uhr, Sa/So ab 11 Uhr, Spandau, Am Juliusturm, U-Bahn: Zitadelle*

BOULEVARDS

Kurfürstendamm [132 C2–134 A1]
Jahrzehntelang das »Schaufenster des Westens« mit seinen teuren Geschäften, Nobelhotels und feinen Restaurants. Doch mit der Zeit hat sich das Ansehen des drei Kilometer langen Bummelboulevards verändert, dessen generöse Breite von 52 m übrigens Bismarck festgelegt hat, die Champs Elysées fest im Blick. Fastfoodlokale, Edelboutiquen und Straßenhändler machen alteingesessenen Geschäften Konkurrenz; vornehmer wird's in den Seitenstraßen. Trotzdem: Eine Tortenschlacht im Café Kranzler oder in einem der Straßencafés mit Blick auf das bunte Menschengewimmel muss sein! Im 16. Jh. war die Bummelmeile übrigens noch ein Reitweg, den die Kurfürsten vom Berliner Schloss zum Jagdschloss Grunewald benutzten. Von den prächtigen Bürgerhäusern der Jahrhundertwende haben nur ganze vierzig den Krieg überstanden. *Charlottenburg, U-Bahn: Kurfürstendamm*

Unter den Linden [118–119 B–D3]
★ Viel besungener und berühmtester Boulevard Berlins. Hier stehen die imposanten Gebäude dicht an dicht. Die ältesten – wenn auch fast alle rekonstruiert – aus der Zeit der Preußenkönige Friedrich I. und II. Nur jene Linden, die 1647 an den kurfürstlichen Jagdweg gepflanzt wurden, gibt's schon lange nicht mehr. Einen Spaziergang beginnt man am besten am Brandenburger Tor. Nahe dem Pariser Platz folgt die monumentale Botschaft der GUS-Staaten. Ein Sorgenkind, weil ziemlich marode, ist die Staatsbibliothek (1903–14), die um die drei Millionen Bände beherbergt. Gleich nebenan die Humboldt-Universität, 1749 bis 1766 ursprünglich als Palais für Prinz Heinrich gebaut und seit 1810 Hochschule. Ihr Gründungsrektor war der Philosoph Johann Gottlieb Fichte. Auch andere berühmte Wissenschaftler lehrten hier: Ludwig Feuerbach, Georg Wilhelm Friedrich Hegel, die

Gedächtniskirche am Ku'damm

Brüder Grimm, Albert Einstein und Max Planck, Robert Koch, Ferdinand Sauerbruch und Rudolf Virchow. Gegenüber die ehemalige Königliche Bibliothek (1775–80), wegen ihrer Form »Kommode« genannt. Hier hat auch Lenin 1895 Bücher gewälzt. Links davon die Staatsoper im Stil eines korinthischen Tempels. Der Knobelsdorff-Bau (1741–43) wurde hundert Jahre später nach einem Großfeuer von Langhans neu errichtet und mit Statuen der griechischen Dichter Aristophanes, Euripides, Meander und Sophokles dekoriert. Dann folgen auf dieser Straßenseite das ehemalige Prinzessinnen-Palais (heute Opernpalais) und das Kronprinzen-Palais – beide zwar im 18. Jh. entworfen, aber nach schweren Kriegsschäden in den 1960er-Jahren vollständig rekonstruiert. Seitenwechsel zur Schinkel'schen Neuen Wache (1817–18), jetzt Mahnmal für die Opfer von Krieg und Gewaltherrschaft. Das Gebäude nebenan ist das ehemalige Zeughaus, der größte erhaltene Barockbau aus der Zeit König Friedrichs I. Seine Fertigstellung dauerte lange: 1695 von Nehring begonnen, weitergebaut von Grünberg und Schlüter, beendet von Jean de Bodt im Jahre 1706. Sehenswert sind Schlüters Masken sterbender Krieger im Innenhof. Das Zeughaus ist Domizil des Deutschen Historischen Museums. *Mitte, S-Bahn: Unter den Linden*

BRÜCKEN

Glienicker Brücke **[138 B4]**
Verbindet Berlin mit Potsdam und durfte bis Anfang 1990 nur von den Alliierten passiert werden. Weltweite Schlagzeilen machte die Brücke immer dann, wenn Ost und West dort ihre Spione austauschten. *Wannsee, Königsweg, S-Bahn: Wannsee, dann Bus 116*

Jungfernbrücke **[119 D4]**
Seit 1798 überspannt sie unverändert den südlichen Spreearm zur Friedrichsgracht. Und die technische Konstruktion der Klappbrücke ist auch noch im Original erhalten. *Mitte, Werderscher Markt, U-Bahn: Spittelmarkt*

Entspannen & Genießen

Nach anstrengendem Sightseeing sorgen Sauna, Gymnastik oder eine Massage für Erholung

Aus der Vielfalt der Fitness- und Wellnesscenter seien zwei interessante Adressen in Schöneberg herausgegriffen: Im *Luxor – The Temple of Wellness* kann man nach einer hawaiischen Lomi-Lomi-Nui-Massage oder einer vierhändigen Ayurveda-Massage in ägyptischem Ambiente auf Wolke Sieben schweben *(Akazienstr. 28, Tel. 78 70 95 07, U-Bahn: Eisenacher Straße).*
Wellness, Training, Aerobic, Gymnastik, Yoga, Sauna, Solarien, Pool, Terrasse und Restaurant bietet *Ars Vitalis (Hauptstr. 19, Tel. 788 35 36, U-Bahn: Kleistpark).*

Schlossbrücke **[119 D3]**
Sie verbindet die Straße Unter den Linden mit dem Schlossplatz bzw. dem Lustgarten und wurde nach Schinkels Entwürfen 1821 bis 1824 gebaut. Sehr schöne gusseiserne Brüstungsplatten mit allerlei Meeresgetier. Acht Skulpturen eines von Göttinnen begleiteten Kriegers aus weißem Carrara-Marmor (1847–57). *Mitte, Unter den Linden, S-Bahn: Hackescher Markt, U-Bahn: Hausvogteiplatz*

BRUNNEN

Märchenbrunnen **[131 E1]**
Der riesige Brunnen, 1913 von Ludwig Hoffmann errichtet, lässt romantische Kindheitserinnerungen wach werden. Die Figuren aus den Märchen der Brüder Grimm stehen und sprudeln im Volkspark Friedrichshain. *Am Friedrichshain/ Friedenstraße, U-Bahn: Rosa-Luxemburg-Platz, Bus: 100, 142*

Neptunbrunnen **[119 F3]**
Im dritten Jahr seiner Regentschaft (1888–1918) erhielt Kaiser Wilhelm II. den Brunnen zur Verschönerung des Schlossplatzes geschenkt. Der Bildhauer Reinhold Begas stellte den Meeresgott auf eine riesige Muschel und umgab ihn mit vier allegorischen Frauengestalten, die die Flüsse Rhein, Elbe, Oder und Weichsel symbolisieren. Der Volksmund bezeichnete sie alsbald als die vier schweigsamsten Frauen von Berlin, weil sie »dauernd den Rand halten müssen«. Der Brunnen fand nach seiner Restaurierung (1969) einen neuen Platz nahe dem Roten Rathaus. *Mitte, Rathausstraße, U- und S-Bahn: Alexanderplatz*

Acht Skulpturen aus Marmor schmücken Schinkels Schlossbrücke

Wasserklops **[117 E4]**
Immer schnell mit Beinamen zur Hand, tauften die Berliner Joachim Schmettaus Weltkugelbrunnen aus Granit »Wasserklops«. Er ist zum Mittelpunkt des immer belebten, urbanen Breitscheidplatzes zwischen Kaiser-Wilhelm-Gedächtniskirche und Europa Center geworden. *Charlottenburg, U-Bahn: Zoologischer Garten*

FRIEDHÖFE

Dorotheenstädtischer Friedhof **[124 A6]**
Direkt neben dem Brecht-Haus, in dem der Dichter von 1953 bis 1956 und seine Frau Helene Weigel bis 1971 wohnten und arbeiteten, liegt dieser kleine romantische Friedhof, auf dem beide auch begraben sind. Der bereits 1762 an- und traditionell von Gelehrten und Künstlern belegte Friedhof ist auch

letzte Ruhestätte der Philosophen Johann Gottlieb Fichte und Georg Wilhelm Hegel, des Baumeisters Karl Friedrich Schinkel, der Bildhauer Johann Gottfried Schadow und Christian Daniel Rauch, der Schriftsteller Heinrich Mann, Arnold Zweig und Heiner Müller. *Mitte, Chausseestraße 126, U-Bahn: Zinnowitzer Straße*

Friedhöfe am Halleschen Tor [136 A–B 2–3]

Als Armenkirchhof und für die »Böhmen-Begrabung« gedacht, zog er nach Erweiterung und Verschönerung auch das Interesse wohlhabender Familien auf sich. Heute zählen die Friedhöfe vor dem einstigen Stadttor zu den bedeutendsten Berlins. Schöne Grabmäler und Mausoleen spiegeln das bürgerlich-friderizianische Berlin wider. Berühmte Männer und Frauen wurden hier zu Grabe getragen: Georg Wenzeslaus v. Knobelsdorff, Henriette Herz, Rahel und Karl August Varnhagen von Ense, Familie Mendelssohn-Bartholdy, Adalbert von Chamisso, E. T. A. Hoffmann und Adolf Glasbrenner. *Kreuzberg, Mehringdamm/Zossener Straße, U-Bahn: Hallesches Tor*

Jüdischer Friedhof Weißensee [139 D3]

Am Haupteingang des größten jüdischen Friedhofs in Europa mahnt ein schwarzer Stein an die von den Nazis verfolgten und ermordeten Juden: »Gedenke Ewiger was uns geschehen«. Auf dem riesigen, 1880 eingeweihten Areal sind ca. 120 000 Menschen begraben. Viele Grabstellen sind überwuchert, denn die Jüdische Gemeinde ist zu klein und arm, um Gärtner einzustellen. Ihre letzte Ruhe fanden hier der Maler Lesser Ury, die Verleger Samuel Fischer und Rudolf Mosse, der Chefredakteur des »Berliner Tagblattes«, Theodor Wolff, der »Kaufhauskönig« Hermann Tietz und der Widerstandskämpfer Herbert Baum. Gleich rechts vom Eingang sind von den Nazis geschändete Thora-Rollen begraben. Männer dürfen den Friedhof nur mit einer Kopfbedeckung betreten (gegen eine Gebühr ausleihbar). *So–Do 8 bis 17 (im Winter bis 16), Fr 8–15, vor jüdischen Feiertagen bis 13 Uhr. Weißensee, Herbert-Baum-Str. 45, S-Bahn: Greifswalder Straße, Tram: 2, 3, 4, 23*

Stahnsdorfer Friedhof [138 C5] Insider Tipp

Außerhalb Berlins, am Südwestrand der Stadt, wegen der vielen Mausoleen und der nordischen Holzkirche sehr sehenswert. *Stahnsdorf, Bahnhofstraße, ab S-Bahn Zehlendorf Bus 623*

KIRCHEN

Dom zu Berlin [119 E3]

Als »Hauptkirche des preußischen Protestantismus« 1894 bis 1905 von Raschdorff erbaut, sollte sich der Dom an den Stil der italienischen Hochrenaissance anlehnen und wurde – überladen und zu groß geraten – doch ein typisches Bauwerk des Wilhelminismus. Der von Schinkel gestaltete Dom, der zuvor an dieser Stelle stand, war bescheidener und schöner; aus diesem Dom stammt noch das Altarbild von Carl Begas. Sehenswert die Hohenzollerngruft mit zahlreichen, teilweise prunkvollen Sarkophagen. Im Untergeschoss Museums- und Kaffeeshop. *Besichtigungen Mo bis Sa 9–20, So 12–20 Uhr, außer bei*

Gottesdiensten, Führungen mehrmals täglich, Mitte, Am Lustgarten, S-Bahn: Hackescher Markt, U-Bahn: Alexanderplatz

Dorfkirche Marienfelde **[139 D4]**
Die älteste der rund 50 erhaltenen Dorfkirchen Berlins. Um 1220 auf dem heute noch von Bauernhäusern umgebenen Dorfanger errichtet. Schönes Beispiel der Kirchenarchitektur des Mittelalters. *Tempelhof, Alt-Marienfelde, S-Bahn: Buckower Chaussee, Bus: 172*

Friedrich-Werdersche Kirche **[119 D4]**
Das 1830 vollendete Gotteshaus gilt als Schinkels bedeutendste Kirche. Der neugotische Backsteinbau wurde richtungweisend für den Kirchenbau in Preußen. Im Zweiten Weltkrieg stark beschädigt und in den 1980er-Jahren restauriert. Im Inneren ein Schinkel-Museum. *Di bis So 9–18 Uhr, Mitte, Werderstraße, U-Bahn: Hausvogteiplatz*

St.-Hedwigs-Kathedrale **[119 D4]**
Der Kuppelbau von 1747 erinnert an das Pantheon in Rom. Die Idee hatte Friedrich II., umgesetzt wurde sie von Jean Legeay und Johann Boumann. Mit diesem katholischen Kirchenbau auf dem Forum Fridericianum wollte Friedrich II. ein Zeichen seiner religiösen Toleranz setzen. *Mo–Sa 10–17, So 13–17 Uhr, Mitte, Bebelplatz, U-Bahn: Hausvogteiplatz*

Kaiser-Wilhelm-Gedächtniskirche **[117 D–E4]**
Nur die Ruine des einst so prächtigen 113 m hohen Turms steht noch. Franz Schwechten erbaute die Kirche 1891–95 zum Gedenken an den 1888 gestorbenen Wilhelm I. Das neue, achteckige Gotteshaus entwarf Egon Eiermann. Es wurde 1961 nach dreijähriger Bauzeit eingeweiht. Bemerkenswert ist das 1895 von Fritz Schaper geschaffene Christusbild in der Turmruine. Die teilweise erhaltenen Mosaiken in der Gedächtnishalle zeigen noch etwas vom wilhelminischen Pomp des ursprünglichen Baus. *Tgl. 9–19, Sa 18 Uhr: Orgelmusik, Charlottenburg, Breitscheidplatz, U-Bahn: Kurfürstendamm, Zoologischer Garten*

Marienkirche **[119 F3]**
★ Die aus dem 13. Jh. stammende Kirche wurde nach dem großen Stadtbrand im Jahre 1380 wieder aufgebaut und 1405 eingeweiht. Den Turmaufsatz entwarf Carl Gotthard Langhans 1789. Sehenswert sind die Wandmalerei »Totentanz« von 1485 und die Marmorkanzel von Andreas Schlüter (1703). Interessante Grabmale und Epitaphe aus dem 16. bis 18. Jh. In der Nähe der Marienkirche geschah 1325 ein grausiger Mord. Die Chronik berichtet von einer wütenden Volksmenge, die den unbeliebten Propst Nikolaus von Bernau erschlug und auf einem Scheiterhaufen verbrannte. Zur Strafe wurde Berlin mit einem Kirchenbann belegt und musste ein Sühnekreuz aufstellen. Es steht noch heute am Hauptportal, echt ist es wohl nicht mehr. *Mo–Do 10 bis 12 und 13–16, Sa/So 12–16 Uhr, Mitte, Karl-Liebknecht-Straße, U- und S-Bahn: Alexanderplatz*

Neue Synagoge **[119 D1]** Insider Tipp
Nach ihrer Fertigstellung im Jahre 1866 galt sie mit 3200 Sitzplätzen als größte Synagoge der Welt. Die Jüdische Gemeinde zählte damals

18 000 Mitglieder. Der eindrucksvolle Ziegelbau von Eduard Knoblauch und Friedrich August Stüler begeisterte bei seiner Einweihung den Chronisten einer Berliner Zeitung: »Ein märchenhaftes Bauwerk, das uns in die phantastischen Wunder einer modernen Alhambra mit den anmutigen leichten Säulen, den schwunghaften Rundbögen, den farbenreichen Arabesken, dem mannigfach gegliederten Schnitzwerk mit all dem tausendfältigen Zauber des maurischen Stils einführt.« Der Bau wurde von der SA nur geringfügig beschädigt; die eigentliche Zerstörung geschah 1943 durch einen Bombenangriff. 1988 begann man mit dem Wiederaufbau der Fassade, die zum 125. Jahrestag der Einweihung 1991 fertig gestellt wurde. Auch der Innenausbau ist vollendet. Die Synagoge ist Sitz des »Centrum Judaicum«. *So, Mo 10–20, Di und Do 10–18, Fr 10–17 Uhr, Mitte, Oranienburger Str. 30, U- und S-Bahn: Oranienburger Straße, Tram: 1, 13*

Sophienkirche **[119 E1]**
Königin Sophie Luise legte 1712 den Grundstein; der einzige erhaltene barocke Kirchturm Berlins entstand 1729–35. Kanzel von 1712, Taufbecken von 1741. Auf dem Friedhof die Gräber des Historikers Leopold von Ranke und des Musikers Carl Friedrich Zelter. *Mi 15 bis 18 Uhr, Mitte, Große Hamburger Str. 29, U-Bahn: Weinmeisterstraße*

PLÄTZE

Alexanderplatz **[131 D2]**
Der »Alex« – einst als »Ochsenmarkt« Markt- und Exerzierplatz vor den Toren Berlins und erst 1805 nach dem russischen Zaren benannt – ist nicht nur durch Alfred Döblins 1929 erschienenen Roman weit über Berlin hinaus bekannt geworden. Sechzig Jahre später wurde er Schauplatz der Revolution in der DDR: Am 4. November forderten hier eine Million Menschen Demonstrations- und Pressefreiheit. In den 1960er-Jahren wurde der Platz auf seine fünffache Größe ausgewalzt und von »sozialistischer« Architektur umstellt: Groß und zugig ist er geworden, und kleiner, wenn auch kaum anheimelnder, wird er wieder geplant. *Mitte, U- und S-Bahn: Alexanderplatz*

Der »Alex« zeigt sein neues Gesicht

Gendarmenmarkt [118 C4]
★ So hieß er bis 1950 und jetzt wieder, benannt nach dem Regiment Gens d'Armes, dessen Stallungen 1736 bis 1773 die Deutsche und die Französische Kirche umrahmten. Beide Kirchen wurden zwischen 1701 und 1708 errichtet und achtzig Jahre später von Carl v. Gontard durch die Kuppeltürme ergänzt. Reicher Skulpturenschmuck ziert beide Kirchen. Auf den Stufen des Deutschen Doms wurden am 22. März 1848 die 183 Särge mit den Toten der Barrikadennacht aufgebahrt. Ein langer Trauerzug begleitete sie von dort zum Friedhof der Märzgefallenen nach Friedrichshain. Im Französischen Dom ist sehr passend das Hugenotten-Museum untergebracht, denn schließlich wurde er einst für die im preußischen Exil lebenden 20 000 Franzosen gebaut. Eine gute Aussicht hat man vom Turm, zu dem man 80 Stufen erklimmen muss. Zwischen den spätbarocken Domen steht das Schauspielhaus von Schinkel (1818–21). Der letzte dortige Intendant war Gustaf Gründgens. Seit der Restaurierung wird das Theater ausschließlich für Konzerte genutzt und heißt deshalb »Konzerthaus«; davor steht ein marmornes Schiller-Denkmal (1871 von Reinhold Begas). *Mitte, U-Bahn: Stadtmitte*

Pariser Platz [118 A3]
Er ist der berühmteste der drei Plätze, die im Zuge der Stadterweiterung um 1734 angelegt und ursprünglich nach ihrer heute noch erhaltenen Form benannt wurden: Quarrée (Pariser Platz), Octogon (Leipziger Platz) und Rondell (Mehringplatz). Weltberühmtes Kennzeichen des Pariser Platzes ist das *Brandenburger Tor*, das einzige noch existierende von einst 18 Stadttoren. Carl Gotthard Langhans erbaute es (1789–91) nach dem Vorbild der Propyläen in Athen. Johann Gottfried Schadow schuf die auf dem Tor thronende Quadriga, die 1807 von Napoleon als Beute nach Paris verschleppt und 1814 durch von Blücher zurückgeholt wurde.

Nach den Jubelfeiern zur Maueröffnung und zur Wiedervereinigung begann der Neuaufbau des Platzes. Rechts und links vom Tor stehen das Liebermann-Haus und das Haus Sommer, beide notdürftig

Schauspielhaus und Französischer Dom am Gendarmenmarkt

den Originalen nachempfunden. Im Bau befindlich ist die französische Botschaft, während die US-Botschaft und die Akademie der Künste noch auf den Baubeginn warten. Am Eingang zu Unter den Linden steht das auf Fin de Siècle getrimmte Hotel Adlon, um die Ecke, in der Wilhelmstraße, die sehr moderne britische Botschaft. *Mitte, S-Bahn: Unter den Linden*

Potsdamer Platz **[118 A4–5]**

Einst der verkehrsreichste Platz Europas, nach dem Krieg Brache an der Mauer, jetzt mit den Bauten von Daimler und Sony weitgehend fertig: modern, hoch, eng, von den Berlinern sofort angenommen. Eine kleine Stadt in der Stadt ist entstanden mit Einkaufspassagen, Shops, Restaurants, Hotel, Musicaltheater, Spielbank und vielen Kinos. *Mitte, U- und S-Bahn: Potsdamer Platz, Bus: 142, 248, 348*

Schlossplatz/ Lustgarten **[119 D–E 3–4]**

Kein Ort zum Ausruhen und Träumen, dazu ist der zeitweilige Marx-Engels-Platz zu laut und von zu wuchtigen Bauten umstellt. An der Stelle des alten Stadtschlosses, dessen Ruine 1950 gesprengt wurde, errichtete das SED-Regime 1976 den »Palast der Republik« mit Festsälen, Restaurants, Theater und der Volkskammer. Er wird wegen Asbestverseuchung derzeit entkernt; sein Schicksal ist ungewiss.

Gegenüber, am Lustgarten, steht das *Alte Museum* (1823–29, Schinkel). Der klassizistische Bau mit seiner Säulenvorhalle zeigt die Antikensammlung. Vor dem Gebäude steht eine riesige Granitschale: Durchmesser 6,90 m, Gewicht 76 t. Die vom Steinmetz Cantian aus einem Findling gehauene Schale entwarf Schinkel. Die Grünanlage des Lustgartens – seit 1646 Botanischer und Küchengarten des Großen Kurfürsten – wurde nach Schinkels Konzept wiederhergestellt.

Am Südende des Schlossplatzes steht das Gebäude des ehemaligen DDR-Staatsrats, in dessen Fassade das Portal IV des abgerissenen Stadtschlosses eingefügt ist, weil Karl Liebknecht am 9. November 1918 dort eine sozialistische Republik ausgerufen hat.

Gegenüber der neubarocke *Neue Marstall* (1896–1902), in dem eine Bibliothek und Ausstellungsräume untergebracht sind; anschließend in der Breiten Straße der *Alte Marstall* von 1670 und das *Ribbeck-Haus* aus dem Jahre 1624. *Mitte, S-Bahn: Hackescher Markt, U-Bahn: Hausvogteiplatz*

SCHLÖSSER, PARKS & GÄRTEN

Botanischer Garten **[139 D4]** Insider Tipp

Um die Wende vom 19. zum 20 Jh. angelegt, ist der Botanische Garten heute mit 18 000 Pflanzenarten einer der eindrucksvollsten der Welt. Mittelpunkt ist das herrliche Große Tropenhaus. Bemerkenswert ist auch das Victoria-Amazonica-Haus, denn dort wächst die gleichnamige Schwimmpflanze, deren Blätter so stark sind, dass sie ein Kind tragen können. Sehenswert sind die Kakteenhäuser. *9 Uhr bis Sonnenuntergang, Museum tgl. 10–18 Uhr, Dahlem, Eingänge Unter den Eichen und Königin-Luise-Straße, S-Bahn: Botanischer Garten, U-Bahn: Dahlem-Dorf, Bus: 183, 101, 148*

Glienicker Park mit Schloss Klein-Glienicke und Jagdschloss Glienicke [138 C4]

★ Eine der schönsten Parklandschaften Berlins. Von hier schaut man über die Havel nach Potsdam und Babelsberg, wo die vielen prächtigen Königsschlösser stehen. Bevor aus dem Gutshaus Klein-Glienicke ein Schloss wurde, wohnte Staatsminister Hardenberg darin. Er beauftragte 1816 P. J. Lenné mit der Neugestaltung des Gartens, die dann auch nach Hardenbergs Tod vom neuen Besitzer Prinz Carl weiter betrieben wurde. Der Prinz aber liebte Italien, und so ließ er sich von K. F. Schinkel und dessen Schülern Persius und v. Arnim ein entsprechendes Ambiente schaffen. Überall dort, wo die Aussicht am schönsten ist, stehen deshalb italienische Pavillons, Laubengänge, Fontänen, Tore und Rundbänke: ein preußisches Arkadien.

Auf der anderen Seite der Königstraße steht das *Jagdschloss*, 1683 für den Großen Kurfürsten gebaut. Mehrmals wurde es zweckentfremdet: 1712 als Lazarett, 1760 als Tapetenfabrik, 1827 als Waisenhaus. F. v. Arnim gab dem 1859 von Prinz Carl erworbenen Schloss dann sein barockes Aussehen: zusammen mit den Parks von Babelsberg und dem Neuen Garten in Potsdam, beide ebenfalls von Lenné, die größte Parklandschaft Europas. *Wannsee, Königstr., S-Bahn: Wannsee, weiter mit Bus 116*

Jagdschloss Grunewald [138 C4]

Romantisches Renaissance-Schlösschen, das der brandenburgische Kurfürst Joachim II. 1542 erbauen ließ. Um 1700 wurde es von Martin Grünberg vergrößert und erhielt sein barockes Aussehen. In den Sälen hängen viele Gemälde altdeutscher und holländisch-flämischer Meister, z. B. von Lucas Cranach d. Ä. und Peter Paul Rubens. Im Jagdzeugmagazin – im Auftrag Friedrich des Großen 1790 errichtet – befinden sich kunstvolle alte Jagdwaffen, Geweihe und gemalte Jagdszenen. *Mitte Mai–Mitte Okt. Di–So 10–13 und 13.30–17, übrige Zeit nur Sa und So 10–13 und 13.30–16 Uhr, Grunewald, Am Grunewaldsee, Bus:111, 115, 183*

Insider Tipp

Pfaueninsel [138 C4]

★ Etwas Märchenhaftes und Geheimnisvolles liegt über dieser kleinen Havelinsel. Legendenumwoben ist sie seit dem 17. Jh., als dort der Alchimist Johannes Kunkel vergeblich versuchte, künstliches Gold herzustellen und Rubinglas erfand.

Hundert Jahre später entdeckte Friedrich Wilhelm II. bei seinen Bootsausflügen von Potsdam aus seine Vorliebe für das 76 ha große Eiland, das sein Aussehen schon bald völlig verändern sollte. Denn der König wollte seine Geliebte – Wilhelmine Enke, die er zur Gräfin Lichtenau gemacht hatte – standesgemäß unterbringen und ließ sich etwas Besonderes einfallen: Ein weißes *Schloss* im Stil eines verfallenen römischen Landhauses, das wie eine Theaterkulisse übers Wasser leuchtet. Andere, ähnlich romantische Gebäude wie das *Kavaliershaus* (1803/24) mit der aus Danzig stammenden gotischen Fassade, das *Schweizerhaus* (1829–30, Schinkel), der *Fregattenschuppen* (1833, Schadow) oder die *Meierei* kamen im Laufe der Jahrzehnte hinzu. Denn auch Nachfolger Friedrich Wilhelm III. und seine Frau Luise liebten das Senti-

Statue der Königin Luise auf der Pfaueninsel

mentale. Sie errichteten auch eine Menagerie, zu der neben Bären, Affen, Kängurus und anderen Tieren eben auch Pfauen gehörten. Daher kommt auch der Name; zuvor hieß die Insel Kaninchenwerder. Am schönsten ist der Landschaftsgarten mit seinen Brunnen, Teichen, Statuen und dem Vogelhaus. An seiner Gestaltung waren viele Hofgärtner beteiligt, u. a. Eyserbeck, Fintelmann und Lenné. Von der Anlegestelle der Fähre aus lohnt ein Weg hinauf zu Kirche und Restaurant Nikolskoe. *Wannsee, Pfaueninselchaussee, Tel. 805 30 42, Bus: A 16, 316 (Schloss im Winter geschlossen)*

Schloss Bellevue **[128–129 C–D3]**
1785 von Philipp Boumann für August Ferdinand von Preußen am Rande des Tiergartens gebaut. Im Zweiten Weltkrieg wurde das klassizistische Schloss zerstört. In den 1950er-Jahren wieder aufgebaut, ist es seitdem Amtssitz des Bundespräsidenten. Südöstlich des Schlosses steht das neue Bundespräsidialamt mit schwarzer Granitfassade. *Tiergarten, Spreeweg, S-Bahn: Bellevue*

Schloss Charlottenburg **[126–127 C–D2]**
★ Vor rund 300 Jahren angelegt, ist der Charlottenburger Schlossgarten der älteste erhaltene Garten in Berlin. Kurfürstin Sophie Charlotte hatte den Pariser Gärtner Siméon Godeau mit der Gestaltung eines französischen Barockgartens beauftragt. Später wurde er von J. A. Eyserbeck und P. J. Lenné verändert. Hinter dem klassischen französischen Garten dehnt sich ein großer, urwüchsiger nach englischem Vorbild angelegter Park bis zur Spree aus. Dort steht auch das Mausoleum der jung gestorbenen Königin Luise. Am Schloss wurde viele Jahre lang von mehreren Architekten gebaut: Nehring (1695–98), Eosander v. Göthe (1701–13), Knobelsdorff (1740–46), Langhans (1788–1790) und schließlich Boumann (1790). Einige Räume des Schlosses, so die Wohnräume Friedrichs I., seiner zweiten Frau Sophie Charlotte sowie Friedrichs II., können mit Führung besichtigt werden. *Di–So 10–17 Uhr, Park tgl. 6–21 Uhr, Charlottenburg, Spandauer Damm, U-Bahn: Richard-Wagner-Platz, S-Bahn: Westend, Bus: X21, 109, 145, 209, 210*

Tiergarten **[128–129 B–F 3–4]**
Der beliebteste und größte innerstädtische Park war ursprünglich mal ein Wald, in dem die Landesherren des 16./17. Jhs. Hirsche, Wildschweine und Hasen jagten. Unter Friedrich II. durfte dann erstmals das Volk in dem langsam Form annehmenden Park promenieren. P. J. Lenné begann 1833 mit der endgültigen Ausgestaltung und schuf viele kleine Wasserläufe, Seen, Lichtungen, Wiesen und ein 25 km langes Wegenetz. Der alte Baumbestand war übrigens nach Kriegsende fast völlig verschwunden: Denn die Berliner brauchten

dringend Brennholz, aber auch Gemüse, das man auf den freien Flächen zog. Die vielen Denkmäler im Tiergarten wurden erst in der Kaiserzeit aufgestellt; die 700 Zentner schwere Viktoria auf der Siegessäule (»Goldelse«) erhielt ihren jetzigen Platz am Großen Stern 1939. *Tiergarten, Straße des 17. Juni, U-Bahn: Hansaplatz, S-Bahn: Tiergarten*

Treptower Park [139 D4]

Beliebtes Ausflugsziel am Ufer der Spree, das nicht nur viel Natur bietet, sondern auch das monumentale Sowjetische Ehrenmal für die 1944/45 in der Schlacht um Berlin gefallenen 22 000 russischen Soldaten. Außerdem ist da die 1909 errichtete *Archenhold-Sternwarte,* die man besichtigen kann. *Mi–So 14–16.30 Uhr, Vorführungen: Do 20, Sa/So 15 Uhr, Treptow, Puschkinallee, Tel. 534 80 80, S-Bahn: Treptower Park, Plänterwald*

Trümmerberge

Berlin gehörte zu den im Krieg am meisten zerstörten deutschen Städten. Schätzungsweise 70 Mio. Kubikmeter Schutt mussten abgeräumt werden. Wohin damit, fragten die Stadtväter und beschlossen, aus der Not eine Tugend zu machen: Zwischen 1946 und 1951 wurden 1,8 Mio. Kubikmeter Trümmerschutt im Süden des Bezirks Schöneberg zu einem 75 m hohen Berg aufgetürmt, den man »Insulaner« taufte [139 D4]. Er ist, grasbewachsen und baumbestanden, heute ein Erholungspark mit Freibad. Oben steht seit 1963 die *Wilhelm-Foerster-Sternwarte* und am Fuße des Berges das *Planetarium. Steglitz, Munsterdamm, S-Bahn: Priesterweg.* Der zweite Trümmerberg wurde im Grunewald aufgeschüttet und wegen der Nähe zum Teufelssee »Teufelsberg« genannt [138 C4]. 21 Mio. Kubikmeter Schutt wurden von 1950 bis 1968 dorthin gebracht und zu einer Höhe von 120 m aufgetürmt. Zu Silvester beliebter Treffpunkt.

Viktoria-Park [135 F4]

Der Kreuzberg im gleichnamigen Stadtbezirk ist Berlins höchste natürliche Erhebung und misst stolze 66 m. An den Hängen des Viktoriaparks wird bis heute Wein angebaut, der im 18. Jh. sogar bei Hofe Gnade fand. Aber der Kreuzberg hatte auch eine strategische Bedeutung: 1813 baute man dort Schanzanlagen zur Verteidigung gegen die Truppen Napoleons. Den Berg krönt ein Denkmal zur Erinnerung an die Freiheitskriege (1813–15 von Schinkel erbaut). Bemerkenswert ist der Wasserfall: eine getreue, wenn auch kleinere Nachbildung des Zackelfalls im Riesengebirge. *Kreuzberg, Kreuzbergstraße, U-Bahn: Mehringdamm*

Zoologische Gärten

Der jahrzehntelangen Teilung der Stadt verdanken die Berliner gleich zwei Zoos.

Das Original [117 E–F 3–4] ist im Westteil und wurde 1841 als erster deutscher Zoologischer Garten eingerichtet. Von den 4000 Säugetieren und Vögeln in 1400 Arten überlebten nur 91 Tiere das Ende des Zweiten Weltkriegs. Seither wuchs der Bestand des artenreichsten Zoos der Welt auf fast 11 000 Tiere. Berühmtester Bewohner ist der chinesische Pandabär »Bao-Bao«. Unbedingt sollte man auch das Aquarium (mit Insektarium und Terrarium) besuchen. Es gilt als eines der schönsten Europas. *Tgl. 9–18.30, im Winter bis 17 Uhr, Charlottenburg, Budapester Straße, S- und U-Bahn: Zoologischer Garten*

Der zweite Tierpark **[139 E3–4]** wurde 1955 in Friedrichsfelde auf dem Gelände des von Lenné gestalteten barocken Schlossparks angelegt. Er beherbergt etwa 5000 Tiere aus 900 verschiedenen Arten. Es gibt mehr als fünfzig verschiedene Freisichtgehege und Tierhäuser. Nach langen Restaurierungsarbeiten kann auch das um 1690 errichtete Barockschloss wieder besichtigt werden. *Tgl. 9 Uhr bis Einbruch der Dunkelheit, Schloss: Di–So 10–17 Uhr, Lichtenberg, Straße am Tierpark, U-Bahn: Tierpark, S-Bahn: Friedrichsfelde*

STADTVIERTEL

Charlottenburger Kiez [126–127 C–D3]

Das Quartier südlich vom Schloss Charlottenburg, zwischen Sophie-Charlotten-Straße und Wilmersdorfer Straße, war Zilles »Milljöh«. Im Haus Sophie-Charlotten-Straße 88, Ecke Seelingstraße, hat »Pinsel-Heinrich« von 1892 bis zu seinem Tod 1929 gewohnt. Mit Kamera und Skizzenblock hielt er das Elend der kleinen Leute unzählige Male und unübertroffen fest.

Der Kiez überstand den Zweiten Weltkrieg relativ unbeschadet, musste aber lange auf seine Sanierung warten. In den Höfen hinter den schmucken Fassaden gibt es auch heute noch kleine Gewerbebetriebe. Ansonsten viele nette Kneipen mit internationaler Küche. Sehenswert die Luisenkirche am Gierckeplatz, deren Turm aus dem Jahre 1821 die Schinkel'sche Handschrift trägt, wie so vieles noch in Berlin. *Charlottenburg, U-Bahn: Bismarckstraße*

Hansa-Viertel [117 F1–2]

Am Rande des Tiergartens konnte die Crème de la crème der Architekten für die Internationale Bauausstellung 1957 ihre Ideen über modernes Wohnen auf einem im Krieg zerbombten Areal umsetzen. Nicht abweisende Wohnmaschinen wie im Märkischen Viertel, sondern eine wohltuende Mischung aus Flachbauten und Hochhäusern entstand zwischen der Straße des 17. Juni und der S-Bahn. *Tiergarten, U-Bahn: Hansaplatz*

Kreuzberg [136–137 C–D 2–3]

Durch den Mauerabriss geriet der Szenebezirk aus der Randlage in die Mitte. Nimmt man den Weg von der Baerwaldstraße über die

Am Wasserklops am Breitscheidplatz ist Charlottenburg zu Ende

Richtig fit!

Für alle, die auch auf Stadtbesuch fitnessmäßig immer am Ball bleiben wollen

Wer nachts den Kneipengang gleich wieder abarbeiten will, muss nach Kreuzberg fahren: Hier stehen die Geräte von *24-Hour-Fitness* im Karstadt-Gebäude rund um die Uhr bereit *(Hermannplatz 10, Tel. 69 80 79 90, U-Bahn: Hermannplatz)*. Jeden Mittwoch um 18 Uhr findet der Lauftreff des L. C. Marathonia statt – Treffpunkt Parkplatz Mommsenstadion *(Waldschulallee, S-Bahn Eichkamp)*. Der Sportclub SCC Berlin bietet viermal die Woche einen Sightseeinglauf durch Berlin an: Di, Do, Sa, So um 7.45 Uhr ab Siegessäule bzw. um 8 Uhr ab Brandenburger Tor *(Tel. 302 53 70)*.

Wiesen am Urbanhafen, Planufer und Maybachufer mit Türkenmarkt (Insider Tipp) irgendwann über den Landwehrkanal und zurück zum Paul-Lincke-Ufer und Fraenkelufer durch den Böcklerpark, erlebt man mehr und echteres Berlin als anderswo, Altes und Neues, Verfallenes und Restauriertes, Schönes und Hässliches, türkische Imbissstuben und Szenekneipen. *U-Bahn: Prinzenstraße*

Nikolaiviertel **[119 E–F4]**
Rund um die älteste Kirche der Stadt, St. Nikolai aus dem 13. Jh., zwischen Schlossplatz und Mühlendamm, Spree und Rotem Rathaus, entstand einst Berlin. Fast alle »alten« Gebäude hier sind freilich erst in den 1980er-Jahren errichtet worden und leider meist in Plattenbauweise. So richtig original ist also nur sehr wenig, es ist eine Art Disneyland Alt-Berlin. Rekonstruiert wurden Heinrich Zilles Stammkneipe *Zum Nussbaum* und die zum Gasthaus ausgebaute *Gerichtslaube,* deren Original übrigens seit 1871 im Babelsberger Schlosspark steht. Beide Gebäude waren ursprünglich woanders, ebenso das Drachentöter-Denkmal. Das *Knoblauch-Haus* von 1764 ist das einzige erhaltene historische Wohnhaus im Quartier. Einst repräsentatives Heim eines reichen Seidenfabrikanten, ist es nun eine Dokumentationsstätte über die Berliner Aufklärung. Attraktion aber ist das *Ephraim-Palais,* einst die »schönste Ecke von Berlin«. Der Bankier Veitel Ephraim, Münzpächter des Alten Fritz, ließ es 1761 bis 1767 am Mühlendamm errichten. 1935 musste es der verbreiterten Mühlendammbrücke weichen und wurde erst ab 1983 nahe des alten Standorts originalgetreu wieder aufgebaut. Im Inneren werden Stadtansichten auf Berliner Porzellan und Berliner Malerei von Blechen bis Hofer gezeigt. *Mitte, U-Bahn: Klosterstraße/Alexanderplatz*

Prenzlauer Berg **[125 E–F4]**
Dieser Bezirk ist das, was Kreuzberg mal war. In Hinterhöfen gibt es schrille Kneipen, in verlassenen La-

denwohnungen werden verpasste Kunstepochen nachgeholt. Am Sehenswertesten, allerdings inzwischen auch sehr touristisch, ist die Gegend um Kollwitzplatz und Husemannstraße. Ein paar schöne Restaurants gibt's da, ein winziges Friseurmuseum und Tante-Emma-Läden. *U-Bahn: Rosa-Luxemburg-Platz, Senefelder Platz*

Spandauer Vorstadt **[119 E2]**

Das ist die berlinischste, lebhafteste und touristischste Gegend der Stadt, mit über hundert Kneipen und Restaurants und von geradezu magnetischer Anziehungskraft für alle, die urbanes Leben lieben. Mit Spandau hat das Viertel nur so viel zu tun, als es nördlich der Spandauer Brücke ist, über die man vom alten Berlin ins 10 km entfernte Spandau kam. Die Spandauer Vorstadt entstand ab Ende des 17. Jhs. außerhalb der Stadtmauern vor dem Spandauer Tor, dem heutigen Hackeschen Markt, benannt nach dem Stadtkommandanten Graf v. Hacke, der um 1750 das dortige Sumpfgelände trocken legen ließ. Sie wird begrenzt durch die Oranienburger und Dirksenstraße im Süden und die Linienstraße im Norden; die »Linie« war um 1700 die durch einen Palisadenzaun markierte Stadtgrenze. Die östliche Spandauer Vorstadt um die Gegend der heutigen Volksbühne ist das Scheunenviertel, weil hier brennbare Materialien vor den Toren der Stadt in Scheunen gelagert wurden. Später siedelten sich dort in billigen Quartieren aus Osteuropa kommende Juden an. Allmählich breitete sich jüdisches Leben in der ganzen Spandauer Vorstadt aus, und das ist heute wieder so. Das Leben brodelt wie sonst nirgends in Berlin.

Galerie in den Sophie-Gips-Höfen in der Spandauer Vorstadt

Die ★ *Hackeschen Höfe* mit Restaurants, Kinos, Theater, Varieté Chamäleon, Galerien und Kunsthandwerkern sind der unbestreitbare Höhepunkt dieser Gegend. Aber auch die Sophie-Gips-Höfe, der Kunsthof, die Heckmann-Höfe sind ähnlich strukturiert. In der Oranienburger Straße (Insider Tipp) mit ihren Restaurants und Bars, der Neuen Synagoge und dem Kunstzentrum Tacheles ist der Tag um Mitternacht noch längst nicht zu Ende. Die langen, blanken Beine der Prostituierten blenden so manchen Autofahrer. Etwas ruhiger ist es um die Sophienstraße mit ihrer barocken Kirche, Tucholsky- und Auguststraße. Aber auch hier gibt es unendlich viel zu entdecken. *S-Bahn: Hackescher Markt*

Kunst, Altertum und Technik

Berlins riesige Museumslandschaft wächst wieder zusammen, und Nofretete wird noch einmal umziehen müssen

Die Museumsschätze Berlins sind im letzten Krieg – und auch noch danach – nur teilweise zerstört worden. So verbrannten in einem Flakbunker nach der Eroberung der Stadt 400 wertvolle Gemälde. Aber Vieles wurde sorgsam geschützt, zum Teil in Bergwerken und anderen sicheren Orten ausgelagert. Je nachdem, wo sich die Stücke bei Kriegsende befanden, kamen sie nach West- oder nach Ost-Berlin. Dadurch wurden Sammlungen auseinander gerissen, Zusammengehöriges wurde getrennt, und Zusammenarbeit gab es kaum. So hing z. B. Adolph von Menzels »Eisenwalzwerk« in der Nationalgalerie (Ost), sein »Flötenkonzert« in der Nationalgalerie (West); von Botticellis Illustrationen zu Dantes Göttlicher Komödie konnte man die »Hölle« im Westen, das »Paradies« nur im Osten betrachten.

In West-Berlin wurden die Kunstsammlungen als Staatliche Museen Preußischer Kulturbesitz zusammengefasst. Ihre Standorte waren Dahlem, das Kulturforum in Tiergarten und Charlottenburg.

Berlinerin seit 1920: Königin Nofretete im Ägyptischen Museum

Gemäldegalerie Dahlemer Museen

Hinzugekommen sind nach der Wiedervereinigung die Häuser auf der Museumsinsel im Bezirk Mitte – der eigentlichen Geburtsstätte der Staatlichen Museen zu Berlin – mit Schinkels Altem Museum von 1830, mit Neuem Museum, Nationalgalerie, Bode-Museum und Pergamon-Museum sowie ferner die Friedrich-Werdersche Kirche. Für den Wiederaufbau des Neuen Museums und die Sanierung des Bode-Museums sind Milliardensummen eingeplant.

Die Museumsinsel ist auch ein bedeutendes Architekturensemble, das 1999 in die Liste des Weltkulturerbes der Unesco aufgenommen wurde. Jeder Museumsbau repräsentiert eine andere Generation und andere Konzepte: Schinkel, Stüler, Strack, Ihne, Hoffmann, Messel lauten die Namen der prominenten Architekten. Durch die Wiedervereinigung der Museen in Ost und West können die Sammlungen der Stiftung Preußischer Kulturbesitz wieder zusammengeführt und neu geordnet werden. Nach den Vorstellungen des Generaldirektors der Stiftung soll die Stadtmitte mit der Museumsinsel zur Kultur- und Bildungslandschaft ausgebaut werden, in der später auch einmal das Ethnologische Museum seinen Platz haben soll, sofern auf dem Schlossplatz das Berliner Stadtschloss wieder aufgebaut oder ein entsprechender Neubau entstehen wird. Selbst eine spätere Umsiedlung der Gemäldegalerie wird erwogen.

Heute befinden sich auf der Museumsinsel die Antikensammlung, das Vorderasiatische Museum, das Museum für Islamische Kunst, das Münzkabinett sowie Malerei und Plastik des 19. Jhs. In Charlottenburg ist das Museum für Vor- und Frühgeschichte und die Sammlung Berggruen im westlichen Stülerbau. Ferner befindet sich dort noch im östlichen Stülerbau, gegenüber dem Schloss Charlottenburg, das Ägyptische Museum, das 2005/2006 auf die Museumsinsel verlagert wird.

Am Kulturforum befinden sich jetzt die Neue Nationalgalerie, die Gemäldegalerie, das Kupferstichkabinett, die Kunstbibliothek und das Musikinstrumentenmuseum. In Dahlem bleiben die Völkerkunde, die Volkskunde sowie – nach – die Museen für Indische und Ostasiatische Kunst. In ähnlicher Weise werden seit der Vereinigung der Stadt auch die stadtgeschichtlichen Museen neu geordnet. Insgesamt gibt es rund 180 Museen in Berlin.

In den Museen der Stiftung Preußischer Kulturbesitz ist am 1. So im Monat der Eintritt frei, mit Ausnahme von Sonderausstellungen. Eintritt 2, ermäßigt 1 Euro, Tageskarte für alle Museen der Stiftung 4, ermäßigt 2 Euro. Veranstaltungen, Führungen, »Lange Nacht der Museen«, Schauplatz Museum: Museumspädagogischer Dienst: Tel. 28 39 74 44, www.smpk.de

Ägyptisches Museum und Papyrussammlung [126 C3]

★ Die schönste Frau der Welt residiert seit 1920 in Berlin: Königin Nofretete, geformt von einem unbekannten Meister 1340 v. Chr., ausgegraben 1912 von Ludwig Borchardt. Millionen von Besuchern haben ihr seither die Reverenz erwiesen. Auf andere Art fesselt die Königin Teja. Ihr winziges Eibenholzköpfchen (1360 v. Chr.) ist nur 9,5 cm hoch, aber formvollendet. Hervorzuheben sind ferner das 8 m hohe Tempeltor von Kalabsha, eine echte Mumie, umfangreiche Papyrussammlungen und ein Säulenhof aus dem Totentempel des Königs Sahu-Re. *Di–Fr 10–18, Sa/So 11–18 Uhr, Charlottenburg, Schlossstr. 70, Bus: X 21, X 26, 109, 110, 145*

Bauhaus-Archiv Museum für Gestaltung [129 D5]

Bauhaus-Gründer Walter Gropius entwarf das Museum 1964. Gezeigt werden Arbeiten aus allen Bereichen des ehemaligen Bauhauses (Weimar–Dessau–Berlin 1919 bis 1933): Architekturmodelle (Gropius, Meyer, Mies van der Rohe) sowie Möbel (Breuer), Malerei (Kandinsky, Klee, Feininger), Metall-, Keramik- und Webarbeiten. *Mi–Mo 10–17 Uhr, Tiergarten, Klingelhöferstr. 14, U-Bahn: Nollendorfplatz, Bus: 100, 129, 187, 341*

MARCO POLO Highlights »Museen«

★ **Ägyptisches Museum**
Die 3330 Jahre alte Nofretete ist immer noch die schönste Berlinerin (Seite 40)

★ **Deutsches Technikmuseum**
Ein Museum zum Anfassen, eine Erlebniswelt für Technikinteressierte (Seite 42)

★ **Gemäldegalerie**
Eindrucksvoller Neubau mit einer Sammlung von europäischem Rang (Seite 45)

★ **Haus am Checkpoint Charlie**
Ein selbst gebautes Flugzeug zeugt vom Erfindungsreichtum der DDR-Flüchtlinge (Seite 43)

★ **Sammlung Berggruen**
Picasso und andere Zeitgenossen in ausgesuchter Qualität (Seite 44)

★ **Museum für Naturkunde**
Staunend steht man vor dem 12m hohen echten Skelett des berühmten Brachiosaurus brancai (Seite 44)

★ **Ethnologisches Museum**
Die Boote aus der Südsee sind ein Tummelplatz für Kinder (Seite 46)

★ **Pergamon-Museum**
Vor dem Pergamonaltar, der der Göttin Athene geweiht war, kann man sich stundenlang aufhalten (Seite 47)

Insider Tipp

Bröhan-Museum **[126 C3]**
Liebhabern des Jugendstils und des Art déco gehen hier die Augen über. Die dem Land Berlin geschenkte Privatsammlung von Karl H. Bröhan umfasst kostbare Möbel, Gemälde (Berliner Sezession), Porzellan, Glas und Keramik sowie Metallarbeiten der ersten drei Jahrzehnte des 20. Jhs. Herausragende Exponate: Vasen von Emile Gallé, Möbel von Hector Guimard und Louis Majorelle, Metallobjekte von Henry van de Velde. *Di–So 10–18 Uhr, Charlottenburg, Schlossstr. 1 a, U-Bahn: Sophie-Charlotte-Platz, Bus: X 21, 109, 145, 210*

Brücke-Museum **[138 C4]**
Der Besuch des Museums lässt sich gut mit einem Spaziergang im Grünen verbinden – das Haus steht nämlich am Rand des Grunewalds. Hier sind Werke der 1905 in Dresden gegründeten Künstlergruppe zu sehen, außerdem der künstlerische Nachlass von Karl Schmidt-Rottluff. *Mi–Mo 11–17 Uhr, Dahlem, Bussardsteig 9, Bus: 115*

Deutsches Historisches Museum **[119 D3]**
Im Zeughaus werden Sammlungen zur Deutschen Geschichte und wechselnde Ausstellungen gezeigt; rühriges Programm. Erweitert wird das Museum jetzt durch einen Neubau von I. M. Pei. *Fr–Di 10–18 Uhr, Mi geschl. Do 10–22 Uhr, Unter den Linden 2 und 3, Bus: 100, 157, 348*

»Rosinenbomber« am Deutschen Technikmuseum

Deutsches Technikmuseum Berlin **[135 F2]**

★ Vom Laufrad des Freiherrn von Drais (die komplette Sammlung umfasst 300 Fahrräder) über Pferdewagen, Automobile, Lokomotiven bis hin zu Heißluftballons und Flugzeugen. Nachgebaut wurde eine historische Werkhalle mit einer Balancier-Dampfmaschine von 1860, die zahlreiche Metall verarbeitende Maschinen antreibt. Für Kinder und Erwachsene gleichermaßen faszinierend ist das Versuchsfeld »Spektrum«. *Di–So 10 bis 17.30 Uhr, Kreuzberg, Trebbiner Str. 9, Oldtimer-Depot: Möckernstr. 26, U-Bahn: Gleisdreieck oder Möckernbrücke*

Gedenkstätte Deutscher Widerstand **[129 D5]**

Der zur Kaiserzeit gebaute Bendlerblock war 1918 bis 1935 Sitz des Reichswehrministeriums und danach bis zum Kriegsende Standort der Oberkommandos der Wehrmacht, des Heeres und der Marine und ist heute der Berliner Dienssitz des Verteidigungsministers. Nach dem gescheiterten Attentat auf Adolf Hitler am 20. Juli 1944 wurden hier im Hof noch in der gleichen Nacht die Offiziere Olbricht, Graf Schenk von Stauffenberg, Mertz von Quirnheim und von Haeften erschossen. Dauerausstellung zum Widerstand gegen den Nationalsozialismus. *Mo, Mi, Fr 9 bis 18, Do 9–20, Sa/So 10–18 Uhr, Tiergarten, Stauffenbergstr. 13–14, U-Bahn: Kurfürstenstraße, Bus 129*

Gedenkstätte Haus der Wannseekonferenz **[138 C4]**

In dieser Wannseevilla beschlossen Vertreter der SS und der Naziregierung seinerzeit die so genannte »Endlösung der Judenfrage«. Es gibt eine Dauerausstellung über Ausgrenzung, Vertreibung und Ermordung der Juden Europas. Außerdem Bibliothek, Mediothek, Ton- und Filmarchiv. *Mo–Fr 10–18, Sa/So 14–18 Uhr, Zehlendorf, Am Großen Wannsee 56–58, S-Bahn: Wannsee, Bus: 114*

Gedenkstätte Plötzensee **[121 F3]**
An die Opfer der Nazidiktatur erinnert auch die Gedenkstätte Plötzensee, wo etwa 2500 Menschen unschuldig hingerichtet wurden. *Tgl. 8.30–18 Uhr, Charlottenburg, Hüttigpfad, S-Bahn: Beusselstraße, Bus: 123, 126*

Hamburger Bahnhof, Museum für Gegenwart – Berlin **[129 E1]**
Der 1846/47 erbaute und für Museumszwecke restaurierte ehemalige Bahnhof dient als Ausstellungsraum für die Sammlung Erich Marx – Beuys, Rauschenberg, Warhol, Twombly, Lichtenstein, Kienholz, Baselitz u. a. – sowie für die zeitgenössischen Sammlungen der Nationalgalerie, des Kupferstichkabinetts, des Kunstgewerbemuseums und der Kunstbibliothek. *Di, Mi, Fr 10–18, Do 10–22, Sa/So 11–18 Uhr, Tiergarten, Invalidenstr. 50/51, S-Bahn: Lehrter Stadtbahnhof, Bus: 245, 248, 340*

Haus am Checkpoint Charlie [Mauermuseum] **[118 C6]**
★ Das nach dem Mauerbau am 13. August 1961 gegründete Museum dokumentiert 29 Jahre Leben und Sterben mit und an der Mauer sowie der Friedensbewegung. Auch die abenteuerlichen Mittel, die Menschen für die Flucht benutzten, werden gezeigt. *Tgl. 11–18 Uhr, Kreuzberg, Friedrichstr. 44, U-Bahn: Kochstraße, Bus: 129*

Jüdisches Museum **[130 B6]**
Im Jahre 1990 beschloss der Senat, den ungewöhnlichen Entwurf des Architekten Daniel Libeskind zu realisieren. Das neue Haus sieht aus wie ein steinerner Blitz und ist dem ehemaligen Berlin-Museum angegliedert, das 1734/35 als Kollegienhaus für das Kammergericht erbaut wurde. Das im September 2001 eröffnete Museum dokumentiert an

Gipsbüsten und Porzellan

Originelle Andenken für alle, die Kunst und Kunstgewerbe lieben

In der Gipsformerei Berlin werden seit 1819 Formen bedeutender Kunstwerke zur Herstellung von Kopien gesammelt. Über 6000 Formen von Plastiken, Reliefs und Medaillen aus fünf Jahrtausenden sind so zusammengekommen; die Kopien kann man kaufen *(Mo–Fr 9–16, Mi 9–18 Uhr, Charlottenburg, Sophie-Charlotten-Str. 17/18, S-Bahn: Westend)*. Noch älter ist die 1763 gegründete Königliche Porzellan-Manufaktur (KPM). Hier hat man die Auswahl zwischen historischem und modernem Geschirr, Vasen und Figuren *(Tiergarten, Wegelystr. 1, S-Bahn: Tiergarten)*.

Hand von Multimediashows, von Dokumenten, Kunstwerken und anderen Exponaten aus zwei Jahrtausenden die deutsch-jüdische Geschichte einschließlich des Holocaust. *Tgl. 10–20 Uhr, Kreuzberg, Lindenstr. 9–14, U-Bahn: Hallesches Tor, Kochstraße*

Käthe-Kollwitz-Museum [128 A6]
Das Museum residiert im 1871 errichteten und damit ältesten Wohnhaus in der Fasanenstraße; das Haus gehört zum Wintergarten-Ensemble. Gezeigt wird die ziemlich komplette Kollwitz-Sammlung des Galeristen und Sammlers Hans Pels-Leusden, dessen eigene Galerie in der benachbarten Villa Grisebach beheimatet ist; auch dort immer interessante Ausstellungen. *Mi–Mo 11–18 Uhr, Charlottenburg, Fasanenstr. 24, U-Bahn: Kurfürstendamm*

Märkisches Museum [119 F5]
Am Ufer der Spree steht das kulturhistorische Museum für Stadt und Region, das aussieht wie eine große Kirche. Der Architekt L. Hoffmann verwandte 1901 bis 1907 unterschiedliche Stilformen, heraus kam eine romantische Mischung. Gezeigt wird hier die Kultur- und Kunstgeschichte Berlins und der Mark Brandenburg. Eine Attraktion ist die Ausstellung von Flötenuhren, Spieldosen und Polyphonen. Alle Automaten einschließlich eines Orchestrions werden den Besuchern jeweils sonntags (15 Uhr) vorgeführt. Das Museum ist Teil der Stiftung Stadtmuseum Berlin. Die Bestände werden zurzeit neu geordnet. *Di–So 10–18 Uhr, Mitte, Am Köllnischen Park 5, U-Bahn: Märkisches Museum*

Museum für Naturkunde [129 F1]
★ In einem Zeitraum von 280 Jahren wurden 60 Mio. Objekte gesammelt, die natürlich nicht alle gezeigt werden können. Kostbar und einmalig sind die Saurierskelette aus Ostafrika. Das berühmteste ist das Skelett des »Brachiosaurus brancai« – es ist 12 m hoch und 23 m lang und das größte aufgestellte Skelett der Welt. Gleich daneben der versteinerte Urvogel »Archaeopteryx lithographica«. Bedeutend auch die Sammlung der Reste von Pflanzen und Tieren aus 500 Millionen Jahren und die Mineralienabteilung. *Di–So 9.30–17 Uhr, Mitte, Invalidenstr. 43, U-Bahn: Zinnowitzer Straße, Bus: 157, 245, 340*

Museumsdorf Düppel [138 C4] Insider Tipp
Rekonstruktion eines mittelalterlichen märkischen Dorfes, das um das Jahr 1200 an dieser Stelle stand. Die Felder und Gärten wurden mit alten Kulturpflanzen bestellt, auch alte Obstsorten wurden wieder angepflanzt. Schafe, Ziegen, Schweine und ein Ochse bevölkern das Dorf. Das mittelalterliche Handwerk wird ebenfalls demonstriert. *Ende März–Mitte Okt. Do 15–19, So und feiertags 10–17 Uhr, Sonderöffnungszeiten: Tel. 802 66 71, Zehlendorf, Clauertstr. 11, Bus: 115, 211, 629*

Sammlung Berggruen [126 C3]
★ Der Kunsthändler Heinz Berggruen hat seine wunderbare Sammlung von Picasso, Klee und Zeitgenossen den Berlinern erst geliehen und dann für einen Spottpreis verkauft. Sie ist ausgestellt im Stüler-Bau gegenüber dem Charlottenburger Schloss. *Di–Fr 10–18, Sa/*

So 11–18 Uhr, Charlottenburg, Schlossstr. 1, U-Bahn: Sophie-Charlotte-Platz, Bus: X 21, 109, 145, 210

Topografie des Terrors [130 A5]
Erst 1986 wurde mit der Spurensicherung auf dem so genannten Prinz-Albrecht-Gelände begonnen. Hier konzentrierten sich im ehemaligen Palais des Prinzen Albrecht Macht und Terror von Gestapo, SS und Reichssicherheitshauptamt, und hier wurde der Holocaust geplant. Zwischen 1939 und 1945 wurden hier viele NS-Gegner und Widerstandskämpfer inhaftiert und gefoltert. In einer provisorischen Ausstellungshalle und in den Kellerräumen eines Nebengebäudes Prinz-Albrecht-Str. 8 (damaliger Sitz der Gestapo) wird über Organisation und Struktur des SS-Staates informiert. *Di–So 10–18 Uhr, Kreuzberg, Eingang Niederkirchnerstraße (neben dem Martin-Gropius-Bau), S-Bahn: Anhalter Bahnhof, U- und S-Bahn: Potsdamer Platz*

MUSEEN AM KULTURFORUM

Gemäldegalerie
★ Entstanden aus den Kurfürstlichen Kunstsammlungen. Rund 1400 Gemälde werden in 53 wunderbaren Schauräumen ausgestellt, weitere 300 in der Studiengalerie: deutsche, niederländische und italienische Malerei vom 13.–16. Jh. sowie französische und englische Malerei des 18. Jhs., flämische und holländische Barockmalerei, französische, italienische und spanische Gemälde des 17./18. Jhs. Alles, was Rang und Namen hat: Dürer, Cranach, Holbein, Brueghel, Tizian, Rubens, Rembrandt, Canaletto, Velázquez, Watteau. Die aus dem Bode-Museum und der Dahlemer Gemäldegalerie vereinigte Sammlung wurde im Juni 1998 im Neubau eröffnet.

Kunstgewerbemuseum
Architektonisch umstritten ist das Gebäude von Rolf Gutbrod. Das kostbarste mittelalterliche Ausstellungsstück ist Teil des aus mehreren Sakralgeräten bestehenden Welfenschatzes; historischen Wert hat auch das Lüneburger Ratssilber aus der Renaissance. Sehenswert ist außerdem die Jugendstil-Abteilung. *Di–Fr 10–18, Sa/So 11–18 Uhr*

Kupferstichkabinett
Der Große Kurfürst legte 1652 den Grundstock für eine der bedeutendsten grafischen Sammlungen der Welt. Die einst 2500 Zeichnungen für die brandenburg-preußische Hofbibliothek sind mittlerweile auf 25 000 Zeichnungen und 380 000 Blatt Druckgrafik – vom Mittelalter bis zur Gegenwart – angewachsen.

Musikinstrumentenmuseum
Die umfangreiche Sammlung europäischer Musikinstrumente und musikhistorischer Dokumente vom 16. Jh. bis zur Gegenwart fand 1984 ihr adäquates Domizil neben der Philharmonie. Zwischen den vielen alten Instrumenten befinden sich auch die Querflöten des Preußenkönigs Friedrich II., ein einklappbares Reisecembalo aus dem Besitz der Sophie Charlotte von Preußen, kostbare Violinen und Flötenuhren. Mittelpunkt des Hauses ist die große Wurlitzer Orgel von 1929, die jeden Sonnabend um 12 Uhr gespielt wird. *Di–Fr 9–17, Sa/So 10–17 Uhr, Tiergartenstr. 1*

Neue Nationalgalerie
Wie fast alle Museumsbestände in Berlin wurde auch die seit 1861 kontinuierlich erweiterte Sammlung von Bildern und Plastiken des 19. und 20. Jhs. nach Kriegsende zerrissen und auf beide Stadthälften verteilt. Für West-Berlin entwarf Mies van der Rohe in den 1960er-Jahren den für die Sammlung adäquaten Rahmen am Rande des Tiergartens. Heute hängt hier die Kunst des 20. Jhs., also Spätwerke von Liebermann, Corinth und Slevogt, ferner Beckmann, Munch, Hodler, Kokoschka, Klee, Feininger, viele »Brücke«-Maler, Dadaisten, Surrealisten, Kubisten, Fauvisten, die Neue Sachlichkeit.

Alle Museen am Kulturforum **[129 E4–5]** *Di, Mi, Fr 10–18, Do 10–22, Sa/So 11–18 Uhr (wenn nicht anders angegeben), Tiergarten, Matthäikirchplatz, U- und S-Bahn: Potsdamer Platz, Bus: 142, 148, 248, 348*

DAHLEMER MUSEEN

Das Museumsgebäude in Berlin-Dahlem, errichtet von 1912 bis 1926 von Bruno Paul und 1971 erweitert, beherbergt folgende Einzelmuseen:

Ethnologisches Museum (Völkerkunde)
★ Mit Ausnahme des deutschsprachigen Raums wird hier die Kulturgeschichte der Völker Amerikas, Asiens, Afrikas, Australiens und Europas in großer Vielfalt dargestellt. herausragend: Originalboote und -häuser aus der Südsee. Ferner gibt es Masken und Plastiken aus Afrika sowie wertvolle Kultgegenstände der Nazca- und Maya-Kultur, Schattenspielfiguren aus Indien, Burma und Bali, einen chinesischen Wohnraum; zusätzlich zwei große Ausstellungen zu den Indianern Nordamerikas sowie afrikanische Kunst und Kultur.

Die Plastik vor der Neuen Nationalgalerie schuf Alexander Calder

Museen für Indische und Ostasiatische Kunst

Beide Museen wurden nach Neugestaltung 2001 wieder eröffnet. Die Indische Kunst ist mit 400 Exponaten aus 4000 Jahren vertreten. Höhepunkt ist eine buddhistische Kulthöhle mit Original-Wandmalereien. Die ostasiatische Kunst wird in Galerien für China, Japan, Korea und Vietnam gezeigt.
Dahlemer Museen **[138 C4]** *Di–Fr 10–18, Sa/So 11–18 Uhr, Eingang Lansstr. 8, U-Bahn: Dahlem Dorf*

MUSEUMSINSEL

Altes Museum – Antikensammlung

Die Antikensammlung ist nun wieder auf der Museumsinsel vereint. Die Bestände mit dem berühmten Hildesheimer Silberschatz, griechischen und römischen Gläsern und Kunstwerken sind im Hauptgeschoss des Schinkel-Baus zu sehen. *Eingang Am Lustgarten*

Alte Nationalgalerie

Mit der Eröffnung Ende 2001 war der erste Schritt zur Generalsanierung der Museumsinsel getan. Gezeigt werden Gemälde und Skulpturen des 19. Jhs.: Malerei der Romantik, Klassizismus, Biedermeier, Realsimus, Deutschrömer, französischer Impressionismus und die jungen Expressionisten. Dazu gehören Werke von K. F. Schinkel, C. D. Friedrich, Blechen, Liebermann, Menzel sowie J. G. Schadow.

Bode-Museum

Das Bode-Museum wird etwa 2005 wieder eröffnet. Dann werden nach Bodes Konzept Gemälde, Skulpturen und Möbel im historischen Zusammenhang gezeigt; ferner byzantinische Kunst und Europas bedeutendstes Münzkabinett.

Neues Museum

Der im Krieg zerstörte Bau wird derzeit mit viel Aufwand wieder aufgebaut. Er soll etwa ab 2006 die Ägyptische Sammlung aufnehmen, die jetzt noch in Charlottenburg ist.

Pergamon-Museum

★ Eines der attraktivsten Berliner Museen, 1930 eröffnet. Seinen Namen erhielt es nach dem rekonstruierten Altar von Pergamon, dem Prunkstück der Antikensammlung. Der gewaltige griechische Marmoraltar entstand zwischen 180 und 159 v. Chr. Besonders hervorzuheben ist der 120 m lange Fries, auf dem überlebensgroße Götter und Giganten gegeneinander kämpfen. Der Altar wurde 1878–86 beim heutigen Bergamo ausgegraben und in 20-jähriger Arbeit in Berlin rekonstruiert. Besonders eindrucksvoll ist das Markttor von Milet, das um 130 n. Chr. entstand. Das Orpheus-Mosaik in der Mitte des Saales stammt aus der zweiten Hälfte des 2. Jh. n. Chr. Die Sammlung antiker Skulpturen und Reliefs ist eine der bedeutendsten in Europa.

Außerdem dort: das *Museum für Islamische Kunst* mit der Fassade des Wüstenschlosses Mschatta und das *Vorderasiatische Museum* mit der Prozessionsstraße von Babylon und dem Ischtar-Tor. *Eingang Am Kupfergraben*

Alle Museen auf der Museumsinsel **[119 D–E 2–3]** *Di–So 10–18 Uhr, Pergamon-Museum Do bis 22 Uhr, U- und S-Bahn: Friedrichstraße, Hackescher Markt, Bus: 100, 157, 200, 348*

Nicht nur Currywurst und Bouletten

Berlin ist berühmt für seine Kneipenkultur – die Berliner treffen sich in einem der vielen Cafés ebenso gern wie in einem Restaurant mit exotischer Küche

Im Ratskeller zur Zeit des Großen Kurfürsten, in den Tanz- und Billardsälen im Preußen Friedrichs II., in den Konditoreien von Giovanoly und Josty, in den Weinstuben von Lutter & Wegener oder Habel, im Romanischen Café wie im Café Größenwahn – seit je trafen sich die Berliner bei Speis und Trank, um über Gott und die Welt zu reden, und oft genug auch in verschwiegenen Hinterzimmern, um – na, was wohl? – verbotene Zeitungen zu lesen. Berlins Kneipenkultur hat eine lange Tradition, und mancher alte Name ist geblieben, nur nicht an alter Stelle: Kempinski, Lutter & Wegener oder Kranzler mit »Bedienung von zarter Hand«, wie es bei der Eröffnung einstmals hieß.

Heute sitzt man stattdessen im Einstein oder bei Florian, im Hamlet oder in der Letzten Instanz, und was früher einmal das Schwarze Ferkel war, das ist heute etwa das Schwarze Café – Treffpunkt einer seltsamen Boheme. Nur ist es in Berlin eben leider nicht so, dass sich gute Küche und freundlicher Service von selbst verstehen. Es gibt auch mufflige Kneipiers, die seit 40 Jahren schlechte Laune haben, und man kann es fast zur Regel machen: je erxotischer die Küche, desto freundlicher das Personal.

Ein neuer Stern an Berlins Gourmet-Himmel: VÄU

Von den gut 7000 Berliner Restaurants bieten allein tausend italienische Küche. Da sitzt man meist gemütlich und isst gut und preiswert. Auch sonst kann man nach dem Geschmack aller Herren Länder speisen – der deutschen Zunge angepasst, versteht sich, denn wirklich wie in China isst man in den 600 Chinalokalen hier nicht.

Aber sonst: arabische Küche, böhmische, französische, griechische, thailändische, japanische, russische, spanische, portugiesische und natürlich türkische und noch manche mehr werden geboten. Da gibt es viele gute Tipps und manche Spitzenleistung. Selbst die kritischsten Restauranttester finden in Berlin mittlerweile ein halbes Dutzend Köche von internationalem Niveau.

Und was ist echt berlinisch? Die originale Berliner Küche ist nicht leicht und französisch beeinflusst, wenn auch weniger von Paul Bocuse als von hugenottischer Hausmannskost und Napoleons Gulaschkanonen: Boulette, Haschee,

Grieben (Griebelettes), Ragout fin, Kotelett, Roulade, Remoulade, Frikassee, Püree, Eclair, Petits fours und Manches mehr. Und Berliner Muckefuck kommt von »Mocca faux«, falscher Kaffee. Typisch für Berlin ansonsten: Eisbein mit Erbspüree, Rinder- oder Kohlroulade, Wildragout, Hühnerfrikassee, Lungenhaschee, Bouletten und gewiss auch Griebenschmalz, zum Abschluss dann Kompott.

AUSFLUGSLOKALE

Alte Liebe **[138 C4]**
Schiffsrestaurant auf der Havel mit schönem Blick über den Fluss. Küche wie bei Muttern, reichliche Portionen, Fisch, gute Bratkartoffeln. *April–Sept. Di–So 12–22, Okt. bis März Do und So 12–19, Fr/Sa 12 bis 21 Uhr, Zehlendorf, Havelchaussee 107, Tel. 304 82 58, Bus: A 18*

Insider Tipp **Alter Dorfkrug Lübars** **[139 D3]**
Das letzte wirkliche Dorf innerhalb der Berliner Stadtgrenze. Großer Biergarten. Und seit die Berliner nach dem Mauerfall mehr Auswahl haben, ist hier auch die Küche deutlich besser geworden. *Di–So 11.30–23 Uhr, Lübars, Alt-Lübars 8, Tel. 40 20 84 00, Bus: 222*

Blockhaus Nikolskoe **[138 C4]**
Gesprochen »Nikólskoje«, denn das war ein Geschenk an Zar Nikolaus und dessen Gemahlin, die Tochter Friedrich Wilhelms III. Also eine russische Datscha mit Blick über die Havel (hinreißend), und der Koch und das gesamte Personal geben sich deutlich mehr Mühe als früher einmal. *Tgl. außer Do 10–22 (im Winter 12–19) Uhr, Wannsee, Nikolskoer Weg 15, Tel. 805 29 14, Bus: A 16*

Brauhaus in Rixdorf **[139 D4]**
Fabrikantenvilla von der Wende vom 19. zum 20. Jh. Großer Garten und selbst gebrautes Bier. Schöner Kinderspielplatz. *Tgl. ab 11.30 (open end), So ab 10 Uhr Brunch mit Livemusik, Neukölln, Glasower Str. 27, Tel. 626 88 80, U- und S-Bahn: Hermannstraße*

Capt'n Schillow **[128 A4]**
Ein Ausflug mitten in die Stadt: Am Tiergarten, auf dem Landwehrkanal, liegt ein Restaurantschiff vor Anker, auf dem der Smutje Fischsuppe, Labskaus und andere leckere Sachen serviert. *Tgl. 11–24 Uhr, Charlottenburg, Straße des 17. Juni, am Charlottenburger Tor, Tel. 31 50 50 15, S-Bahn: Tiergarten, U-Bahn: Ernst-Reuter-Platz*

Chalet Suisse **[138 C4]**
Es gibt Raclette, Bündnerfleisch und Berner Rösti und nach Saison Spargel, Lachs, Pilze etc. Vornean im Grunewald, mit schönem Kin-

Beliebter Biergarten am Gasthaus Zenner in Treptow

MARCO POLO Highlights »Essen & Trinken«

★ **Bar Centrale**
Gehobenes Bistro am Szenekino New York (Seite 51)

★ **Borchardt**
Hier trifft sich Berliner Prominenz (Seite 57)

★ **Ana e Bruno**
Absolute Spitzenklasse auf Italienisch (Seite 56)

★ **Kaiserstuben**
An der Museumsinsel richtig gut essen (Seite 57)

★ **Ponte Vecchio**
Ein Italiener mit viel Renommee und nicht zu teuer (Seite 57)

★ **Restauration 1900**
Prenzelbergs Szenekneipe mit Touri-Touch (Seite 55)

★ **Pasticceria-Rosticceria**
Die leckersten Torten von Berlin (Seite 56)

★ **Trio**
Keine Dutzendware beim Duo vom Trio (Seite 57)

★ **Oren**
Vegetarisch, koscher und immer voll (Seite 59)

★ **Café im Literaturhaus**
Viel Atmosphäre in Ku'damms schönster Seitenstraße (Seite 56)

derspielplatz, sodass auch Mütter in himmlischer Ruhe ihren Dôle du Valais genießen können. *Tgl. 11.30 bis 24 Uhr, Grunewald, Clayallee 99, 10 Min. Fußweg in den Wald, Tel. 832 63 62, Bus: 115*

Remise **[138 C4]**
... im Schloss Klein-Glienicke, man sitzt sehr gut auf der Terrasse oder auch drinnen, rundum der wunderbare Glienicker Park, freundlicher Service, hervorragende Küche, aber auch entsprechende Preise. *Di–So (im Winter), ab März tgl. 12–22 Uhr, Wannsee, Königstr. 36, Tel. 805 40 00, Bus 116*

Rübezahl **[139 E4]**
Vermutlich der größte Biergarten Berlins, aber der Blick auf den Müggelsee und die vielen Spazierwege entschädigen für Fließbandküche und Selbstbedienung. *Tgl. 11–23 Uhr, Köpenick, Am Großen Müggelsee, Tel. 65 88 20, Bus: 169*

BARS & SZENELOKALE

Bar am Lützowplatz **[128 C5]** Insider Tipp
Das Wichtigste ist die Theke, so endlos wie der lange Raum. Viele Nachtschwärmer kommen zum letzten Absacker. Je später der Abend, desto voller der Raum und die Gäste. *Tgl. 15–3 Uhr, Tiergarten, Lützowplatz 7, Tel. 262 68 07, U-Bahn: Nollendorfplatz*

Bar Centrale **[136 A3]**
★ Die ist fast immer voll, vor allem nach dem Kino nebenan. Viele Galeristen und Künstler, ungedeckte Tische für das einfache Essen, ge-

Die Gourmettempel von Berlin

Bamberger Reiter [117 D6]
Elegantes Speiselokal mit teils sehr raffinierten, immer schmackhaften Gerichten, ein bisschen deutsch und ziemlich reichlich. Sehr empfehlenswert. Menü ab 70 Euro, im dazugehörigen *Restaurant à Côté* nebenan preiswerter. *Di–Sa ab 18 Uhr, Schöneberg, Regensburger Str. 7, Tel. 218 42 82, U-Bahn: Spichernstraße*

First Floor im Palace Hotel [117 E4]
Ein viel versprechender Nachwuchskoch zeigt, was er kann, und das ist allerhand. Hauptgerichte ab 25, Menüs ab 65 Euro. *So–Fr 12 bis 14.30 und 18–22.30, Sa 18 bis 22.30 Uhr, Charlottenburg, Budapester Str. 45, Tel. 25 02 10 20, U- und S-Bahn: Zoologischer Garten*

Margaux [118 B3]
So ziemlich das Edelste, was Berlin zu bieten hat: geschmackvoll modern und mit viel Blattgold eingerichtet, ambitionierte, hoch gelobte Küche und – der Name verpflichtet – unter rund 900 Positionen der Weinkarte 30 Jahrgänge Château Margaux. Menüs 70/100 Euro. *Mo bis Sa 12–15 und ab 18 Uhr, Mitte, Unter den Linden 78, Eingang Wilhelmstraße, Tel. 22 65 26 11, S-Bahn: Unter den Linden, U-Bahn: Französische Straße*

Portalis [118 B4]
Nähe Gendarmenmarkt ein Ableger des Münchner *Tantris* und so ziemlich auf dem gleichen hohen Niveau. Ideenreiche und gekonnte Nouvelle Cuisine, mit asiatischen Einflüssen und deutscher Perfektion. Menü ab 60 Euro. *Mo–Fr 12–14 und Mo–Sa 19–23 Uhr, Mitte, Kronenstr. 55–58, Tel. 20 45 54 96, U-Bahn: Stadtmitte*

Quadriga [117 D5]
Viel gerühmte Edelgastronomie im Hotel *Brandenburger Hof*. Absolute handwerkliche Perfektion, freundlicher Service und immer die richtige Weinempfehlung. Menü ab 50 Euro. *Mo–Fr ab 19 Uhr, Tiergarten, Eislebener Str. 14, Tel. 21 40 50, U-Bahn: Augsburger Straße*

VĂU [118 B4]
Zurückhaltend und vornehm eingerichtet, reichlich Platz in hohen Räumen, große Fenster, im Sommer Hofterrasse – schon das Äußere tut wohl. Die klassisch-edle Küche hat sich auf Anhieb einen Spitzenplatz erobert. Menü 65 bis 120 Euro, mittags 45–75 Euro. *Mo–Sa Küche 12–14.30 und 19–22.30 Uhr, Mitte, Jägerstraße 54/55, Tel. 202 97 30, U-Bahn: Stadtmitte*

Vivaldi [132 A5]
Elegantestes, luxuriösestes Berliner Gourmetrestaurant – im *The Ritz-Carlton-Schlosshotel, Berlin*. Hauptgerichte ab 30 Euro. Wunderschöner Garten zum Kaffeetrinken. *Küche Mo–Sa 18–23.30 Uhr, Grunewald, Brahmsstr. 10, Tel. 89 58 45 20, S-Bahn: Grunewald, Bus: 129*

deckte für italienische Kreationen und eine lange Bar für raffinierte Cocktails. *Mo–Do 12–2, Fr/Sa bis 3 Uhr, So geschl., Kreuzberg, Yorckstr. 82, Tel. 786 29 89, U-Bahn: Mehringdamm, Bus 119, 219*

Chez Maurice **[131 F1]**
Anfangs nur ein Weinladen, und so sieht's auch noch aus. Inzwischen hat der Wirt ein paar Tische aufgestellt und kocht ein tolles Bistromenü. Viel Andrang, sehr urig. *Di–Fr 10.30–24, Sa–Mo 18–24 Uhr, Prenzlauer Berg, Bötzowstr. 29, Tel. 42 80 47 23, Bus: 257*

Einstein **[135 D1]**
Die ehemalige Villa des Filmstars Henny Porten. Unten Wiener Kaffeehaus mit Terrasse, oben Ausstellungen. Viel Journaille und Künstlervolk. Küche und Service von österreichischer Nonchalance. *Tgl. 10 bis 2 Uhr, Tiergarten, Kurfürstenstr. 58, Tel. 261 50 96, U-Bahn: Kurfürstenstraße und Nollendorfplatz*

Kellerrestaurant im Brechthaus **[130 A1]**

Direkt neben dem Dorotheenstädtischen Friedhof, wo Brecht und Heiner Müller begraben sind, wird nach den altösterreichischen Originalrezepten der Helene Weigel gekocht. Viel Theatervolk. *Tgl. ab 11 Uhr, Sa ab 18 Uhr, Mitte, Chausseestr. 125, Tel. 282 38 43, U-Bahn: Oranienburger Tor*

Metzer Eck **[131 D1]**
Seit 1913 Alt-Berliner Kneipe am Prenzlauer Berg, zum Szenetreff für Ost und West mutiert. Blödel-Otto, Manne Krug, Kati Witt und andere waren hier, bei Erbsensuppe und Kammsteak; immer voll. *Mo–Fr 16 bis 1, Sa/So 18–1 Uhr, Prenzlauer Berg, Metzer Str. 33, Tel. 442 76 56, U-Bahn: Senefelderplatz*

Oxymoron **[130 C2]**
Plüschig und nostalgisch, sehr »in«, mäßige Küche, jeden zweiten Dienstag im Monat Opernarien live

Das Oxymoron in der Rosenthaler Straße

Berliner Spezialitäten

Lassen Sie sich diese Köstlichkeiten gut schmecken!

Berliner – Die mit Marmelade gefüllten und in Öl gebackenen Krapfen heißen in Berlin Pfannkuchen.

Berliner Weiße – stark kohlensäurehaltiges, obergäriges Weizenbier, das möglichst lange gelagert werden soll und im Sommer aus breiten Weißbiergläsern getrunken wird. Mit »Schuss« bedeutet mit Himbeer- (rot) oder Waldmeistersirup (grün).

Bockwurst – Sie wurde um 1830 von Fleischermeister Bock in Berlin erfunden – ebenso wie die Wiener Würstchen, die ein Zunftgenosse namens Wiener in besonders zartem Saitling zubereitete.

Bouletten – Diese Hackfleischbällchen, die in Berlin in vielen Kneipen und allen Imbissbuden zu haben sind, heißen anderswo meist Frikadellen. Bestellt man Bouletten mit Brot, kann es passieren, dass der Wirt sagt: »Is schon drin!«

Currywurst – Diese Original-Berliner Erfindung ist Herta Heuwer zu verdanken, die sie 1949 in ihrer Würstchenbude am Stuttgarter Platz erfand. Ihr Mann hatte in amerikanischer Kriegsgefangenschaft Spareribs mit Ketchup gegessen. Da es aber in Berlin damals kaum Fleisch gab, nahm sie Bratwürste, die sie mit einer Mischung aus Ketchup, Worcestersoße, Paprikapulver und Curry übergoss.

Döner – zwar nicht urberlinisch, aber aus der Schnellgastronomie nicht mehr wegzudenken und als Snack in dieser Form tatsächlich in Berlin erfunden: türkisches Fladenbrot, gefüllt mit Zwiebeln, Salat und Lamm- (bzw. Hammel-)fleisch, das von einem großen Spieß abgeschabt wird

Hecht grün – Die vielen Flüsse und Seen liefern reichlich Fisch. Traditionell beliebt ist Hecht oder Aal grün mit Spreewälder Gurkensalat.

Eisbein – »klassisch« mit Sauerkraut, Erbspüree und Kartoffeln. Mit Eis hat das insofern zu tun, als der Knochen der gepökelten Schweinshaxe früher zum Eislaufen benutzt wurde.

Kasseler Rippe – Die geräucherte Schweinerippe hat nichts mit der Stadt Kassel zu tun, sondern mit einem gleichnamigen Metzger. Klassisch mit Sauerkraut und Kartoffelbrei (»Quetschkartoffeln«)

Soleier – in Salzlake konservierte, hart gekochte Eier; beliebter Kneipensnack

Teltower Rübchen – kleine, weiße Steckrüben, zartes Frühsommergemüse

zu Pasta, nachts Party im Goldenen Salon. *Tgl. 12–3 Uhr, Mitte, Rosenthaler Str. 40/41, Tel. 28 39 18 85, S-Bahn: Hackescher Markt*

Paris–Moskau **[129 D2]**
An gleichnamiger Bahnlinie so eine Art Bahnwärterhäuschen, wo niemand ein Schickirestaurant für die Jeunesse dorée vermutet. Alles edel in Schwarzweiß, und edel sind auch die Preise. Doch es wird auch gut gekocht und so reichlich, dass man auch kleine Portionen bestellen kann. Terrasse. *Tgl. 18–24 Uhr, Tiergarten, Alt-Moabit 141, Tel. 394 20 81, S-Bahn: Lehrter Stadtbahnhof*

Restauration 1900 **[125 D4]**
★ Prenzelberger Szenekneipe am renovierten Ende der Husemannstraße, immer voll, viele Wessis, fast schon ein bisschen zu viel Rummel. Kleine, witzige Speisekarte, prima Spaghetti. *Tgl. ab 10 Uhr (open end), Prenzlauer Berg, Husemannstr. 1, Tel. 442 24 94, U-Bahn: Senefelderplatz*

Rosalinde **[127 F5]**
Gemütliche Kneipe für Studis und Jungschauspieler, Frühstück auch für Spätaufsteher, deutsche Küche aus Südwest. *Tgl. 9–2 (im Winter ab 10) Uhr, Charlottenburg, Knesebeckstr. 16, Tel. 312 37 93, U-Bahn: Ernst-Reuter-Platz*

Café Savarin **[135 E3]** Insider Tipp
In einer unscheinbaren Seitenstraße eine kleine, überfüllte Szenekneipe, aber die Gemüsepasteten, Quiches und Salate sind lecker wie nirgends sonst. *Tgl. 10–24 Uhr, Schöneberg, Kulmer Str. 17, Tel. 216 38 64, U- und S-Bahn: Yorckstraße*

Terzo Mondo **[127 F5]**
Den Wirt Kostas Papanastasiou, der nachts auch mal zur Gitarre greift, kennen Sie vielleicht schon aus der »Lindenstraße«. *Tgl. ab 18 Uhr, Charlottenburg, Grolmannstr. 28, Tel. 881 52 61, U-Bahn: Uhlandstraße, S-Bahn: Savignyplatz*

Zur Letzten Instanz **[131 D3]**
Der Name kommt von der Nähe des Stadtgerichts, hier feierte man verlorene Prozesse und gewonnene Scheidungen. Schon 1621 als Branntweinstube gegründet. Napoleon war schon hier und Michail Gorbatschow, Charlie Chaplin und Heinrich Zille. Man isst Eisbein und trinkt Molle mit Korn, was sonst? *Tgl. 12–1, So bis 23 Uhr, Mitte, Waisenstr. 14/16, Tel. 242 55 28, U-Bahn: Klosterstraße*

Die Marco Polo Bitte

WWF

Marco Polo war der erste Weltreisende. Er reiste in friedlicher Absicht, verband Ost und West. Er wollte die Welt entdecken, fremde Kulturen kennen lernen, nicht zerstören. Könnte er heute für uns Reisende nicht Vorbild sein? Aufgeschlossen und friedlich sollte unsere Haltung auf Reisen sein. Dazu gehören auch Respekt vor Mensch und Tier und die Bewahrung der Umwelt.

CAFÉS & FRÜHSTÜCKSCAFÉS

Insider Tipp **Barcomis**
Die New Yorkerin Cynthia Barcomi brachte den Berlinern Bagels mit Lachs, Muffins, Brownies und andere US-Spezialitäten auf den Tisch, in Kreuzberg **[136 B4]**, *Mo–Sa 9–24, So 10–24 Uhr, Bergmannstr. 21, Tel. 694 81 38, U-Bahn: Gneisenaustraße*, und in Mitte **[119 E1]**, *Mo–Sa 9–22, So 10–22 Uhr, Sophienstr. 21, in den Sophie-Gips-Höfen, Tel. 28 59 83 63, S-Bahn: Hackescher Markt, U-Bahn: Weinmeisterstraße*

Im Operncafé kann man von 8 bis 24 Uhr schlemmen

Café im Literaturhaus **[116 C5]**
★ In der 1889 von Corvetten-Capitän Hildebrand erbauten Villa. In den 1980er-Jahren mit dem benachbarten Kollwitz-Museum und der Villa Grisebach aufwändig renoviert; gediegener Kaffeehaus- und Literaturbetrieb: eine Oase mit gut sortierter Buchhandlung, nur hundert Schritte vom Ku'damm. *Tgl. 9.30–1 Uhr, Charlottenburg, Fasanenstr. 23, Tel. 882 54 14, U-Bahn: Kurfürstendamm*

Café am Neuen See **[117 F3]**
Ein Biergarten wie in München, und wer sich nach dem opulenten Frühstück einen Kahn leiht, will nicht mehr glauben, dass er mitten in der Großstadt ist. *Winter nur So 10–20 Uhr, sonst tgl. 10–23 Uhr, Tiergarten, Lichtensteinallee 2, Tel. 254 49 30, S-Bahn: Tiergarten, U- und S-Bahn: Zoologischer Garten*

Konditorei Kammann **[126 C4]**
Uriges Café im Stil der Fifties. *Mo–Sa 6–18.30, So 14–18.30 Uhr, Charlottenburg, Kaiserdamm 8, Tel. 322 30 01, U-Bahn: Kaiserdamm*

Operncafé **[119 D3]**
Im Prinzessinnenpalais ein Café der edleren Sorte, betrieben von der Wiener-Kaffeehaus-Kette, deren Kuchen auch Müslifreaks nicht widerstehen können. *Tgl. 8–24 (Café), 12–24 Uhr (Restaurant), Fr/Sa ab 20 Uhr Livemusik, Mitte, Unter den Linden 5, Tel. 20 26 83, U-Bahn: Friedrichstraße*

Pasticceria-Rosticceria **[133 E1]**
★ Man sitzt auf Sofas und Sesseln wie im Wohnzimmer, bekommt die leckersten Torten von Berlin, bei Bedarf auch Pizza oder Sandwiches, im Sommer gibt's noch prima Eis. *Tgl. 10–21 Uhr, Charlottenburg, Leibnitzstraße 45, Tel. 324 83 89, U-Bahn: Adenauerplatz*

RESTAURANTS €€€

Ana e Bruno **[126 C3]**
★ Berlins bester Italiener, und doch untypisch wegen der unkonventionellen Küche von Bruno Pellegrini. Angenehmes Ambiente und vorzügliche Weine. *Di–Sa 18.30 bis 24 Uhr, Charlottenburg, So-*

phie-Charlotten-Str. 101, Tel. 325 71 10, S-Bahn: Westend, U-Bahn: Kaiserdamm

Bacco **[117 E5]**
Einer der Edelitaliener, die schon so lange »in« sind, dass sich mancher geniert hinzugehen: zu Unrecht. Toskanische Küche. *Mo–Sa 12–15, 18–24, So 18–24 Uhr (im Sommer So geschl.), Charlottenburg, Marburger Str. 5, Tel. 211 86 87, U-Bahn: Wittenbergplatz*

Dachgartenrestaurant **[118 A2]**
Im Deutschen Bundestag. Die Aussicht ist atemberaubend: Dom, Rotes Rathaus, Fernsehturm und Gendarmenmarkt treten in Konkurrenz mit der von Feinkost-Käfer betriebenen Küche. Der Ansturm ist enorm. *Tgl. 9–16.30, 18.30 bis 24 Uhr, Tiergarten, Platz der Republik, Tel. 22 62 99 33, U- und S-Bahn: Friedrichstraße, Bus: 100*

Kaiserstuben **[119 D2]**
★ Im Souterrain eines Bürgerhauses von 1830 gegenüber dem Pergamon-Museum ein vornehmes kleines Restaurant mit einfallsreicher Küche und gut sortierter Weinkarte. *Di–Sa 18–24 Uhr, Mitte, am Kupfergraben 6a, Tel. 20 45 29 80, S-Bahn: Hackescher Markt*

Ponte Vecchio **[127 D4]**
★ Italiener mit gutem Ruf weit über Berlin hinaus. Er ist eben einen kleinen Tick besser als die Konkurrenz. Die Preise bleiben im Rahmen, der Koch bleibt auf der Matte, und deshalb bleiben auch die Gäste treu. *Tgl. außer Di 18.30–23 Uhr, Charlottenburg, Spielhagenstr. 3, Tel. 342 19 99, U-Bahn: Bismarckstraße*

Trio **[126 C3]**
★ Klein, einfach und edel. Ambitionierte Gastronomen bieten Bestes zu moderaten Preisen im Charlottenburger Kiez, nahe dem Schloss. Familiäre Atmosphäre. *Tgl. außer Mi und Do 19–1 Uhr, Charlottenburg, Klausenerplatz 14, Tel. 321 77 82, S-Bahn: Westend*

RESTAURANTS €€

Borchardt **[118 C4]**
★ In hoher Halle mit Mosaiken und Fußboden aus der Kaiserzeit, direkt am Gendarmenmarkt in Berlins Mitte. Ordentliche Speisen und abends reichlich Prominenz. *Tgl. 11.30–1 Uhr, Mitte, Französische Straße 47, Tel. 20 38 71 10, U-Bahn: Französische Straße*

Hakuin **[117 F6]**
Das Restaurant in einem langweiligen 1960er-Jahre-Bau sieht innen einigermaßen japanisch aus. Hier geht's streng vegetarisch, aber einfallsreich und sehr schmackhaft zu. Und: endlich ein Nichtraucherrestaurant! *Mi–Sa 17–23.30, So 12 bis 23.30 Uhr, Schöneberg, Martin-Luther-Str. 1, Tel. 218 20 27, U-Bahn: Wittenbergplatz*

Hamlet **[116 C5]** Insider Tipp
Angenehmes Bistro mit phantasievoller, französisch und arabisch beeinflusster Küche. Toll für einen leichten Kostgang: die Gemüse- und Salatteller. *Tgl. ab 7 Uhr (open end), Wilmersdorf, Uhlandstr. 47, Tel. 882 13 61, U-Bahn: Uhlandstraße*

Maxwell **[130 B1]**
Im schönen Gründerzeitambiente der ehemaligen Brauerei Josty ein beliebtes Restaurant mit manchmal

etwas schwankender Küchenleistung. *Tgl. 18–23.30 Uhr, Mitte, Bergstr. 22, Tel 280 71 21, U-Bahn: Rosenthaler Platz*

Merhaba **[137 D4]**
Das heißt auf türkisch »Guten Tag«, und hier ist jeder Gast willkommen. Hell und modern; gut betuchte Türken feiern hier Familienfeste. Entsprechend original sind auch die Speisen. *Tgl. 12–24 Uhr, Kreuzberg, Hasenheide 39, Tel. 692 17 13, U-Bahn: Südstern, Hermannplatz*

Paris Bar **[116 C4]**
Hier sitzen hier die Peintres, Professeurs, Acteurs, Écrivains und Écriveurs und fühlen sich wie in Paris; nur die Gerichte sind wie in Berlin. Überaus beliebt. *Tgl. 12–1 Uhr, Charlottenburg, Kantstr. 152, Tel. 313 80 52, U-Bahn: Uhlandstraße, Bus: 149*

Rosmini **[124 A5]**
In der »Pastamanufaktur« sind die italienischen Teigwaren so echt wie selten in Berlin. Preiswertes Mittagsmenü und entsprechend frequentiert. *Mo–Sa 12–24 Uhr, Mitte, Invalidenstr. 151, Tel. 28 09 68 44, U-Bahn: Zinnowitzer Straße*

Schwarzenraben **[119 E–F2]**
Vor hundert Jahren von Alfred Messel als »Volkskaffeehaus« entworfen, heute ein rappelvoller Treffpunkt für alle, die sich Gutes etwas kosten lassen. *Tgl. 9–1 Uhr, Mitte, Neue Schönhauser Str. 13, Tel. 28 39 16 98, U-Bahn: Weinmeisterstraße*

Ständige Vertretung **[118 C2]**
Für Neu-Berliner aus Bonn mit unstillbarem Heimweh hat Friedhelm Drautzburg, einst ein vehementer Bonner Berlin-Gegner, den Sprung nach Berlin gewagt und eine Fluchtburg mit Gaffel-Kölsch, Halve Hahn und Karneval entstehen lassen. *Tgl. ab 11 Uhr (open end), Mitte, Schiffbauerdamm 8, Tel. 282 39 65, U-Bahn: Friedrichstraße*

Trenta Sei **[118 C4]**
Direkt am Gendarmenmarkt; ambitionierter Italiener mit durchdachter Speisekarte. *Tgl. ab 12 Uhr, Mitte, Markgrafenstr. 36, Tel. 20 45 26 30, U-Bahn: Stadtmitte*

RESTAURANTS €

Candela **[135 D3]**
Sieht nicht aus wie ein Italiener, schmeckt aber so, und man ist vollkommen ungezwungen und heimelig mitten in der Schöneberger Szene. *Tgl. 17–1 Uhr, Schöneberg, Grunewaldstr. 81, Tel. 782 14 09, U-Bahn: Eisenacher Straße*

Carpe Diem **[116 C4]** Insider Tipp
Unter den für Berlin typischen S-Bahn-Bögen. Köstlich frische Tapas, einfallsreiche Hauptgerichte zu spanischen Weinen. Im Sommer auch draußen. *So–Fr 17-1, Sa 14 bis 1 Uhr, So, Mo und feiertags Veranstaltungen, Charlottenburg, Jeanne-Mammen-Bogen (576–577), Savigny-Passage, Tel. 313 27 28, S-Bahn: Savignyplatz, U-Bahn: Uhlandstraße*

Großbeerenkeller **[136 A2]**
Gegründet 1862, als Bismarck Ministerpräsident wurde. Seine Heringe gibt's hier immer noch, und auch die Schnitzel vom Geheimrat von Holstein und Bratkartoffeln. Berlinischer als alle anderen Pseudo-Berlin-Kneipen. Ein Ort kulinarischer

Traditionspflege. *Mo–Fr 16–24, Sa 18–24 Uhr, Kreuzberg, Großbeerenstr. 90, Tel. 251 30 64, U-Bahn: Möckernbrücke*

Mao Thai
Freundlich und angenehm eingerichtet, Speisen von bester Qualität. Und das zweimal: *Prenzlauer Berg, Wörther Str. 30* **[125 D4]**, *Tel. 441 92 61, Mo–Sa 12–23.30 Uhr, U-Bahn: Senefelderplatz,* und *Wilmersdorf, Meierottostr. 1* **[116 C6]**, *Tel. 883 28 23, Mo–Fr 16.30 bis 23.30, Sa/So ab 13 Uhr, U-Bahn: Spichernstraße*

Oren **[130 B2]**
★ Angenehmes Restaurant im jüdischen Kulturzentrum neben der Synagoge. Kein Fleisch; leckerer Fisch und alles schmackhaft. Wer koscher essen will, geht ins nahe Beth-Café. *Mo–Do 12–1, Fr 12–2, Sa/So 10–2 Uhr, Mitte, Oranienburger Str. 28, Tel. 282 82 28, S-Bahn: Oranienburger Straße*

Pasternak **[125 D5]** Insider Tipp
Kein Produkt der Ostalgie, sondern neu und doch gemütlich. Gerichte, wie die Russen sie mögen, und Weine, wie sie Wessis verlangen. *Tgl. 12–2 Uhr, Prenzlauer Berg, Knaackstr. 22–24, Tel. 441 33 99, U-Bahn: Senefelder Platz*

Tuk Tuk **[135 D3]**
Das sieht so aus, wie man sich in Berlin indonesisches Dekor vorstellt. Aber die Küche ist so echt, wie es eben geht, und zu maßvollen Preisen gibt's hier die köstlichsten Sachen bis hin zur großen Reistafel. *Tgl. 17–1, Küche bis 24 Uhr, Schöneberg, Großgörschenstr. 2, Tel. 781 15 88, U-Bahn: Kleistpark*

Zur kleinen Markthalle **[137 D1]**
Gut, preiswert und deftig, mitten in Kreuzberg: Suppen, Vegetarisches, Milchmasthähnchen, Schweinshaxe. *Tgl. ab 18 Uhr, Kreuzberg, Legiendamm 32, Tel. 614 23 56, U-Bahn: Moritzplatz*

Deftig, gemütlich, berlinisch – der Großbeerenkeller in Kreuzberg

Gewusst, wo

Teures und Elitäres findet man auch in Berlin ohne weiteres, aber der pfiffige Schnickschnack, die witzige Secondhand-Boutique, die putzige Hutmacherin blühen im Verborgenen

Zur Luxuseinkaufsmeile des östlichen Zentrums mausert sich die Friedrichstraße. Nachdem 1996 die Friedrichstadtpassagen und das Kaufhaus Lafayette eröffnet haben, kommt nun endlich Stimmung auf. Am lebendigsten ist es in den ★ Hackeschen Höfen und in deren Umgebung. Da gibt es pfiffige Galerien, Handwerk, Kunsthandwerk und poppige Boutiquen.

Die wichtigsten Einkaufsstraßen der westlichen City beginnen an der Gedächtniskirche: in östlicher Richtung die Tauentzienstraße mit dem Europa Center (rund hundert Geschäfte und Restaurants), der anschließenden Mini-City (lauter witzige Boutiquen), mit Schuhgeschäften, Lampenläden u. a., und am Ende, am Wittenbergplatz, das KaDeWe, das größte Kaufhaus des Kontinents. In westlicher Richtung liegt der Kurfürstendamm mit zunächst vielen Restaurants und Fastfood-Läden, dann aber auch Buchhandlungen, Hi-Fi- und Fotogeschäften und sehr viel Mode.

Interessanter sind die Seitenstraßen. In Wittenbergplatz-Nähe die Keithstraße mit ihren Antiquitätengeschäften und am Ku'damm die

Kachelofen und Designermode – die echte Berliner Mischung

Ausgefallene Herrenmode

★ Fasanenstraße mit Cartier, Louis Vuitton, Champussy und exquisiten Antiquitäten, Uhland- und Knesebeck- und dann die ★ Bleibtreustraße mit schrillen Mode- und Schmuckboutiquen wie Hotch Potch, Rose Rosa, Moosgrund, Soft, Kaufhaus Schrill oder Lalique, anschließend an der S-Bahn die ★ Savigny-Passage unter den gemauerten Bögen der Bahn: Kneipen, Designerläden und Buchhandlungen.

Die Geschäfte öffnen meist um 9 oder 10 Uhr und schließen werktags um 19 oder 20 Uhr, samstags um 16 Uhr. Viele Antiquitätenhändler und Boutiquenbesitzer sind Spätaufsteher. Nach Ladenschluss kann man Lebensmittel noch in den U-Bahnhöfen Kurfürstendamm, Fehrbelliner Platz, Schlossstraße und Hermannstraße sowie im Flughafen Tegel kaufen, meist bis 22 Uhr.

ANTIQUARIATE

Antiquariat in den Hackeschen Höfen [119 E2]
Vor allem Theaterliteratur. *Mitte, Rosenthaler Str. 40/41, Hof 4, S-Bahn: Hackescher Markt*

Düwal [116 C4]
Der bis unter die Decke mit Büchern voll gestopfte Laden birgt ungeahnte Schätze. *Charlottenburg, Schlüterstr. 17, S-Bahn: Savignyplatz*

Schomaker und Lehr [134 A6]
Ein Antiquariat für Kunst und eins für Literatur: zwei Geschäfte mit einer Adresse. *Friedenau, Niedstr. 24, U-Bahn: Friedrich-Wilhelm-Platz*

CDs & SCHALLPLATTEN

Canzone [116 C4]
Platten und CDs aus aller Welt – Weltmusik, wie man so sagt. *Charlottenburg, Savigny-Passage, Bogen 583, S-Bahn: Savignyplatz*

Fidelio [134 C4]
Klassik und Jazz antiquarisch, auch Neuheiten. *Schöneberg, Akazienstr. 30, U-Bahn: Eisenacher Straße*

Insider Tipp
Platten Pedro [127 D1]
Eine viertel Million antiquarische Platten und keine CD: Pedro hat alles und weiß alles über Popkultur. *Charlottenburg, Tegeler Weg 100, U-Bahn: Mierendorffplatz*

DELIKATESSEN

Marzipankonditorei Wald [127 D5]
In der Küche neben dem winzigen Laden backen Irmgard und Paul Wald nach ostpreußischen Rezepten. *Charlottenburg, Pestalozzistr. 54 a, U-Bahn: Sophie-Charlotte-Platz*

Salumeria [127 D5]
Alles Köstliche aus Italien: Schinken, Salami, Käse, Antipasti, Weine und ein paar Plätze zum Kosten. *Charlottenburg, Windscheidstr. 20, U-Bahn: Wilmersdorfer Straße*

Schokoladenfabrik Hamann [133 F4]
Herstellung von Schokolade und Pralinen seit 1912; Verkauf in Berlins einzigem Art-déco-Laden. *Wilmersdorf, Brandenburgische Str. 17, U-Bahn: Blissestraße*

FLOHMÄRKTE

Der wichtigste Trödelmarkt findet Sa/So 10–17 Uhr an der ★ Straße des 17. Juni statt. Vielseitiges Angebot, aber für Schnäppchen muss man früh aufstehen. Daneben ein Markt mit Kunst und Kunsthandwerk *(U-Bahn: Ernst Reuter-Platz, S-Bahn: Tiergarten)*. Ebenfalls am Wochenende ist Flohmarkt zwischen Zeughaus und Kupfergraben: Malerei, Grafik und Trödel *(Sa/So 11–17 Uhr, U- und S-Bahn: Hackescher Markt)*. Antiquitäten, Kunst, Trödel und Krimskrams gibt's in den S-Bahn-Bögen an der Georgenstraße, dazu ein paar Restaurants und Cafés, oft Livemusik *(Mi–Mo 11–18 Uhr, Bogen 190 bis 203, U- und S-Bahn: Friedrichstraße)*.

GALERIEN

In Berlin gibt es rund 250 Galerien, kleine, große, berühmte und kurzlebige. Seit 1989 hat sich die Galerieszene verändert. In Berlin Mitte

MARCO POLO Highlights »Einkaufen«

★ **Bleibtreustraße/ Savigny-Passage**
Witzige Boutiquen, schöne Kneipen (Seite 61)

★ **Fasanenstraße**
Berlins vornehmste und teuerste Einkaufsstraße (Seite 61)

★ **Hackesche Höfe**
Herumstöbern in acht zusammenhängenden Höfen (Seite 61)

★ **KaDeWe**
Top-Kaufhaus mit Super-Fressabteilung (Seite 63)

★ **Kaufhaus Schrill**
Für den fortgeschrittenen schlechten Geschmack (Seite 64)

★ **Rio**
Schnickschnack und Modeschmuck, dass einem die Augen übergehen (Seite 64)

★ **Straße des 17. Juni**
Trödel- und Kunstmarkt mit Atmosphäre (Seite 62)

★ Insider Tipp **Wochenmarkt Maybachufer**
Orientalisches Flair am Landwehrkanal (Seite 65)

ist ein kaum übersehbares Angebot gewachsen, vor allem um die Hackeschen Höfe, August-, Gips- und Sophienstraße. Über Ausstellungen informiert das *Berlin Programm.*

Aedes **[119 E2]**
Renommierte Architekturgalerie in den Hackeschen Höfen. *Mitte, Rosenthaler Str. 40–41, S-Bahn: Hackescher Markt*

Bassenge **[127 F5]**
Grafik, Städtebilder, Kunst- und Buchauktionen. *Charlottenburg, Bleibtreustr. 19, S-Bahn: Savignyplatz, Bus: 119*

Brusberg **[128 A6]**
Klassische Moderne, Surrealismus, Dada, Gegenwartskunst, DDR-Malerei. *Charlottenburg, Kurfürstendamm 213, U-Bahn: Uhlandstraße*

Kunstwerke Berlin **[119 D1]**
Wichtiges Zentrum für zeitgenössische Kunst. *Mitte, Auguststr. 69, S-Bahn: Oranienburger Straße*

Leo.Coppi **[119 E2]**
Zeitgenössische Kunst. *Mitte, Rosenthaler Str. 40/41, Hackesche Höfe (Hof 3), S-Bahn: Hackescher Markt*

Pels Leusden **[128 A6]**
In der Villa Grisebach gibt's alles, was teuer ist. *Charlottenburg, Fasanenstr. 25, U-Bahn: Uhlandstraße*

KAUFHÄUSER

KaDeWe **[117 E5]**
★ Mit 60 000 m² neben Harrod's das größte Kaufhaus in Europa. Der absolute Clou ist die Lebensmittelabteilung. *Schöneberg, Tauentzienstr. 21, U-Bahn: Wittenbergplatz*

Kulturkaufhaus Dussmann **[118 C2]**
Hat den Berliner Ladenschluss ausgetrickst: bis 22 Uhr offen. *Mitte, Friedrichstr. 90, U- und S-Bahn: Friedrichstraße*

Galeries Lafayette **[118 C4]**
Der Ableger des Pariser Kaufhauses beeindruckt vor allem mit der gewagten Architektur des Hauses. *Mitte, Friedrichstraße Ecke Französische Straße, U-Bahn: Französische Straße*

KRIMSKRAMS & ACCESSOIRES

Insider Tipp **Bergmannstraße** **[136 A–B 3–4]**
In der Kreuzberger Bergmannstraße gibt es abgefahrene Szeneläden. Trödel, Schmuck, Mode und allerhand Krimskrams, eine Ufo-Handlung und Onkel Abou Dabous Trödeltheater. *Kreuzberg, Bergmannstraße, U-Bahn: Gneisenaustraße*

Kaufhaus Schrill **[116 B4]**
★ Ein Paradies für jeden Mann, der gern ein Schwein auf der Krawatte und Krokodile auf der Unterhose trägt. *Charlottenburg, Bleibtreustr. 46, S-Bahn: Savignyplatz*

Knopf-Paul **[136 B3]** Insider Tipp
Über 1,5 Mio. Knöpfe jeglicher Art; auch Antikes – eine Fundgrube. *Kreuzberg, Zossener Str. 10, U-Bahn: Gneisenaustraße*

Rio **[116 B4]**
★ Modeschmuck aus bunten Perlen, Glas und Strass, Draht, Steinen, Gold- und Silberimitation. *Charlottenburg, Bleibtreustr. 52, S-Bahn: Savignyplatz*

MÄRKTE

Wochenmärkte gibt es in allen Bezirken, lohnend sind u. a. die Märkte am Rathaus Schöneberg *(Di und Fr 8–13 Uhr)*, auf dem Wittenberg-

Neues Kaufhausflair in der Friedrichstraße: die Galeries Lafayette

platz *(Di und Fr 8–14 Uhr)* und vor dem Roten Rathaus im Bezirk Mitte *(Di 9–17, Sa 8–14 Uhr)*. Urberliner Flair findet man in den alten Markthallen wie am Marheinekeplatz *(Mo–Fr 8–18, Sa 8–13 Uhr)* oder in der Arminiusmarkthalle *(Mo–Fr 7.30–18, Sa 7.30–13 Uhr)* nahe Turmstraße und auf dem Ökomarkt der Domäne Dahlem an der Königin-Luise-Straße *(Sa 8–13 Uhr)*.

Winterfeldmarkt **[135 D2]**
Typischer Berliner Markt mit Cafés und Geschäften drumrum. Gutes Angebot, Marktschreier und kritisches Publikum. Auch die Erkundung der Umgebung lohnt: Bücher, Trödel, Antiquitäten usw. *Schöneberg, Winterfeldplatz, Mi und Sa 8–14 Uhr, U-Bahn: Nollendorfplatz*

Insider Tipp
Wochenmarkt Maybachufer **[137 E3]**
★ Das ist der so genannte Türkenmarkt, was nicht abfällig gemeint ist. Denn die türkischen Kunden wissen, was frisches Gemüse und Obst, leckerer Schafskäse und ofenwarmes Brot wert sind. Hier, an der Grenze zwischen Kreuzberg und Neukölln, den beiden größten Türkenbezirken, kann man sich fast wie in Istanbul fühlen. *Kreuzberg, Maybachufer, Di und Fr 12–18.30 Uhr, U-Bahn: Kottbusser Tor*

MODE

Bramigk Design **[116 C4]**
Geheimtipp für Liebhaber von italienischem Tuch. *Charlottenburg, Savigny-Passage, Bogen 598, S-Bahn: Savignyplatz*

Falbala **[125 D4]**
Mode und Accessoires aus den 1920er-Jahren. *Mitte, Knaackstr. 43, U-Bahn: Senefelderplatz*

Fiona Benett **[119 E1]**
Für ihre Hutkreationen braucht man Mut und Geld. *Mitte, Große Hamburger Str. 25, S-Bahn: Hackescher Markt*

SCHUHE

Barfuß oder Lackschuh **[119 E2]**
Ein spaßiger Szeneladen. *Mitte, Oranienburger Str. 89, S-Bahn: Hackescher Markt*

Bruno Magli **[127 E6]**
Die edelsten Schuhe aus Italien, teuer, aber unglaublich schick. *Charlottenburg, Kurfürstendamm 62, U-Bahn: Adenauerplatz*

Alt und edel

Wo Antiquitäten-Liebhaber fündig werden

Berlins Antiquitätengeschäfte konzentrieren sich u. a. in der Keithstraße, in der Fasanenstraße (die teuersten), in der Bleibtreustraße, der Pariser Straße, Pestalozzistraße und Suarezstraße in Charlottenburg sowie um Nollendorf- und Winterfeldplatz, in der Eisenacher Straße und im Antikmarkt unter den S-Bahnbögen zwischen Bahnhof Friedrichstraße und Kupfergraben.

HOTEL
M
MONDIAL
HOTEL
HOTEL
AUSSTELLUNG 92
BERLIN

Jut jeschlafen?

Nach der Wiedervereinigung strömten so viele Menschen nach Berlin, dass ein Hotelbauboom die Folge war

Seit Berlin Hauptstadt geworden ist, strömen sie nach Berlin: Politiker, Manager, Kaufleute, Makler, Touristen, Jugendliche – sie alle wollen dabei sein, vielleicht ein bisschen mitmischen, vor allem aber sehen, was hier los ist – und es gibt viel zu sehen. Berlin war schon immer eine Reise wert. Aber nun passiert hier etwas Einmaliges, Unwiederholbares. Die Stadt ist zum Zentrum der Republik, zur Kulturmetropole, zum Mekka der Nachtschwärmer und zum Erfolgsbeispiel für die Wiedervereinigung geworden. Das hat aber auch zur Folge, dass Berlin überlaufen ist wie nie zuvor. Nicht nur während der großen Kongresse und Ausstellungen ist die Stadt überfüllt, sondern zu vielen anderen Zeiten auch. Das heißt, wer nach Berlin will, sollte sich rechtzeitig um ein Quartier kümmern. Im Zentrum der Stadt, am Gendarmenmarkt, wurden luxuriöse Hotels fertig gestellt, in Neukölln das große, gepflegte Estrel Residence & Congress Hotel, und am Pariser Platz ist das traditionsreiche Adlon wieder erstanden. Da wird noch viel geplant und gebaut, womöglich ein bisschen am Bedarf vorbei.

Für gehobene Ansprüche: Hotel Mondial am Kurfürstendamm

Wohnen mit Stil: Hotel Adlon

Die begehrtesten der fast 60 000 Hotelbetten in Berlin sind jedenfalls oft belegt; hier können nur einige ausgewählte Adressen angegeben werden. Vom Mauerfall bis zum Jahr 2000 hat sich die Zahl der Hotelbetten verdoppelt; die Auslastung steigt trotzdem und liegt bei den großen und mittleren Häusern bei 62 Prozent. 12 Mio. Übernachtungen werden jetzt jährlich gezählt.

Das Berliner Hotelverzeichnis gruppiert die rund 450 Beherbergungsbetriebe anhand einer Beurteilung der Stiftung Warentest. Die hier verwendete Einteilung in drei Hotelkategorien entspricht in etwa diesem System: ordentlich und bescheiden/mittlere Ansprüche mit gutem Wohnkomfort/gehobene Ansprüche mit hohem Wohnkomfort, der an Luxus grenzt. Doch werden Hotels der Mittelklasse öfter auch verwöhnten Ansprüchen gerecht, und einige preiswerte Pensionen bieten überraschenden Komfort. Bei den meisten Hotels und Pensionen verstehen sich die Preise inklusive Frühstück. Die im Folgenden genannten Preise gelten für Doppelzimmer.

Auskunft und Hotelvermittlung durch die Tourist-Information:

Europa Center **[117 E4–5]**, *Budapester Str., Mo–Sa 8–22, So 9 bis 21 Uhr; Brandenburger Tor* **[118 A3]**, *Südflügel, tgl. 9.30–18 Uhr; Flughafen Tegel* **[120 C1]**, *Haupthalle (bei Lufthansa), tgl. 5 bis 22.30 Uhr;* Postanschrift: *Berlin Tourismus Marketing GmbH, Am Karlsbad 11, 10785 Berlin.* Hotline *Tel. 25 00 25, Fax 25 00 24 24*

Die Tourist-Information vermittelt auch Jugendgästehäuser. Sie können sich auch an folgende Adresse wenden: *Deutsches Jugendherbergswerk, Tempelhofer Ufer 32, 10963 Berlin, Tel. 262 30 24, Mo–Do 8–15, Fr 8–14 Uhr*

HOTELS €€€

Crowne Plaza Berlin City Centre **[117 E5]**
Angenehmes, wohnliches Hotel in Tauentziennähe mit großzügigem Fitnessbereich. Der Zimmerpreis ist allerdings ohne Frühstück berechnet. *425 Zi., 10787 Berlin, Nürnberger Str. 65, Tel. 21 00 70, Fax 213 20 09, U-Bahn: Wittenbergplatz*

Dorint am Gendarmenmarkt **[118 C4]**
Gepflegtes Hotel mit edlem Design hinter DDR-Platten. Restaurant mit der Originaleinrichtung des legendären Wiener Cafés Aigner. *71 Zi., 21 Suiten, 10117 Berlin, Charlottenstr. 50–52, Tel. 20 37 50, Fax 20 37 51 00, www.dorint.de, U-Bahn: Französische Straße*

Hotelbar im Kempinski

Großer Kurfürst **[119 E5]**
Ein Logenplatz an der Spree, in der Stadtmitte und doch ruhig gelegen. Großer Wellnessbereich. *144 Zi., 10179 Berlin, Neue Roßstr. 11–12, Tel. 24 60 00, Fax 24 60 03 00, grosser-kurfürst@-online.de, U-Bahn: Märkisches Museum*

Kempinski Hotel Bristol **[116 C4]**
Berlins traditionelles Hotel direkt am Kurfürstendamm. Trotzdem ruhige Zimmer, erlesenes Interieur, gedämpfte Atmosphäre. *301 Zi., 10719 Berlin, Kurfürstendamm 27, Tel. 884 34-0, Fax 883 60 75, www.kempinskiberlin.de, U-Bahn: Kurfürstendamm*

Mondial **[116 B5]**
★ Ein sehr gepflegtes Haus mit behindertengerechter Ausstattung der Zimmer, einem Wellnessbereich mit Schwimmbad und Sauna sowie einem lobenswerten Restaurant. *85 Zi., 10707 Berlin, Kurfürstendamm 47, Tel. 884 11-0, Fax 88 41 11 50, www.hotel-mondial.com, U-Bahn: Uhlandstraße*

MARCO POLO Highlights »Übernachten«

★ **Cecilienhof**
In Fürstenzimmern in Potsdam schlafen (Seite 93)

★ **Dittberner**
Unter den Pensionen das beste Preis-Leistungs-Verhältnis (Seite 72)

★ **Forsthaus Hubertusbrücke**
Ruhig an Düppeler Forst und Stölpchensee (Seite 70)

★ **Four Seasons Hotel**
In der Mitte am Gendarmenmarkt bester Service (Seite 70)

★ **Igel**
Mitten im Grünen ein kleiner Familienbetrieb (Seite 72)

★ **Kronprinz**
Komfortable Zimmer in Gründerzeitgemäuer (Seite 70)

★ **Mondial**
Komfortables Hotel mit allen Einrichtungen für Behinderte (Seite 68)

★ **Paulsborn**
Absolut ruhige Nächte mitten im Grunewald (Seite 71)

★ **Savoy Hotel**
Angenehmes Mittelhotel in City-Nähe (Seite 69)

★ **Seehof**
Gutes, intimes Hotel am Lietzensee (Seite 69)

Hotel Palace Berlin [117 E4]
Gilt nach einer Liste des Branchenmagazins »Top Hotel« als das beliebteste deutsche Fünf-Sterne-Hotel. *282 Zi., 10789 Berlin, Budapester Str. 45 (im Europa Center), Tel. 25 02-0, Fax 25 02-11 60, www.palace.de, U-Bahn: Wittenberg Platz, S- und U-Bahn: Zoologischer Garten*

Savoy Hotel [117 D4]
★ Ein nicht zu großes Hotel mit gediegenem Komfort. Zwischen Zoo und Ku'damm gelegen, und auch die Börse ist nahe dran. *125 Zi., 10623 Berlin, Fasanenstr. 9–10, Tel. 311 03-0, Fax 31 10 33 33, www.hotel-savoy.com, U-Bahn: Zoologischer Garten*

Seehof [126 C5]
★ Sehr angenehmes und nicht zu großes Hotel unweit des Internationalen Congress Centrums (ICC) mit Blick auf den kleinen Lietzensee. *77 Zi., 14057 Berlin, Lietzenseeufer 11, Tel. 32 00 20, Fax 32 00 22 51, www.hotel-seehof-Berlin.de, Bus 149, S-Bahn: Witzleben*

Steigenberger [117 D5]
Großhotel in guter Citylage mit hohem Anspruch und ebensolchem Niveau. Nobles Publikum und natürlich komfortable Suiten. *397 Zi., 10789 Berlin, Los-Angeles-Platz 1, Tel. 212 70, Fax 212 71 17, www.steigenberger.de, U-Bahn: Kurfürstendamm*

Berliner Luxushotels

Four Seasons Hotel [118 C4]
★ Mit exquisitem Restaurant und freundlichem Service. Gilt mittlerweile vielen als Deutschlands bestes Hotel. *204 Zi., 255–305 Euro. 10117 Berlin, Charlottenstr. 49, Tel. 203 38, Fax 20 33 61 66, www.fourseasons.com, U-Bahn: Französische Straße*

Hotel Adlon Berlin [118 B3]
Am traditionellen Ort in traditioneller Architektur ein Hotel der absoluten Spitzenklasse, direkt am Brandenburger Tor. *337 Zi., ab 250 Euro. 10117 Berlin, Unter den Linden 77, Tel. 226 10, Fax 22 61 22 22, www.hotel-adlon.de, S-Bahn: Unter den Linden*

Grand Hotel Esplanade [129 D5]
Luxushotel der postmodernen Art am Landwehrkanal. Das Restaurant *Harlekin* gehört zu Berlins Spitzengastronomie. Preis ohne Frühstück. *387 Zi., ab 205 Euro. 10785 Berlin, Lützowufer 15, Tel. 25 47 80, Fax 265 11 71, www.esplanade.de, Bus: X9*

Inter-Continental [117 E4]
Im Hotelviertel Budapester Straße ein Luxusbau im amerikanischen Stil, deshalb viel Publikum aus Übersee, aber auch Hotelgast Udo Lindenberg fuhr schon Skateboard in der riesigen Lobby. Preis ohne Frühstück. *511 Zi., 217–315 Euro. 10787 Berlin, Budapester Str. 2, Tel. 260 20, Fax 26 02 26 00, U-Bahn: Zoologischer Garten*

The Ritz Carlton Schlosshotel, Berlin [138 C4]
Unter Karl Lagerfelds Regie restauriertes, denkmalgeschütztes Haus in privilegierte Grunewald-Lage nahe dem Ku'damm. *54 Zi., ab 250 Euro. Brahmsstr. 10, 14193 Berlin, Tel. 89 58 40, Fax 89 58 48 00, Bus: 119, 129*

HOTELS €€

Askanischer Hof [133 E2]
Plüschige Alt-Berliner Wohnungen in einem der wenigen alten Ku'damm-Häuser. Gepflegt, familiär, beliebt bei Künstlern und Bohemiens. *17 Zi., 10707 Berlin, Kurfürstendamm 53, Tel. 881 80 33, Fax 881 72 06, U-Bahn: Adenauerplatz*

Forsthaus Hubertusbrücke [138 C4]
★ Ruhig und gleich weit entfernt von Potsdam wie auch vom Zentrum Berlins gelegen. *22 Zi., 14109 Berlin, Stölpchenweg 45, Tel. 805 30 00, Fax 805 35 24, Bus: 118, S-Bahn: Wannsee*

Kardell [127 D6]
Feines Hotel mit weit bekanntem, gutem Berliner Spezialitätenrestaurant. Rechtzeitige Buchung ratsam. *33 Zi., 10629 Berlin, Gervinusstr. 24, Tel. 327 99 70, Fax 327 99 77, U-Bahn: Adenauerplatz*

Kronprinz [132 C2]
★ In einem vollkommen renovierten Gründerzeitwohnhaus sehr komfortable Zimmer am oberen

Kurfürstendamm nahe Messegelände. *80 Zi., 10711 Berlin, Kronprinzendamm 1, Tel. 89 60 30, Fax 893 12 15, www.kronprinz-hotel.de, S-Bahn: Halensee*

Paulsborn **[138 C4]**
★ Im Forsthaus Paulsborn in absolut ruhiger Grunewaldlage mit rustikal eingerichteten Zimmern; in den Sommermonaten ist es ein beliebtes Ausflugsrestaurant mit großer Gartenterrasse. *10 Zi., 14193 Berlin, Am Grunewaldsee/Einfahrt Hüttenweg, Tel. 818 19 10, Fax 81 81 91 50, Bus: 115, 118, 180*

Rheinsberg am See **[139 D3]**
Hoch im Norden Berlins, an einem kleinen See im Stadtteil Wittenau, ein recht angenehmes Hotel mit einem Innen- und Außenschwimmbad und der gepflegten Hugenottenschänke. *81 Zi., 13435 Berlin, Finsterwalder Str. 64, Tel. 402 10 02, Fax 403 50 57, www.hotel-rheinsberg.com, S- und U-Bahn: Wittenau*

Riehmers Hofgarten **[136 A3]**
In historischem Ensemble ein neues Hotel mit geschmackvoller Einrichtung und einem angenehmen Restaurant mitten in Kreuzberg. *21 Zi., 10965 Berlin, Yorckstr. 83, Tel. 78 09 88 00, Fax 78 09 88 08, U-Bahn: Mehringdamm*

Wittelsbach **[133 E2]**
Ruhig und zentral. Liebevoll ausgestattet, kinderfreundlich, Frühstücksraum für Nichtraucher. Gutes Preis-Leistungs-Verhältnis. *31 Zi., 10707 Berlin, Wittelsbacher Str. 22, Tel. 873 63 45, Fax 862 15 32, U-Bahn: Konstanzer Straße*

The Ritz Carlton Schlosshotel: von Karl Lagerfeld neu gestaltet

HOTELS €

Insider Tipp

Artemisia [133 E2]

Das einzige Frauenhotel in Berlin; Männer dürfen hier höchstens zur Konferenz. *8 Zi., 10707 Berlin, Brandenburgische Str. 18, Tel. 873 89 05, Fax 861 86 53, Frauenhotel-Berlin@t-online.de, U-Bahn: Konstanzer Straße*

Belvedere [138 C4]

In Grunewaldvilla, doch nahe dem Kurfürstendamm ein recht gut geführtes kleines und preiswertes Hotel mit Terrasse. Preis ohne Frühstück. *17 Zi., 14193 Berlin, Seebergsteig 4, Tel. 82 60 01-0, Fax 82 60 01 63, Bus: 129, 119*

Bogota [116 B4]

Ruhig und preiswert und doch fast direkt am Ku'damm. In einem alten Mietshaus, geräumige, einfache Zimmer. *130 Zi., 10707 Berlin, Schlüterstr. 45, Tel. 881 50 01, Fax 883 58 87, hotel.bogota@-online.de, U-Bahn: Uhlandstraße*

Dittberner [127 E6]

★ Eine kleine Off-Ku'damm-Pension mit bemerkenswert gutem Komfort zu zivilen Preisen. *22 Zi., 10707 Berlin, Wielandstr. 26, Tel. 88 46 95-0, Fax 885 40 46, U-Bahn: Adenauerplatz*

Die Fabrik [131 F6]

In einer alten Fabrik ein preiswertes Hostel mit Etagenduschen: vom Bett im Schlafsaal zu 15 Euro bis zur »Suite« für 55 Euro pro Nacht hat man die Auswahl. *45 Zi., 10997 Berlin, Schlesische Str. 18, Tel. 611 82 54, Fax 618 29 74, www.diefabrik.com, U-Bahn: Schlesisches Tor*

Igel [138 C3]

★ Nahe dem Tegeler See und dem Tegeler Forst liegt mitten im Grünen, etwas abseits der City, ein kleiner Hotelneubau unter familiärer Leitung. *67 Zi., 13505 Berlin, Friederikestr. 33–34, Tel. 436 00 10, 431 40 42, Fax 436 24 70, Bus: 222*

Künstlerheim Luise [118 B1]

In dem historischen Haus neben dem Palais Bülow, nahe Reichstag und Regierungsviertel, sind die Zimmer von Künstlern individuell gestaltet. *30 Zi., 10117 Berlin, Luisenstr. 19, Tel. 28 44 80, Fax 28 44 84 48, S- und U-Bahn: Friedrichstraße*

Zwei beliebte Pensionen in einem Haus: Modena und Dittberner

Insider Tipp

Modena [127 E6]

Preiswerte, gut geführte Alt-Berliner Hotelpension in ruhiger Lage nahe Ku'damm. *19 Zi., 10707 Berlin, Wielandstr. 26, Tel. 885 70 10, Fax 881 52 94, U-Bahn: Adenauerplatz*

Savigny [133 E2]

An der unteren Preisgrenze gelegen, einfach, aber ordentlich. Preis inkl. Frühstück. *52 Zi., 10707 Berlin, Brandenburgische Str. 21, Tel.*

881 30 01, Fax 882 55 19, U-Bahn: Konstanzer Straße

St. Michaelis-Heim **[132 B4]**
Eine kirchliche Einrichtung am Herthasee im Grunewald, also nahe der West-City. Gepflegt, großer Saal, Tagungsräume. Hotel (19 Zi.) und preiswertes Jugendgästehaus (39 Zi.). *14193 Berlin, Bismarckallee 23, Tel. 89 68 80, Fax 89 68 81 85*

Hotel am Wilden Eber **[132 C6]**
Kleines Hotel in der Nähe vom grünen Dahlem und der Freien Universität, alle Zimmer mit Bad. Beheiztes Schwimmbad. Preis ohne Frühstück. *15 Zi., 14199 Berlin, Warnemünder Str. 19, Tel. 89 77 79 90, Fax 824 40 35, Bus: 110*

WIE ZU HAUSE WOHNEN

Mittlerweile ist aus einer originellen Idee ein gutes Geschäft geworden: über so genannte Mitwohnzentralen kann man zeitweilig leer stehende Wohnungen oder Zimmer vermittelt bekommen.

Mitwohnzentralen
Berlin Zimmer, Kurfürstendamm 23, 10785 Berlin, Tel. 26 55 44 44, Fax 26 55 44 45, wwwBerlinZimmer.de. City Mitwohnzentrale, 10623 Berlin, Hardenbergplatz 14, Tel. 194 30, Fax 216 94 01. Zeitraum, Horstweg 7, 14059 Berlin, Tel. 325 70 93, Fax 321 95 46, www.zeit-raum.de

FÜR JUNGE LEUTE

In Berlin gibt es 17 Jugendgästehäuser, die preiswerte Übernachtungsmöglichkeiten für Gruppen sowie für Einzelreisende bieten. Die Quartiere vermittelt die *Berlin Tourist-Information, 10789 Berlin, Europa-Center, Tel. 25 00 25,* Anmeldung für Jugendherbergen beim *Deutschen Jugendherbergswerk, Tempelhofer Ufer 32, 10963 Berlin, Tel. 264 95 20.* Zentralreservierung *Kluckstr. 3, 10785 Berlin, Tel. 262 30 24, 261 10 97, Fax 262 95 29*

BaxPax **[137 E2]**
Ideal für junge Leute, die in die Kreuzberger Szene eintauchen wollen. Mehrbettzimmer ab 12, Doppelzimmer ab 18 Euro. *Kreuzberg, Skalitzer Str. 104, Tel. 69 51 83 22, Fax 69 51 83 72, www.baxpax.de, U-Bahn: Görlitzer Bahnhof*

Gäste-Etage Bund Deutscher Pfadfinder **[123 E1]**
Osloer Str. 12, 13359 Berlin, Tel. 493 10 70, Fax 494 10 63, U-Bahn: Osloer Straße

Jugendgästehaus Central **[134 A3]**
Nikolsburger Str. 2–4, 10717 Berlin, Tel. 873 01 88, Fax 861 34 85, U-Bahn: Hohenzollernplatz

Jugendgästehaus am Wannsee **[138 C4]**
Badeweg 1, 14129 Berlin, Tel. 803 20 34/5, Fax 803 59 08, S-Bahn: Nikolassee

Mitte's Backpacker Hostel **[124 A5]**
Selbstverpflegung in voll ausgestatteter Küche möglich, Doppelzimmer 20 Euro, Mehrbettzimmer 13 Euro pro Person. *10115 Berlin, Chausseestr. 102, Tel. 28 39 09 65, Fax 28 39 09 35, www.backpacker.de, U-Bahn: Zinnowitzer Straße*

CineStar
IMAX

Wo die Nacht zum Tag wird

Hier kann jeder nach seiner Fasson selig werden, der Kulturgourmet ebenso wie der Diskofreak

Philharmonie, Schauspielhaus, fünf Opern- und Musical-Bühnen, mehr als achtzig Theater, Off-Theater und Kindertheater, zwanzig Kabaretts, über hundert Kinos, noch mehr Jazz-, Rock- und Folkclubs – das zusammengewachsene Berlin »fletscht« mehr denn je »seine Szene«. Vom anspruchsvollsten bis zum elementarsten werden alle Geschmäcker befriedigt. Allein der Weg zur internationalen Kulturmetropole ist das Ziel, denn wo man schließlich ankommt, weiß niemand. Schon jetzt zwingen die Sparetats vor allem die Musikbühnen zu unverhältnismäßig vielen Schließtagen. In so manchem Theater hat freilich auch die Routine die Regie übernommen. Die Verjüngung von Intendanzen und Ensembles ist im Gange, aber nicht immer erfüllen sich die damit verbundenen Hoffnungen.

Eine lohnende Entdeckung sind die Straßenmusikanten, meist hervorragende Musiker aus Osteuropa, die am Gendarmenmarkt, auf dem Ku'damm und in vielen U-Bahnhöfen wie z. B. Hallesches Tor auftreten.

Keine Kulisse aus einem Science-Fiction-Film, sondern Realität: Sony-Center am Potsdamer Platz

Gastspiel japanischer Trommler in der Deutschen Oper

BALLETT – MUSICAL – OPER

Deutsche Oper Berlin **[116 A1–2]**
★ Umjubelte Aufführungen mit bekannten internationalen Stars in dem 1961 eröffneten äußerlich schlichten, aber funktionalen Haus. *Charlottenburg, Bismarckstr. 35, Tel. 341 02 49, VVK 11–18 Uhr, U-Bahn: Deutsche Oper*

Komische Oper **[118 B–C3]**
Unter Walter Felsensteins nachwirkendem Einfluss auf dieses Haus werden hier vor allem leichtere Kost und klassisches Ballett gegeben. *Mitte, Behrenstr. 55–57, Kartentel. 47 99 74 00, VVK Mo–Sa 11–17.30 Uhr, U-Bahn: Französische Straße, S-Bahn: Unter den Linden*

Insider Tipp **Neuköllner Oper** [137 F6]
Junge Künstler bieten originelle, witzige Eigenproduktionen mit nur gelegentlich etwas amateurhaft anmutendem Schwung. *Neukölln, Karl-Marx-Str. 131–133, Tel. 68 89 07 77, VVK Mo–Sa 9–20, So, feiertags 14–20 Uhr, U-Bahn: Karl-Marx-Straße*

Staatsoper Unter den Linden [119 D3]
★ Klassisches Repertoire wird in Knobelsdorffs Prunkbau geboten. *Mitte, Unter den Linden 7, Tel. 20 35 45 55, VVK Mo–Sa 10–18, So, feiertags 14–18 Uhr, U/S-Bahn: Friedrichstraße, Bus: 100, 157, 348*

Stella Musical Theater [129 E5]
Mit amerikanischer Professionalität werden hier Highlights wie die Disney-Produktion Der »Glöckner von Notre Dame« geboten, und das Publikum kommt in Scharen. Im Keller ein 1500 qm großer Club mit Namen *Adagio* – eine infernalische Mischung aus Hollywood-Mittelalter und Dracula-Schloss. *Tiergarten, Marlene-Dietrich-Platz 1, Kartenservice Tel. 01805/44 44, www.stella.de, U- und S-Bahn: Potsdamer Platz*

Theater des Westens [117 D4]
Musical, Operette, furiose Gastspiele, eigene Dauerbrenner. *Charlottenburg, Kantstr. 12, Tel. 882 28 88, VVK 9–21 Uhr, U-Bahn: Zoologischer Garten*

BARS

Galerie Bremer [116 C6]
Tagsüber Galerie, abends Künstlertreff. Hier bedient Rudi, geboren auf den Niederländischen Antillen, dunkelhäutig, weißhaarig und seit vielen Jahrzehnten ein echter Berliner. *Wilmersdorf, Fasanenstr. 37, Bar Mo–Sa ab 20 Uhr, Tel. 881 49 08, U-Bahn: Uhlandstraße*

Harry's New York Bar [129 D5]
Im Grandhotel *Esplanade*; versucht, an große Vorbilder anzuknüpfen. *Schöneberg, Lützowufer 15, Tel. 25 47 88 21, Bus: 100, 129, 187, 341*

Reingold [130 A1]
Exzellente Drinks an einem endlosen Art-déco-Tresen. *Tgl. 18–2, Fr, Sa bis 4 Uhr, Mitte, Novalisstr. 11, Tel. 28 38 76 76, U-Bahn: Oranienburger Tor*

Riva [119 E2]
Wurde nach der Eröffnung rasch zu einer der angesagtesten Bars; pfiffiges Jahrhundertwendeambiente. *Tgl. ab 18 Uhr, Mitte, Dirksenstraße, S-Bahnbogen 142, Tel. 24 72 26 88, S-Bahn: Hackescher Markt*

CLUBS

Akba Lounge [125 D4]
Hinter der Bar, hoch die Treppe, ein Club mit viel Atmosphäre, Acid Jazz, Soul und Pop. *Ab 18 Uhr, Prenzlauer Berg, Sredzkistr. 64, Tel. 441 14 63, U-Bahn: Eberswalder Straße*

Clärchens Ballhaus [119 D1]
Wie in alten Zeiten: an den Wänden Zille-Zeichnungen, auf der Bühne eine Combo, die live die alten Schlager spielt. Tanzlokal im traditionellen Stil, auch für Singles ein unterhaltsamer Ort: Es wird aufgefordert. *Mi, Fr, Sa ab 19.30*

Uhr, Mitte, Auguststr. 24, Tel. 282 92 95, S-Bahn: Hackescher Markt, U-Bahn: Oranienburger Tor

El Barrio **[135 E2]**
Die Salsa- und Tangoszene ist in Berlin ungemein vielfältig. Die echteste Atmosphäre mit Südamerikanern findet man hier. *Di–So ab 20 Uhr, Tiergarten, Potsdamer Str. 82, Tel. 262 18 53, U-Bahn: Kurfürstenstraße*

Insider Tipp **Grüner und Roter Salon** **[131 D1]**
In der Volksbühne Partys, Swinging Ballroom, Noche de Tango und anderes, sehr beliebt. *Mitte, Rosa-Luxemburg-Platz, Tel. 24 06 58 07 und 30 87 48 06, U-Bahn: Rosa-Luxemburg-Platz*

Kalkscheune **[130 A2]**
★ Tango, Live Acts, DJ und vor allem: am Sonntagvormittag Dr. Seltsams Frühschoppen und Sonntag Tanjas Nachtcafé. *Programm 20.30 bis 22.30 Uhr, Mitte, Johannisstr. 2, Tel. 28 39 00 65, S-Bahn: Friedrichstraße, U-Bahn: Oranienburger Tor*

Knaack-Club Berlin **[125 E5]**
Wie einst in Kreuzberg: das Publikum ganz in Schwarz und mit Punkfrisuren, das Bier in Flaschen und schräge Musik. Die Livebands sind manchmal erstaunlich gut, die Disko im Keller ist fast immer proppenvoll. *Fr, Sa ab 21 Uhr, Mo ab 20 Uhr Karaoke, Prenzlauer Berg, Greifswal-*

MARCO POLO Highlights »Am Abend«

★ **Berliner Ensemble**
In der Tradition von Brecht und Heiner Müller (Seite 85)

★ **Deutsche Oper Berlin**
Wohlklang auf der Bühne, Sparzwang im Budget (Seite 75)

★ **Staatsoper Unter den Linden**
Die einst »Königliche Hofoper« im prunkvollen Outfit (Seite 76)

★ **Filmkunst 66**
Kultkino für Kultfilme (Seite 81)

★ **Kalkscheune**
Hinterm Friedrichstadtpalast immer Ungewöhnliches (Seite 77)

★ **Friedrichstadtpalast**
Die schönsten Damen aus den fünf neuen Bundesländern (Seite 83)

★ **Grips-Theater**
Weit mehr als nur ein Kinder- und Jugendtheater (Seite 85)

★ **Philharmonie**
Im »Zirkus Karajani« auch ohne den Maestro Manegenzauber (Seite 83)

★ **Quasimodo**
Jazz vom Feinsten im Delphi-Keller (Seite 79)

★ **Bar jeder Vernunft**
Große Kleinkunst im wunderschönen Spiegelzelt (Seite 83)

Schwof im Grünen Salon

der Str. 224, Tel. 442 70 60, Bus: 100, Tram: 24, 28, 58

Maria am Ostbahnhof **[139 D3]**
Livekonzerte, Underground Labels, DJs, Varieté, Lesungen in großzügigen Räumlichkeiten, in denen jeder selig werden kann. *Friedrichshain, Straße der Pariser Kommune 8–10, Tel. 29 00 61 98, S-Bahn: Ostbahnhof*

Oxymoron **[119 E2]**
Im Basement eines plüschigen Restaurants Party und Disko. Jeden 1. Di im Monat im Restaurant »Pasta Opera«: Tenöre und Spaghetti. *Disko Di–So ab 22 Uhr, Mitte, Rosenthaler Str. 40 in den Hackeschen Höfen, Tel. 28 39 18 85, S-Bahn: Hackescher Markt*

Sage Club **[119 F6]**
Funk, House usw., einer der beliebtesten Clubs zum Abtanzen. *Do–So ab 22/23 Uhr, Tel. 278 98 30, Mitte, im U-Bahnhof Heinrich-Heine-Straße*

90 Grad **[135 E2]**
Neu aufgepeppt, zieht der Club ein schickes Publikum an; wer nicht irgendwie dazugehört, kommt aber kaum rein. *Do–Sa ab 23 Uhr, Tiergarten, Dennewitzstr. 37, Tel. 262 89 84, U-Bahn: Gleisdreieck*

JAZZ & ROCK

Es gibt jede Stilrichtung, von Tausenden von Amateuren, hundert Semiprofis und leider zu wenigen einheimischen Spitzenleuten: Die Topmusiker reisen freilich zahlreich an, zu Kellerkonzerten, zu »Jazz in July«, zum »Jazz Fest« und vielen anderen Veranstaltungen in der Waldbühne, im ICC oder der Passionskirche – und ein sachkundiges, begeisterungsfähiges Publikum macht viele Konzerte zu unvergesslichen Erlebnissen.

A Trane **[116 B3]**
Feiner Jazzclub. Hausgemachtes und Internationales. *Tgl. ab 21 Uhr, Charlottenburg, Pestalozzistr. 105, Tel. 313 25 50, S-Bahn: Savignyplatz*

Badenscher Hof **[134 A4]**
Modern Jazz und Mainstream in intimem Rahmen, *Mo–Fr 17–1, Sa 18–3 Uhr, Schöneberg, Badensche Str. 29, Tel. 861 00 80, U-Bahn: Blissestraße*

Blisse 14 **[133 F4]**
In einem behindertengerechten Café sonntags Jazzfrühschoppen, preiswertes Büffet. *So 11–14 Uhr,*

Wilmersdorf, Blissestr. 14, Tel. 821 20 79, U-Bahn: Blissestraße

Cox Orange **[119 E2]**
Mittwochs trifft sich die Jazzszene zur Jam Session. *Mi ab 21 Uhr, Mitte, Dirksenstr. 40, Tel. 281 05 08, S-Bahn: Hackescher Markt*

Eierschale Zenner **[139 D4]**
In der Woche viel Pop und Rock, am Wochenende Dixieland. Immer voll, kontaktfreudiges Publikum. Außerdem kann man auch in den Biergarten überwechseln zur »Sauerstoffaufnahme«. *Tgl. ab 9 Uhr, Treptow, Alt-Treptow 14–17, Tel. 533 73 70, S-Bahn: Treptower Park*

Junction Bar **[136 B3]**
Die Junction Bar bietet täglich Jazz, Funk, Soul, Rock von Livebands. *Kreuzberg, Gneisenaustr. 18, Tel. 694 66 02, U-Bahn: Gneisenaustraße*

Kleine Weltlaterne **[133 D2]**
Samstags und auch sonst manchmal New Orleans Jazz. *Wilmersdorf, Nestorstr. 22, Tel. 892 65 85, U-Bahn: Adenauerplatz*

Preußisches Landwirtshaus **[138 C3–4]**
Jeden ersten Dienstag im Monat treffen sich Berlins »Jazz Spinner« zur öffentlichen Session. *Charlottenburg, Flatowallee 23, S-Bahn: Olympiastadion*

Quasimodo **[117 D4]**
★ Nach wie vor der wichtigste Jazzladen in Berlin, meist rammelvoll, weil hier die besten Jazzer entweder auftreten oder nach dem Auftritt noch herkommen. *Tgl. ab 21 Uhr, Programm ab 22 Uhr, Charlottenburg, Kantstr. 12 a, Tel. 312 80 86, U-Bahn: Zoologischer Garten*

KABARETT

Politische Kabaretts haben's inzwischen schwer: Die DDR gibt's nicht mehr, die meisten Spitzenpolitiker gibt's schon zu lange, die West-Berliner Stachelschweine und die Ost-Berliner Distel sogar noch länger, und an der Wiedervereinigung rumzumäkeln macht auch immer weniger Spaß. Will sagen: Spaßiger sind die jungen, nicht etablierten, schrillen Vögel in Mitte und Kreuzberg.

Bellevue Galerie **[128 B3]**
Salontheater mit Künstlercafé im Ambiente der Zwanzigerjahre. Kammerkonzerte, Liederabende, Kabarett, Kindertheater. *Tgl. ab 15 Uhr, Tiergarten, Flensburger Str. 11–13, Tel. 392 25 61, U-Bahn: Hansaplatz*

BKA und BKA Luftschloss
Hier residiert nicht das Bundeskriminalamt nach dem Hauptstadtumzug, sondern die Berliner Kabarett-Anstalt. Unterkunft finden hier freie Gruppen von überall. **[136 A2–3]** *Kreuzberg, Mehringdamm 32–34, Tel. 251 01 12, U-Bahn: Mehringdamm; Zelt:* **[129 E5]** *Tiergarten, Scharounstraße, U- und S-Bahn: Potsdamer Platz, Bus: 129, N 5 N 29*

Die Distel **[118 C2]**
Bis zur Wende durfte Ost-Berlins Renommierkabarett dem Bären höchstens mal am Fell zupfen, wo es nicht weh tat, jetzt möchten sie es ihm am liebsten ganz abziehen.

Doch auch Wessis finden Unterschlupf: das Kom(m)ödchen zum Beispiel. *VVK Mo–Fr 12–14, 15 bis 18, Sa, So ab 16 Uhr, Mitte, Friedrichstr. 101, Tel. 204 47 04, U- und S-Bahn: Friedrichstraße*

Stachelschweine **[117 E4–5]**
Die Stacheln wurden an Mauer und Stacheldraht gewetzt, und im Übrigen war man vor allem Berliner, immer fröhlich und ein bisschen zu laut. Der einzige Ort, wo Honecker richtig vermisst wird. *Charlottenburg, Tauentzienstraße (im Europa Center), Tel. 261 47 95, , U-Bahn: Zoologischer Garten*

Insider Tipp **Ufa-Fabrik** **[139 D4]**
Juppie, der inzwischen in die Jahre gekommene »Chef« dieses alternativen Wohn-, Arbeits- und Kulturkollektivs, sorgt dafür, dass wirklich immer etwas los ist. Geboten werden Kinderzirkus, Varieté, Kleinkunst, Kabarett oder Jazz-Gurus sowie Tai-Chi-Gruppen und vieles mehr. *Tempelhof, Viktoriastr. 13, Tel. 75 50 30, U-Bahn: Ullsteinstraße*

Eine Stadt im Kleinen: Ufa-Fabrik

KINDERTHEATER

Berliner Figurentheater **[135 E3]**
Kreuzberg, Yorckstr. 59, Tel. 786 98 15, U-Bahn: Yorckstraße

Hans Wurst Nachfahren **[135 D2]**
Schöneberg, Gleditschstr. 5, Eingang Winterfeldplatz, Tel. 216 79 25, U-Bahn: Nollendorfplatz, Bus: 119

Puppentheater-Museum **[137 F6]**
Neukölln, Karl-Marx-Str. 135, Tel. 687 81 32, U-Bahn: Karl-Marx-Straße

Schaubude Puppentheater **[125 F3]**
Prenzlauer Berg, Greifswalder Str. 81–84, Tel. 423 43 14, S-Bahn: Greifswalder Straße

Zaubertheater Igor Jedlin **[127 D6]**
Charlottenburg, Roscherstr. 7, Tel. 323 37 77, U-Bahn: Adenauerplatz

KINOS

Berlins Kinowelt ist nicht nur zu Zeiten der Berlinale im Februar rund und bunt. Von den riesigen neuen Kinocentern über die Uraufführungskinos am Kurfürstendamm bis zum Filmkunsttheater ist für Filmfans und Kinofreaks bestens gesorgt. Bei Publikumsrennern, aber auch berühmten Reprisen sind die Kinos oft ausverkauft, vor allem am Wochenende und an den verbilligten Kinotagen (KT). Die meisten Filmtheater nehmen keine Vorbestellungen an; nur rechtzeitiges Erscheinen sichert gute Plätze. Und von großen Namen soll man sich nicht täuschen lassen, gerade die bekannten Uraufführungskinos haben ihre Häuser häufig um ein halbes Dutzend Schuhkartonkinos erweitert, in denen es nur wenige (und schlechte) Plätze gibt. Einen virtuellen Rundgang durch die Berliner Kinos bietet die Website *www.kinokompendium.de.*

Arsenal [118 A5]
Alte Filme, Filmkunst, Themenreihen. Nach erfolgreichen Jahren in Schöneberg umgezogen ins Filmhaus am Potsdamer Platz im neuen Sony-Komplex. *Tiergarten, Potsdamer Str. 2, Tel. 26 95 51 00, U- und S-Bahn: Potsdamer Platz*

Cinema Paris [116 C5]
Uraufführungskino am Ku'damm. *KT: Di/Mi, Charlottenburg, Kurfürstendamm 211, Tel. 881 31 19, U-Bahn: Uhlandstraße, Bus: 109, 119, 129, 219*

CinemaxX Potsdamer Platz [118 A5]
Eines der neuen, überdimensionalen Kinocenter mit nicht weniger als 19 Kinos. *Tiergarten, Potsdamer Platz, Tel. 44 31 63 16, U- und S-Bahn: Potsdamer Platz*

CineStar im Sony Center [118 A5]
Multiplex mit acht Kinos sowie IMAX Discovery Channel mit wechselnden 3D-Filmen für alle, denen Jurassic Park noch nicht bombastisch genug war. *Tiergarten, Marlene-Dietrich-Platz 4, Tel. 260 66 260, U- und S-Bahn: Potsdamer Platz, Bus: 142, 248, 348*

Delphi [117 D4]
Großes Kino mit aktuellen, manchmal auch kultigen Filmen. *Charlottenburg, Kantstr. 12a, Tel. 312 10 26, U- und S-Bahn: Zoologischer Garten*

Filmbühne am Steinplatz [116 C3]
Das Filmkunstkino hat nicht nur ein interessantes Programm, sondern auch ein empfehlenswertes Café. *KT: Mo, Charlottenburg, Hardenbergstr. 12, Tel. 312 90 12, U-Bahn: Zoologischer Garten, Bus: 145, 149, 245*

Filmkunst 66 [116 B4]
★ Neben aktuellem Programm auch seltene Kultfilme. *KT: Mo/Di/Mi, Charlottenburg, Bleibtreustr. 12, Tel. 882 17 53, S-Bahn: Savignyplatz, Bus: 109, 119, 129, 219*

fsk am Oranienplatz [137 D2]
Hier gibt es viele Filme im Originalton. *KT: Mo/Di, Kreuzberg, Segitzdamm 2, Tel. 614 24 64, U-Bahn: Kottbusser Tor, Bus: 129, 140 N 8, N 29*

Hackesche Höfe [119 E2]
KT: Di/Mi, Rosenthaler Str. 40/41, Tel. 283 46 03, S-Bahn: Hackescher Markt

International [131 E3]
Schönes, großes Uraufführungskino im Stadtzentrum. *KT: Di/Mi, Mitte, Karl-Marx-Allee 33/Ecke Schillingstraße, Tel. 24 75 60 11, U-Bahn: Schillingstraße*

Kant **[127 E5]**
Zwei Kinos mit aktuellem Programm. *KT: Mo,/Di/Mi, Charlottenburg, Kantstr. 54, Tel. 312 50 47, U-Bahn: Wilmersdorfer Straße, Bus: 101, 137, 149, 316*

New Yorck/Yorck **[136 A3]**
Gepflegte Szenekinos in Riehmers Hofgarten. *KT: Di/Mi, Kreuzberg, Yorckstr. 86, Tel. 78 91 32 40, U-Bahn: Mehringdamm, Bus: 119, 219*

Odeon **[134 C5]**
Alle Filme OmU. *KT: Di/Mi, Schöneberg, Hauptstr. 116, Tel. 78 70 40 19, U-Bahn: Innsbrucker Platz*

KONZERTE

Das Berliner Musikleben erschöpft sich nicht nur in den Philharmonikern und den Sinfonikern. Es gibt zahlreiche kleinere Ensembles, Kammerorchester, Chöre, Solisten und natürlich die vielen Gastspiele, denn vor Berliner Publikum aufzutreten ist eine Herausforderung für die größten Orchester und Musiker aus aller Welt. Die Berliner Philharmoniker haben in der Nach-Karajan-Ära mit ihren Chefdirigenten Claudio Abbado und Simon Rattle (ab 2002) in beiden Fällen eine sehr gute Wahl getroffen.

Das Berliner Sinfonie-Orchester, dessen Stammhaus das Schauspielhaus am Gendarmenmarkt ist, ist unter seinem Dirigenten Vladimir Ashkenazy zu einem Spitzenensemble gereift; dessen Nachfolger wurde 2000 Kent Nagano. Neben diesen beiden großen Häusern gibt es zahlreiche andere Konzertsäle, und auch in etlichen Kirchen und einigen Schlössern gibt es Konzertveranstaltungen, so im Schloss Friedrichsfelde und im Sommer am Gendarmenmarkt und in der Waldbühne.

Im Juli finden in Berlin die Bach-Tage statt und im Herbst abwechselnd der Dirigentenwettbewerb der Karajan-Stiftung und die Begegnung der Jugendorchester.

Für den genauen Überblick sollten Sie sich rechtzeitig den »Führer durch die Konzertsäle Berlins« bestellen *(Tel. 882 54 58)*.

Einer der schönsten Konzertsäle der Welt: Scharouns Philharmonie

Philharmonie und Kammermusiksaal **[129 E4-5]**
★ *Schöneberg, Matthäikirchstr. 1, Großer Saal Tel.254 88-132, Kleiner Saal Tel. 254 88-232, VVK: Mo–Fr 15–18, Sa/So 11–14 Uhr, Bus: 129, 148, 142, 248*

Konzerthaus Berlin **[118 C4]**
Im Schauspielhaus. *Mitte, Gendarmenmarkt, VVK: Mo–Sa 12–18, So/feiertags 12–16 Uhr, Tel. 203 09 21 01/02, U-Bahn: Stadtmitte, Hausvogteiplatz*

NACHTCLUBS & SHOWS

Bar jeder Vernunft **[116 C6]**
★ Im Spiegelzelt an der still gelegten alten Volksbühne produzieren sich Szenestars wie Max Raabe, Tim Fischer, Meret Becker sowie Ursli Pfister. *Wilmersdorf, Schaperstr. 24, Tel. 883 15 82, U-Bahn: Spichernstraße*

In der Bar jeder Vernunft

Chamäleon **[119 E2]**
Spannend ist allein schon der Ort: die sehr schön restaurierten Hackeschen Höfe mit ihren Jugendstilfassaden und dem alten Tanzsaal mit der Varietébühne. Witzig, wenn auch nicht immer ganz perfekt die Show. *Mitte, Rosenthaler Str. 40/41, Tel. 282 71 18, S-Bahn: Hackescher Markt, U-Bahn: Weinmeisterstraße*

Friedrichstadtpalast **[118 C1]**
★ Im neuen Haus am neuen Platz sehr professionell gemachtee Revuen und schillernde Nightshows, aber auch garantiert jugendfreie Kinderrevuen. *Mitte, Friedrichstr. 107, Tel. Kasse 23 26 23 26, Info 23 26 22 03, U- und S-Bahn: Friedrichstraße*

Kulturbrauerei **[125 D4]**
Nach Sanierung und Umbau ein vielfältiges Vergnügungszentrum mit Off-Theater, Multiplexkino, Party in der Alten Kantine, Musik im Kesselhaus, Biergarten, Sushibar, Supermarkt und einem der angesagtesten Clubs im Soda. *Prenzlauer Berg, Knaackstr. 97, Tel. 441 92 70, U-Bahn: Eberswalder Straße*

Tränenpalast **[118 C2]** Insider Tipp
Ein Muss für jeden, der sich noch mal ein wenig wie ein DDR-Ausreiser fühlen will. In der alten Abfertigungshalle am Bahnhof Friedrichstraße gibt's Kabarett, Jazz, Salsa, Promi-Partys, Modenschauen und Hurenbälle. *Mitte, Friedrichstraße, Ecke Reichstagsufer, Tel. 20 61 00 11, U-Bahn: Friedrichstraße*

Juden in Berlin

Die im Dritten Reich zerschlagene jüdische Gemeinde hat heute wieder Zulauf

Rund 170 000 Juden gab es 1933 in Berlin, fünf Prozent der Bevölkerung. Vielen gelang es rechtzeitig, Deutschland zu verlassen, doch ungefähr 50 000 Berliner Juden wurden von den Nazis deportiert und ermordet, etliche aber auch von Berlinern versteckt. Heute leben etwa 12 000 Menschen jüdischen Glaubens in Berlin, und es werden langsam mehr, vor allem durch Zuwanderung aus Osteuropa. Am Ende der DDR gab es in Ost-Berlin nur 200 Gemeindemitglieder, aber gerade dort, um die Oranienburger Straße, findet man wieder viele jüdische Einrichtungen: Synagoge, Centrum Judaicum, Volkshochschule, Knabenschule, Restaurant Oren, Beth Café usw. Geblieben sind sehenswerte jüdische Friedhöfe, wenige Synagogen und die Einflüsse des Hebräischen auf den Berliner Jargon: Massel, vermasseln, Schlamassel, meschugge, Mischpoche, Knast, Pinke, pleite, Schmiere stehen, ausbaldovern und Daffke – nicht immer wissen die Berliner, wo diese Worte herkommen, wenn sie sie benutzen.

Wintergarten Varieté **[129 E6]**
Der Phantast André Heller, der Circusfreak Bernhard Paul und der Kulturmanager Peter Schwenkow haben den *Wintergarten* wieder belebt. Glanznummern modernen Varietés, die das Publikum begeistern. Und weil die Chefs echte Profis sind, ist das Haus fast immer ausverkauft. *Tiergarten, Potsdamer Str. 96, Tel. 25 00 88 88, U-Bahn: Kurfürstenstraße*

OFF-THEATER

Die Szene wechselt sehr und ist deshalb umso spannender. Zur aktuellen Information »tip« oder »Zitty« kaufen.

Friends of Italian Opera **[136 A4]**
Hier zeigen englischsprachige Gruppen, was überragende Theaterqualität alles meinen kann. *Kreuzberg, Fidicinstr. 40, Tel. 691 12 11, U-Bahn: Platz der Luftbrücke*

Hackesches Hof-Theater **[119 E2]**
Ungewöhnliches, viele Auslandsgastspiele, auch jüdisches Theater. *Mitte, Rosenthaler Str. 40/41, Tel. 283 25 87, S-Bahn: Hackescher Markt*

Kleines Theater **[134 A6]**
Ganz leichte Muse, Komödiantisches, Erotisches, und den Leuten gefällt's. *Schöneberg, Südwestkorso 64, Tel. 821 30 30, U-Bahn: Bundesplatz*

Ratibor-Theater **[139 D4]**
Etabliertes Off-Theater im hintersten Kreuzberg. *Kreuzberg, Cuvrystr. 20, Tel. 618 61 99, U-Bahn: Schlesisches Tor*

Theater am Ufer/ Teatr Kreatur [135 F2]
Andrej Woron macht Theater auch fürs Auge: farbenprächtig, phantasievoll, anregend. *Kreuzberg, Tempelhofer Ufer 10, Tel. 251 31 16, U-Bahn: Möckernbrücke*

Theater zum westlichen Stadthirschen [135 F4]
Viele Meriten und viel Enthusiasmus. *Kreuzberg, Kreuzbergstr. 37, Tel. 785 70 33, U-Bahn: Yorckstraße*

Vagantenbühne [117 D4]
Junge Autoren und die ganz alten: Shakespeare oder die Odyssee in geraffter Form – immer sehenswert. *Charlottenburg, Kantstr. 12 a, Tel. 312 45 29, U- und S-Bahn: Zoologischer Garten*

THEATER

Berliner Ensemble [118 C2]
★ Hier wurde die Dreigroschenoper uraufgeführt. Das Berliner Ensemble diente lange der Erbepflege des großen Meisters Bertolt Brecht, doch jetzt gibt's Modernes, und Claus Peymann bringt endlich frischen Wind. *Mitte, Bertolt-Brecht-Platz, VVK: Mo–Sa 8–18, So/feiertags 11–18, Tel. 284 08-155, U-Bahn: Friedrichstraße*

Deutsches Theater [118 B1]
Das Deutsche Theater pflegt das Klassische, und die daneben liegenden *Kammerspiele* übernahmen die Rolle der experimentierfreudigen *Baracke*, die geschlossen wurde. Früher war hier Lortzing Kapellmeister. *Mitte, Schumannstr. 10/13 a, VVK: Mo–Sa 11–19.30, So 15 bis 19.30 Uhr, Tel. 28 44 12 25, U-Bahn: Friedrichstraße*

Grips-Theater [117 F1]
★ Volker Ludwig hat mit der »Linken Geschichte« und »Linie 1« das Grips zu einer Institution gemacht. *Tiergarten, Altonaer Str. 22, VVK: Abendvorst. Tel. 39 74 74 77, Vormittagsvorst. Tel. 397 47 40, U-Bahn: Hansaplatz*

Komödie/Theater am Kurfürstendamm [116 C5]
Boulevardkomödien vor allem britischer Herkunft mit Berlins Lieblingen wie Wolfgang Spier und Michèle Marian. *Charlottenburg, Kurfürstendamm 206, Tel. 47 99 74 40, U-Bahn: Uhlandstraße*

Maxim Gorki Theater [119 D3]
Der Name täuscht: Neben Russophilem gibt es amerikanische und deutsche Stücke. *Mitte, Am Festungsgraben 2, VVK: Mo–Sa 13 bis 18.30, So 15–18.30 Uhr, Tel. 202 22 11 15, U-Bahn: Friedrichstraße, S-Bahn: Hackescher Markt*

Renaissance-Theater [116 C3]
Gediegenes Privattheater. *Hardenbergstr. 6, Tel. 312 42 02, U-Bahn: Ernst-Reuter-Platz*

Schaubühne [133 D2]
Immer noch gute Aufführungen, obwohl der Nimbus durch die Auflösung des Ensembles gelitten hat. Das neue junge Team um Thomas Ostermeier und Sascha Waltz berechtigt zu Hoffnungen. *Wilmersdorf, Kurfürstendamm 153, Tel. 89 00 23, U-Bahn: Adenauerplatz*

Volksbühne [131 D1]
Politisch und zwanghaft provokant. *Mitte, Rosa-Luxemburg-Platz, Tel. 247 67 72, VKK: 12–18 Uhr, U-Bahn: Rosa-Luxemburg-Platz*

Potsdam ist nicht nur Sanssouci

An der Residenzstadt der preußischen Könige sollten Berlin-Besucher keinesfalls vorbeigehen

Potsdam ist mit Abstand das wichtigste Ausflugsziel außerhalb Berlins. Die alte Residenzstadt der preußischen Könige liegt inmitten einer wunderbaren Seenlandschaft und hat seit dem Ende der DDR erheblich gewonnen: Zerstörte Sehenswürdigkeiten wie das Belvedere wurden wieder aufgebaut, das Holländische Viertel wird saniert, viele schöne Bürgerhäuser und Villen wurden renoviert, die Restaurantszene hat sich erheblich gemausert, und es sind auch einige sehr schöne Hotels entstanden. Im Jahr 2001 fand in Potsdam die Bundesgartenschau statt.

Aber immer noch ist viel zu tun, und die Stadt ist arm. Potsdam, das 1993 sein tausendjähriges Jubiläum feierte, ist durch einen schweren Luftangriff in den letzten Kriegstagen erheblich beschädigt worden. Aber auch der Abriss des ausgebombten Stadtschlosses und des Turms der Garnisonkirche, eine rücksichtslose Baupolitik zu DDR-Zeiten und die Vernachlässigung ganzer Stadtviertel haben das Stadtbild empfindlich beeinträchtigt.

Das Schlösschen auf dem Weinberg war Friedrichs liebster Aufenthaltsort

INNENSTADT

Alexandrowka **[141 D–E2]**
So heißt die Kolonie russischer Blockhäuser, die 1826 für zwölf russische Sänger erbaut wurden. Sie waren von der preußischen Armee gefangen genommen worden, wurden dann aber dem 1. Garderegiment zu Fuß angegliedert. Drei der Häuser sind noch heute im Besitz der Nachfahren. Nördlich der Siedlung auf dem Kapellenberg stehen die Kapelle des Heiligen Alexander Newski und ein Blockhaus für den Kirchenältesten.

Alter Markt **[141 E5]**
Wo heute der provisorische Theaterbau und eine viel befahrene Straßenkreuzung sind, da stand im 13. Jh. eine Burg und seit 1662 das Stadtschloss, das 1744 bis 1752 von Knobelsdorff umgebaut wurde; im Krieg stark zerstört, hätte es dennoch wieder aufgebaut werden können, wurde aber 1960 abgerissen. Der Wiederaufbau ist so gut wie beschlossen; zumindest das Fortunaportal nimmt schon wieder Formen an.

Wieder aufgebaut wurden bereits das Alte Rathaus (Boumann, Hildebrandt 1753–55) und das

Knobelsdorffhaus von 1750. Von Knobelsdorff stammt auch der Obelisk. Beherrscht wird der Markt von der Nikolaikirche (Schinkel, Persius, Stüler 1830–50), die der St. Paul's Cathedral in London nachempfunden wurde.

Holländisches Viertel **[141 E4]**
Die Siedlung nördlich des Bassinplatzes wurde 1732 bis 1742 für holländische Einwanderer angelegt. Es kamen jedoch nicht genug der erhofften Handwerker aus Holland, sodass die 134 nach niederländischem Vorbild erbauten Häuser zum Teil von Soldaten oder deren Witwen bezogen wurden. In den letzten Jahren weitgehend restauriert, mausert sich das Holländische Viertel zu einem der schönsten Quartiere Potsdams mit interessanten Boutiquen und Kneipen.

Marstall **[141 E5]**
Der Marstall wurde zunächst als Orangerie errichtet und später zum Reitstall umgebaut (Nehring 1685, Knobelsdorff 1746). Ursprünglich war er mit dem abgerissenen Stadtschloss durch Kolonnaden verbunden, von denen Reste unterhalb des Hotels Mercure aufgestellt sind. Im Innern ein Filmmuseum und ein nettes Café.

Insider Tipp **Neuer Markt** **[141 E5]**
Hinter dem Marstall beginnt der Neue Markt mit dem Kabinettshaus (1753), in dem Friedrich Wilhelm III. geboren wurde, dem Kutschpferdestall (1787) und der ehemaligen Ratswaage (1875). Allmählich wird er wieder zum schönsten Platz Potsdams. Im Kutschstall wird ein Haus der brandenburgisch-preußischen Geschichte eingerichtet.

PARK & SCHLOSS SANSSOUCI

★ **[140 A–C 3–4]** Dem Park von Sanssouci nähert man sich am besten vom Luisenplatz über die Straße Am Grünen Gitter, durch den Marlygarten vorbei an der schönen Friedenskirche (Persius 1845–54), oder durch das Obeliskportal nördlich des Luisenplatzes, das auf die 2,5 km lange Hauptallee führt. Es wurde 1747 von Knobelsdorff erbaut, der das gleiche Portal schon 1740 in Rheinsberg errichtet hatte, wo Friedrich II. seine unbeschwerteste Zeit verbrachte. An diese Zeit ohne Sorge – *sans souci* – sollte es ihn erinnern, und ohne Sorge wollte er auch in seinem kleinen Schlösschen auf dem Weinberg sein, zu dem er den ehemaligen Wüsten Berg umgestalten ließ.

Viele Bauten stammen aus der Zeit Friedrichs II.: Sanssouci, Neue Kammern, Bildergalerie, Neues Palais, Belvedere, Chinesisches Teehaus, Drachenhaus sowie etliche Tempel, Skulpturen und Fontänen.

Figur am Chinesischen Teehaus

Aus der Zeit Friedrich Wilhelms IV. stammen Charlottenhof, die Römischen Bäder, die Friedenskirche (dort ist er auch begraben) und die Orangerie.

Charlottenhof [140 B5]

Ein Gutshaus, das ihm der Vater Friedrich Wilhelm III. geschenkt hatte, ließ der künstlerisch begabte Kronprinz, der spätere Friedrich Wilhelm IV., 1826 von Schinkel zu einer römischen Villa umbauen, verträumt, eher bescheiden und vom Klassizismus durchdrungen – das einzige Schloss in Potsdam, das noch seine Original-Einrichtung hat. Das Vestibül gewinnt seine traumhafte Atmosphäre durch ein blaues, sternengeschmücktes Glasfenster, das Schinkel zum Vorbild für sein berühmtes Bühnenbild zu Mozarts »Zauberflöte« nahm. Im Dichterhain vor dem Schloss Hermen (Büsten auf Steinpfeilern) von Goethe, Schiller, Herder, Wieland, Ariost, Tasso, Dante und Petrarca.

Klausberg [140 A3]

An die Renaissance erinnern sollte die große Triumphstraße, die Friedrich Wilhelm IV. auf dem Klausberg (jenseits der Maulbeerallee) plante. Sie sollte vom Belvedere (Unger 1770–72, nicht zu verwechseln mit dem Belvedere auf dem Pfingstberg) bis zur jetzt restaurierten historischen Mühle bei Sanssouci reichen. Einzig fertig gestellt wurde die riesige Orangerie (Persius, Stüler 1851–62) mit Anklängen an die Villa Medici in Rom und die Uffizien in Florenz. Innen der Raffaelsaal mit 67 Kopien des Meisters und vom Turm ein atemberaubender Blick über die Landschaft. Kaffee trinken können Sie an der Mühle oder im nahe gelegenen Drachenhaus (Gontard 1770), das der Schwärmerei des Rokoko für das unbekannte Asien ebenso huldigt wie das Chinesische Teehaus (1754–57) im Park von Sanssouci.

Neues Palais [140 A4]

Nach dem verlustreichen Siebenjährigen Krieg wollte Friedrich durch eine »Fanfaronade«, eine Prahlerei, beweisen, dass Preußen noch Saft und Kraft hatte, und so ließ er 1763 bis 1769 von Büring, Manger und Gontard das Neue Palais bauen, ergänzt durch die aufwendigen Communs, die als Wirtschafts- und Personalräume dienten und die dahinter liegende trostlose Landschaft verdecken sollten.

Über 200 Räume enthält das Neue Palais, 500 Statuen drängeln sich auf den Dächern – »mehr Leute als auf der Straße«, spottete einst ein General. Originellster Raum ist der riesige Grottensaal, in dem über 20 000 Edel- und Schmucksteine, Muscheln, Fossilien und Minerale ornamental verarbeitet sind. In einem Streifen mit Quarzkristallen steckt ein Stück vom Gipfel des Kilimandscharo, von Forschungsreisenden 1890 mitgebracht. An anderer Stelle zwei Marmorstücke mit der Handschrift der Kaiserin Auguste Viktoria: »Akropolis 27. Oktober 1889«. Sehenswert auch der Marmorsaal sowie das sehr schöne Schlosstheater.

Römische Bäder [140 B5]

Die Bäder wurden von Schinkel und Persius 1829 bis 1840 nach Art eines italienischen Landhauses des 15. Jhs. erbaut. Im Fußboden des Bades sehen Sie eine Kopie des Alexandermosaiks aus Pompeji. Links neben dem Eingang ein Wasserspeier in Form eines großen Fisches, eines Butts, geschaffen von Ch. D. Rauch – eine Anspielung auf Friedrich Wilhelm IV., den man wegen seiner Körperform den »Butt« nannte.

Schloss Sanssouci [140 C4]
Nur zwölf Zimmer hat das Schlösschen, das Knobelsdorff 1745–47 nach Entwürfen des Königs baute: Saal, Empfangszimmer, Musikzimmer, Arbeits- und Schlafzimmer in einem (es wurde auch das Sterbezimmer), eine kleine Bibliothek sowie einige Gästezimmer. Im Marmorsaal fanden die Tafelrunden statt, zu denen Friedrich Gesprächspartner aus vielen Ländern lud – Adolf Menzel hat die Szene gemalt. Regelmäßiger Gast war Voltaire, der von 1750 bis 1753 in Potsdam wohnte und in einem Brief berichtete: »Es gibt erstaunlich viele Bajonette und sehr wenig Bücher. Der König hat Sparta sehr verschönt, aber Athen nur in sein Arbeitszimmer übertragen.«

Immerhin: Rund 2200 Bücher hatte Friedrich in seiner Bibliothek. Durch die Fenster sah er die Gruft, die er sich schon vor dem Schlossbau hatte anlegen lassen – da war er gerade 32 Jahre als. Zunächst wurden dort seine Windspiele begraben: die elf Grabplatten zieren verwitterte Namen wie Thisbe, Biche, Alkmene, Diane, Amourette und Hasenfuß. Der Leichnam des Königs fand, nach Umwegen über die Garnisonkirche und die Hohenzollernburg Hechingen, erst 1991 hier die erwünschte Ruhe.

Rechts des Schlösschens – von der Gartenseite gesehen – die kürzlich renovierte Bildergalerie (Büring 1753–55), der erste eigenständige Museumsbau auf dem europäischen Kontinent, davor die Puttenmauer mit 230 Jahre alten Kinderlein. Links die Neuen Kammern (Knobelsdorff 1747/Unger 1774), ursprünglich als Orangerie, dann jedoch als Gästehaus genutzt.

NEUER GARTEN

[141 E–F2] Friedrich Wilhelm II., der Neffe des Großen Friedrich, wandte sich vom ungeliebten Onkel und der Garnisonstadt Potsdam ab und baute, kaum dass er König war, am Ufer des Heiligen Sees das Marmorpalais. Der Neue Garten ist ruhiger als Sanssouci, gut geeignet für einen erholsamen Spaziergang. Wunderliches findet sich da: das mit dem Marmorpalais durch einen unterirdischen Gang verbundene Küchenhaus in Gestalt eines halb im Wasser versunkenen Marstempels, ein Eiskeller in Form einer ägyptischen Pyramide (1791), die Orangerie von Langhans (1790) mit einem ägyptischen Portal und einer Sphinx, ein Obelisk von Langhans, ein Ensemble von Kavaliershäusern, Ställen und Remisen, das sich Holländisches Etablissement nennt, sowie am Südende des Heiligen Sees die Gotsiche Bibliothek, ebenfalls von Langhans..

Cecilienhof [141 F1]
Das ist der letzte Schlossbau der Hohenzollern, erbaut im ersten Weltkrieg 1914 bis 1917 für Kronprinz Wilhelm und dessen Gattin Cecilie, deren Privaträume heute wieder besichtigt werden können. Hier fand im Sommer 1945 die so genannte Potsdamer Konferenz der Siegermächte statt. Auch der Konferenzsaal und die Arbeitsräume von Truman, Stalin und Churchill, der später durch Attlee abgelöst wurde, können besichtigt werden. In dem Rest des 176-Zimmer-Schlosses mit den 55 verschiedenen Schornsteinen sind heute ein Hotel und ein Restaurant der Luxusklasse untergebracht.

Marmorpalais [141 F2]

Gebaut wurde das Palais 1787 bis 1792 von Gontard; die Innenausstattung ist von Langhans, dem Baumeister des Brandenburger Tors in Berlin – hier begann der Klassizismus in Preußen.

BABELSBERG

Babelsberger Park [138 B5]

Von Berlin aus muss man nicht erst durch Potsdam, sondern verlässt Bus oder Auto kurz vor der Glienicker Brücke, geht links am Jagdschloss Glienicke vorbei durch ein winziges Örtchen mit einer Kirche von Persius, über eine schmale Brücke, und schon beginnt der Park. Schön für Spaziergänge durch den Park oder am Ufer des Tiefen Sees gegenüber von Potsdam.

Unten am Ufer ein Maschinenhaus (Persius 1843–45), oben auf der Höhe das Schloss, 1834 von Schinkel im Stil der Neogotik für Prinz Wilhelm erbaut, einige Jahre später von Persius und Strack erweitert. Den Park schufen Lenné und Fürst von Pückler-Muskau. Was diese viel beschäftigten Herren hier gestalteten, hat etwas Märchenhaftes: Neuschwanstein auf preußisch, also bescheidener und strenger.

Neogotik dominiert auch beim Küchengebäude hinter dem Schloss (1844–49), beim Matrosenhaus (1842), dem Marstall (1842), ein bisschen auch beim *Flatowturm*, der dem Eschenheimer Tor in Frankfurt am Main nachgebaut ist, und beim *Kleinen Schloss* (1842), das als Haus für die Hofdamen gedacht war und heute ein Café beherbergt. Auf der Lennéhöhe steht die gotische Gerichtslaube aus dem 13. Jh., die dem Bau des Roten Rathauses in Berlin weichen musste und 1871 hierher verpflanzt wurde.

Filmpark Babelsberg [138 B5]

In den Ateliers, die heute zu einer florierenden Film- und Fernsehstadt gewachsen sind, werden seit 1912 Filme gedreht. Es gibt Stuntshows, Actionkino, Führungen durch den riesigen Requisitenfundus und allerhand andere Vorführungen. *März–Okt. tgl. 10–18 Uhr, Großbeerenstraße, Tel. 0331/ 721 27 50, Bus: 690, 692*

Das Kleine Schloss oder Damenhaus im Babelsberger Park

ÖFFNUNGSZEITEN DER SCHLÖSSER

Sanssouci, Neues Palais, Cecilienhof, Marmorpalais, Schloss Babelsberg April–Okt. 9–17, Nov.–März 9–16 Uhr; Neues Palais Fr, alle übrigen Mo geschl., Marmorpalais und Schloss Babelsberg erst ab 10 Uhr und im Winter nur Sa/So geöffnet. Bildergalerie, Charlottenhof, Chinesisches Teehaus, Dampfmaschinenhaus (Moschee), Neue Kammern, Orangerie, Römische Bäder nur 15. Mai–15. Okt. 10–17 Uhr, Mo geschl., Moschee nur Sa/So geöffnet, Neue Kammern und Orangerie auch 1. April–14. Mai Sa/So 10–17 Uhr. Zweitageskarte 15, ermäßigt 10 Euro, gilt für alle Schlösser. Einzelne Schlösser 1–8 Euro.

Besucherzentrum an der Historischen Mühle **[140 C4]**, *Maulbeerallee, Tel. 0331/9694-200 und -201, Information -203 und -204, Sanssouci-Information -202. Info*

Insider Tipp *Konzerte: Schlössernacht, Tel. 96 94-200; Hofkonzerte, Tel. 24 56 09; Musikfestspiele, Tel. 288 88 28*

MUSEEN

Dampfmaschinenhaus **[140 C5]**
Den Bau errichtete Persius 1841/42 in Form einer Moschee; der Schornstein hat die Form eines Minaretts. Im Innern steht eine mehr als 150 Jahre alte Dampfmaschine von Borsig, die bis 1894 Wasser für die Fontänen von Sanssouci pumpte – ein einzigartiges technisches Museum. *Zeppelinstr. 176*

Filmmuseum **[141 E5]**
Im Marstall finden Sie Originalrequisiten von Ufa und Defa, alte Filmtechnik und ein Kino. Am östlichen Ende ein gutes Café. *Di–So 10–18 Uhr, Breite Straße*

Bistro des Filmmuseums im alten Marstall

Potsdam-Museum **[141 D5]**
In zwei wunderbaren, typischen Gebäuden ist die Ausstellung zur Geschichte Potsdams und zu Natur und Umwelt im Havelland im Ständehaus (Unger 1770) untergebracht; Sonderausstellungen werden in den gegenüberliegenden Hiller-Brandtschen Häusern (Unger 1769), die dem Schloss Whitehall in London nachempfunden sind, gezeigt. *Di–So 9–17 Uhr, Breite Str. 8–12 und 13*

ESSEN & TRINKEN

Café Heider **[141 E4]**
Am Nauener Tor, mit schöner Terrasse und sonntags opulentem Frühstücksbüffet. *Mo–Fr ab 8, Sa ab 9, So ab 10 Uhr mit open end, Friedrich-Ebert-Str. 29, Tel. 0331/270 55 96,* €

Matschkes Galerie-Café **[141 E3]** Insider Tipp
Gemütliche Kneipe mit romantischem Hinterhofgarten und russischer Küche. *Tgl. 12–23Uhr, Jan. bis März Mo geschl., Alleestr. 10, Tel. 0331/280 03 59,* €

Mövenpick Zur Historischen Mühle **[140 C4]**
Direkt am Park Sanssouci, dort, wo sich der Sage nach Friedrich II. vom Klappern der Mühle gestört fühlte. *Tgl. 8–24 Uhr, An der Historischen Mühle, Tel. 0331/28 14 93, €€*

Insider Tipp **Prinz Leopold** **[138 B4]**
Gheimtipp in gemütlicher Remise mit Gartenplatz in der Nähe der Glienicker Brücke mit preiswerter und sehr guter Küche. *Tgl. 12–24 (Küche bis 22) Uhr, Waldmüllerstr. 8 (zu Fuß von der Königstraße am Jagdschloss Glienicke vorbei gut zu erreichen), Tel. 0331/704 68 31, €*

Ristorante Pino **[141 D4]**
Auf Anhieb eine Kochmütze im Gourmet-Führer Gault-Millau. *Mo bis Fr 12–15 und 18–24, Sa 17–24 Uhr, Weinbergstr. 7, Tel. 0331/ 2703030, €€€*

Speckers Gaststätte Zur Ratswaage **[141 E5]**
An historischer Ecke ein ambitionierter Edelgastronom. *Di–Sa 12 bis 15 und 18–1, So 12–15 Uhr, Am Neuen Markt 10, Tel. 0331/ 280 43 11, €€€*

Villa Kellermann **[141 F3]**
Der schönste Italiener Potsdams; wunderbarer Blick über den Heiligen See. *Mo–Do ab 16, Fr–So ab 12 Uhr (open end), 15. Sept.–15. April Mo geschl., Mangerstr. 34–36, Tel. 0331/29 15 72, €€*

Waage **[141 E5]**
Am schön restaurierten Neuen Markt gute Küche und netter Service, im Sommer auch draußen. *Tgl. 12–24 Uhr, Am Neuen Markt 12, Tel. 0331/ 270 96 75, €€*

ÜBERNACHTEN

Cecilienhof **[141 F1]**
★ Im Kronprinzessinschloss edel eingerichtete Zimmer. *42 Zi., 14469 Potsdam, Im Neuen Garten, Tel. 0331/370 50, www.relaxa-hotel.de, €€€*

AM ABEND

Hans-Otto-Theater **[141 E5]**
Potsdams traditionelle Spielstätte befindet sich in einem seltsamen Provisoriumsbau. Manchmal aber auch Spielbetrieb im schönen Schlosstheater im Neuen Palais **[140 C4]**. *Am Alten Markt, Tel. 0331/27 57 10, VVK Mo–Do 10–18, Fr/Sa 10–13 Uhr*

Kabarett am Obelisk **[141 D5]**
Politisch-satirische Programme wie »Polizeiruf 007«. *Charlottenstr. 31, Tel. 0331/29 10 69, VVK Di–Sa 17.30–19.30, So 17–19 Uhr*

Waschhaus **[141 F4]**
Potsdams alternative Adresse: Club, Disko, Kino und Szenetreff in einem. *Schiffbauergasse 1, Tel. 0331/271 56 26*

AUSKUNFT

Potsdam-Information, *April–Okt. Mo–Fr 9–20, Sa 9–18, So/feiertags 9–16 Uhr, Nov.–März. Mo–Fr 10–18, Sa/So/feiertags 10–14 Uhr, Friedrich-Ebert-Str. 5, 14467 Potsdam, Tel. 0331/27 55 80, Fax 275 58 99, www.potsdam.de (Politik, Wirtschaft, Kultur, Tourismus), www.d-potsdam.de (zur Landeshauptstadt und ihrer Geschichte);* Potsdam-Ticket, *Brandenburger Str. 18, Fax 0331/275 58 89*

GRAN
OTEL

Kontrastprogramm: City Mitte und City West

Die Spaziergänge sind in der Karte auf dem hinteren Umschlag und im Cityatlas ab Seite 116 grün markiert

1 AUF DEN SPUREN DES ALTEN BERLIN

Im Unterschied zu vielen anderen Städten hat Berlin nur sehr wenige Zeugnisse seiner frühesten Geschichte aufzuweisen. Brände, Kriege und die unablässige Abriss- und Bauwut haben wenig übrig gelassen; der Respekt vor der Vergangenheit war und ist bei den Berlinern nicht sehr ausgeprägt. Wer also nachspüren möchte, wie und wo Berlin entstanden ist, der braucht einige Findigkeit, oder er hält sich an den im Folgenden beschriebenen Spaziergang, der etwa zwei bis drei Stunden dauert; denn einiges gibt es schon noch zu sehen, oft ganz abseits der üblichen Touristenwege.

Sie beginnen den Spaziergang am U-Bahnhof Klosterstraße und schauen sich zunächst unmittelbar am Bahnhof das alte Stadthaus (1902–11) und die Parochialkirche an, 1695 bis 1703 von Nering erbaut; der erste barocke Kirchenbau Berlins, ziemlich heruntergekommen, aber nun allmählich wieder restauriert. Zur gleichen Zeit ist auf der anderen Straßenseite das Palais der alten Berliner Familie Podewils entstanden, heute ein Mehrzweck-Club mit dem verballhornten Namen *Podewil*. Zwischen beiden Bauten führt die Parochialstraße auf die Waisenstraße. Da war das mittelalterliche Berlin schon zu Ende, denn das Gasthaus *Zur letzten Instanz (S. 55)* und seine Nachbarhäuser lehnten sich an die alte Stadtmauer, von der rechts und links (Inschrifttafel) noch ein Stück aus dem 13. Jh. zu sehen ist.

Zurück zur Klosterstraße. Schon seit der Mitte des 13. Jhs. siedelten hier die Franziskaner. Ihr »Graues Kloster«, nach dem heute noch ein Berliner Gymnasium benannt ist, wurde im letzten Krieg zerstört. Aber die Klosterkirche ist – nahe der viel befahrenen Grunerstraße – noch als sehenswerte Ruine erhalten: Bis heute zeigen die etwa von 1260 stammenden Mauern die

Ein Hauch von Paris: nostalgischer Eingang zur U-Bahn

Schönheit gotischer Baukunst. Durch die Fenster sieht man das Stadtgericht an der Littenstraße, dem die *Letzte Instanz* ihren Namen verdankt.

Sie gehen dann die Grunerstraße entlang zum Molkenmarkt – linker Hand kurz vor der Spree das 1704 vollendete Palais Schwerin und die ehemalige Münze mit einem Fries von Schadow (Kopie) – und spazieren darauf über die Straße durch die Eiergasse ins *Nikolaiviertel (S. 36)*. Die Nikolaikirche, die in ihren Ursprüngen bis ins Jahr 1232 zurückverfolgt werden kann, war die erste Pfarrkirche Berlins. Sie wurde mehrfach umgebaut und zerstört; heute stammen nur noch die Quadern der Westmauer aus dem Mittelalter. Das Viertel rundum bietet auch nur wenig Originales; geblieben sind vor allem der Straßengrundriss, das Knoblauchhaus von 1761 und das berühmte Ephraim-Palais aus der gleichen Zeit. Die *Gerichtslaube* und der *Nußbaum* sind, wie fast alles hier, nur ungenaue Repliken und gehören zu den vielen Gaststätten, die es hier gibt.

Am Ephraim-Palais beginnt das Spreeufer: jetzt sind Sie schon am östlichen Ende des alten Berlin, denn auf der anderen Flussseite lag Cölln, von dem mittelalterliche Reste nicht mehr vorhanden sind, nur noch überlieferte Namen wie Köllnischer Fischmarkt und Fischerinsel; gleichwohl war hier kein Fischerdorf. Gehen Sie am Spreeufer entlang, vorbei am Denkmal des heiligen Georg von 1855. Auf der gegenüberliegenden Seite der Spree sehen Sie den Marstall. Dann kommen Sie auf die Rathausbrücke, die Sie jetzt überqueren. Die Brücke heißt deshalb so, weil hier im Jahre 1307 Berlin und Cölln ein gemeinsames Rathaus mitten auf der Brücke errichteten. Kurz hinter der Brücke endete auch Cölln schon. Wo heute der Palast der Republik *(S. 31)* steht, entstand ab 1443 zwischen einem Dominikanerkloster und der Spree das Stadtschloss unter Einbeziehung des »Grünen Huts«, eines Turms der Cöllner Stadtmauer. Das Schloss war größer als der Palast. Deshalb kann man an der Nordseite des Schlossplatzes noch ein paar Grundmauern und Kellerräume des Schlosses besichtigen.

Sie gehen nun zügig entlang der Werderstraße, vorbei an der Breiten Straße mit altem Marstall und dem sehenswerten *Ribbeck-Haus (S. 23)* von 1624, das älteste erhaltene Haus von Berlin (also mal hineingehen und anschauen lohnt auch), vorbei auch am ehemaligen *Staatsratsgebäude (S. 31)* hin zum Werderschen Markt mit der *Friedrich-Werderschen Kirche (S. 28)*, 1824 bis 1830 von Schinkel erbaut, im Inneren ein Schinkel-Museum, dessen Besuch eine Unterbrechung des Spaziergangs rechtfertigt. Vor der Kirche wurde eine Ecke von Schinkels berühmter Bauakademie rekonstruiert, die später wieder vollständig errichtet erden soll. Gegenüber liegt das Gebäude der ehemaligen Reichsbank, 1934 bis 1938 erbaut; zu DDR-Zeiten war es Sitz des SED-Zentralkomitees, die eigentliche Machtzentrale des Staates. Nun hat es – ergänzt durch einen wirklich gelungenen Neubau, in dem auch ein öffentlich zugängliches Café eingerichtet werden soll – das Auswärtige Amt aufgenommen.

Weiter geradeaus bekommt die Werderstraße einen neuen Namen: Französische Straße. Rechts sehen

Der Berliner Dom ist nicht nur bei Nacht eine imposante Erscheinung

Sie das von Friedrich II. geschaffene Friedrichsforum von hinten: mit der *St.-Hedwigs-Kathedrale* (1773) *(S. 28)*, der *Königlichen Bibliothek* (1775–80) und der *Staatsoper* (1741–43) *(S. 25)*. Dann biegen Sie links ab in die Markgrafenstraße und stehen am *Gendarmenmarkt*, Berlins schönstem Platz *(S. 30)*.

Es ist aber auch ein Unglücksplatz. 1994 brannte dort die Kuppel des eben im Wiederaufbau befindlichen Deutschen Doms. Der Platz umfasst drei Karrees des regelmäßigen Straßenrasters der ab 1688 angelegten Friedrichstadt. Seinen Namen erhielt er von den Stallungen des Regiments »Gens d'Armes«. Ab 1701 entstanden dort eine lutheranische und die französisch-reformierte Kirche der Hugenotten, dazwischen wurde ein »Französisches Comödienhaus« erbaut. Vor die beiden unterschiedlichen Kirchen baute Gontard 1780 bis 1785 zwei identische Kuppeltürme (Kuppel heißt *dôme*), und schon bei den Bauarbeiten stürzte der Turm des Deutschen Doms ein, als ein Trompeter des Regiments offenbar etwas ungestüm zum Wecken blies – seitdem nannten die spöttischen Berliner das Gebäude »Jericho-Kirche«. 1881 musste der Dom wegen Baufälligkeit ganz abgetragen und neu errichtet werden.

Im Jahre 1800 baute Langhans ein neues Schauspielhaus, aber schon 1817 brannte es vollständig ab. Auf dem Spielplan stand gerade »Undine« von E. T. A. Hoffmann, der hier am Platz auch wohnte. Auf den Grundmauern der Ruine – aus Sparsamkeit – erbaute dann Schinkel das jetzige Schauspielhaus. Aber auch im letzten Krieg sind Schauspielhaus und beide Dome noch einmal ausgebrannt und erst Jahrzehnte später wiederhergestellt worden.

Nun gehen Sie nördlich die Charlottenstraße entlang bis zu Berlins Boulevard *Unter den Linden (S. 24)*, gehen vorbei an Staatsbibliothek (1903–14) und Prinz-Heinrich-Palais (Boumann 1748 bis 66), heute Sitz der Humboldt-Universität. Gegenüber liegt der Opernplatz mit dem Friedrichsforum, das Sie nun von vorne sehen. Auf dem Mittelstreifen der Straße steht ein Denkmal für Friedrich II. von Christian Daniel Rauch.

Neben der Universität befindet sich Schinkels *Neue Wache* (1817/18), einem römischen Castrum nachgebildet; wegen Geldmangels wurden die Rück- und Seitenwände nur in Backstein aufgemauert; innen ein Mahnmal mit einer vergrößerten Kollwitz-Plastik. Noch vor dem Zeughaus biegen Sie links ein, sehen das Palais am Festungsgraben, einst Preußisches Finanzministerium (1863/64), das als Singakademie 1824 bis 1827 errichtete *Maxim-Gorki-Theater (S. 89)*, und überqueren zwischen Schinkels Altem Museum (1823–29), Stülers Neuem Museum (1841–46; im Wiederaufbau) und Stracks Nationalgalerie (1866–76) die *Museumsinsel (S. 47)*. Von der Friedrichsbrücke haben Sie einen schönen Blick auf den *Berliner Dom (S. 27)*.

Auf der anderen Spreeseite gehen Sie von der Burgstraße rechts in die Spandauer Straße: Da ist ein Universitätsgebäude, auf dessen Gelände im 13. Jh. das Heiliggeist-Spital war. Aber die *Heiliggeist-Kapelle* aus dem späten 13. Jh. blieb – oft übersehen – als Bestandteil der neuen Gebäude erhalten. Insider Tipp

Von der Spandauer Straße aus sehen Sie den *Neptunbrunnen* (Begas 1891) *(S. 26)* und gehen an ihm vorbei zur *Marienkirche (S. 28)*, die nach der Vergrößerung Berlins um 1270 als zweite Pfarrkirche der Stadt erbaut wurde und einst von

Ausflugsboot auf der Spree in Höhe der Museumsinsel

Bürgerhäusern eng umstellt war. Der Rundgang ist nun fast am Ende. Wollen Sie sich vorstellen, wo das mittelalterliche Berlin im Nordosten endete, dann müssen Sie sich an Stelle der S-Bahn einen dritten Spreearm denken, denn nicht nur Cölln, auch Berlin lag einst auf einer Insel.

Falls Sie nicht so gut zu Fuß sind, können Sie an der *Schlossbrücke (S. 26)* ein Schiff zu einer kürzeren oder längeren Rundfahrt besteigen und Berlin aus einer ganz ungewohnten Perspektive erleben.

2 DIE WESTLICHE CITY

Der zweite Spaziergang ist nicht kürzer, aber diesmal nicht historisch. Er beginnt und endet am Wittenbergplatz an Berlins Konsumtempel KaDeWe. Dauer: 2 bis 3 Stunden.

Ihre erste Station ist das *Europa-Center (S. 61)*. Sie gucken hinein und werden beeindruckt von der Fülle der mehr oder weniger luxuriösen Geschäfte und Restaurants. Durch einen Seitenausgang kommen Sie in die auch von der Tauentzienstraße zugängliche Mini-City mit Boutiquen und weiteren Bistros sowie einem Kino. Sie gehen dann über den Breitscheidplatz mit der *Kaiser-Wilhelm-Gedächtniskirche (S. 28)* weiter zum *Kurfürstendamm (S. 24)* mit seinen (heute nicht überall mehr) noblen Läden und Cafés. Den Ku'damm bummeln Sie ganz in Ruhe entlang. An der Bleibtreustraße biegen Sie rechts ein: Hier ist so richtig Berliner Szene, witzige Boutiquen, Kneipen, Krimskramsläden. Noch spannender wird es gleich hinter der S-Bahn rechts: unter den S-Bahn-Bögen (Insider Tipp) weitere Geschäfte, Buchläden, Lokale. Das gleiche Bild am Savignyplatz. Und wer will, kann noch einen Abstecher durch die Carmerstraße zum Steinplatz machen, auch hier ist eine ähnliche Szene, nur etwas ruhiger. Studenten der nahen Technischen Universität treffen sich im *Café am Steinplatz* mit dem gleichnamigen Kino *(S. 81)*.

Zurück gehen Sie in die Passage zwischen Grolmann- und Uhlandstraße: wieder unter dem S-Bahn-Viadukt Läden mit Büchern, CDs, Textilien und weitere Restaurants, das *Carpe Diem (S. 58)* zum Beispiel.

Nach einem Schwenk über die Kantstraße spazieren Sie die Fasanenstraße entlang: zunächst links das *Jüdische Gemeindehaus,* 1975 bis 1995 erbaut an der Stelle der 1938 von den Nazis zerstörten Synagoge, deren erhalten gebliebenes Portal in den Neubau integriert wurde. In der Eingangshalle eine 1785 geschaffene Büste von Moses Mendelssohn, dem Aufklärer, der für die Emanzipation der Juden stritt.

Danach rechts ein *Trödelmarkt,* dann das *Kempinski Hotel Bristol (S. 68)*, und – nach Überquerung des Kurfürstendamms – Berlins edelste Geschäfte und das Wintergartenensemble mit *Kollwitz-Museum (S. 44)* und *Villa Grisebach (S. 56)*. Dann links ein Stück Lietzenburger Straße und wieder links in die Meinekestraße mit ihren schönen alten Gründerzeithäusern bis zum Kurfürstendamm. Den und die Tauentzienstraße bummeln Sie auf der anderen Seite als beim Hinweg entlang bis zum Ausgangspunkt.

269
267
268
264
163

Seen, Parks und Schlösser

Berlin ist überaus vielfältig, aber auch in der Umgebung gibt es viel zu entdecken

Obwohl Berlin überaus vielfältige Möglichkeiten für Erholung, Besichtigungen und Kultur bietet, lohnt sich doch auch ein Abstecher zu den grünen Rändern der Stadt oder ein Tagesausflug in das weitere Umland. Berlin liegt inmitten einer schönen und weitgehend unzerstörten Wald- und Seenlandschaft, und Zeugnisse aus dem Mittelalter sowie Schlösser und Parks finden sich an vielen Orten.

WANNSEE

[138 C4] Berlins bekanntester See ist eine Ausbuchtung der Havel. Rund 260 Hektar umfasst der Große Wannsee, viele Yacht- und Segelclubs liegen an seinem Ufer, aber auch das beliebte Strandbad Wannsee, das 1907 als erste öffentliche Badestelle Berlins eröffnet wurde. Ausgangspunkt für Schiffsfahrten und Wanderungen ist der S-Bahnhof Wannsee. Der Ausflug dauert 4 bis 5 Stunden.

Direkt gegenüber dem S-Bahnhof geht es ein paar Stufen hinab zur *Dampferanlegestelle*. Von hier aus können Sie verschiedene Touren mit Ausflugsschiffen unternehmen – das ist die bequemste und beste Möglichkeit, den Wannsee kennen zu lernen. Sie können aber auch rechts entlang die Straßen *Am Sandwerder*, *Kronprinzessinnenweg* und *Badeweg* zum *Strandbad* laufen *(Buslinie zum Bad 513)*, dem größten Binnenstrandbad Europas, eine sehenswerte Anlage aus den Jahren 1929/30. Der Wannseebadweg führt zur *Insel Schwanenwerder*. Goebbels und Speer haben hier gewohnt; heute residiert an dieser Stelle das Aspen-Institut.

Links von der Schiffsanlegestelle kommen Sie über die Wannseebrücke zur Straße Am Großen Wannsee. Hier stehen zahlreiche Villen, in denen zum Teil prominente Sportclubs ansässig sind, aber auch das ehemalige Sommerhaus des Malers *Max Liebermann* (Nr. 42) und das *Haus der Wannseekonferenz* (Nr. 56–58, *S. 42*) liegen hier. Weiter geht es zur Landzunge Heckeshorn mit dem *Flensburger Löwen*, der an den deutsch-dänischen Krieg erinnert, und dann direkt am Havelufer entlang bis zur *Pfaueninsel (S. 32)*. Überall an den Wegen gibt es passable Restaurants.

Im Strandbad Wannsee herrscht im Sommer viel Betrieb

MÜGGELSEE

[139 E4] Der größte See Berlins ist mit 740 Hektar der Große Müggelsee, umgeben von großen Waldgebieten und den Müggelbergen. Der Große Müggelberg ist mit 115 m die höchste natürliche Erhebung Berlins; auf dem Kleinen Müggelberg (92 m) steht der 29 m hohe Müggelturm, der eine weite Aussicht auf Berlin und das Umland bietet. Anfahrt S-Bahnhof Friedrichshagen. Ausflugsdauer: 5 bis 6 Stunden

Vom S-Bahnhof aus gehen Sie durch die Bölschestraße mit zum Teil schönen alten Häusern – *Friedrichshagen* wurde von Friedrich II. als Kolonistendorf angelegt – weiter durch die Josef-Nawrocki-Straße zum *Müggelpark*. Schon sind Sie an einer Schiffsanlegestelle, von der aus man kürzere oder auch recht weite Fahrten unternehmen kann. Auch an anderen Stellen des Müggelsees legen die Schiffe an, gut für eine Unterbrechung zum Spaziergang oder eine Einkehr in den Ausflugsgaststätten am See. Vom Müggelpark ab geht auch der 120 m lange Tunnel unter der Spree, der zu einem langen Uferweg am See führt. Dort gibt es etliche Badestellen und Restaurants mit Biergärten. Vom *Wirtshaus Rübezahl* (Schiffsanlegestelle) führt ein Weg durch den Wald über den Müggelheimer Damm (Parkplatz) zum *Teufelssee*, an dem ein Naturlehrpfad beginnt, und weiter zum Müggelturm. Man kann auch weiter am Ufer entlang gehen bis zum *Kleinen Müggelsee*. Vom dortigen *Wirtshaus Neu Helgoland* fahren Schiffe zurück nach Friedrichshagen.

RHEINSBERG

[0] Ein Legende gewordenes Schloss: Friedrich II. verbrachte hier seine schönsten Jahre, sein Bruder Prinz Heinrich sein halbes Leben. Theodor Fontane machte es in seinen »Wanderungen« berühmt, und Kurt Tucholsky mit seiner romantischen Liebesgeschichte bekannter als je zuvor. Der etwa 90 km lange Weg nach Rheinsberg führt über die Autobahn Richtung Hamburg, Abfahrt Neuruppin, dann weiter über Alt-Ruppin und Köpernitz. Der Parkplatz am Südrand der Altstadt ist gut ausgeschildert. Tagesausflug

Das *Schloss*, ursprünglich ein Wasserschloss aus dem 16. Jh., liegt auf einer Insel und ist vom Triangelplatz her – hier gibt es Restaurants, Buchstände und Kutschfahrten – nur über eine Holzbrücke zugänglich. Nach harten Jahren und bitteren Auseinandersetzungen mit dem Vater kam Kronprinz Friedrich, in den Augen von Friedrich Wilhelm I. nur ein »Querpfeifer und Poet«, 1736 hierher und verlebte bis zur Thronbesteigung 1740 seine glücklichsten Jahre, frönte der Kunst und Philosophie, schrieb seinen »Antimachiavell«, ließ das Schloss von Knobelsdorff umbauen und von Antoine Pesne ausmalen: Hier begann, was später in Potsdam als friederizianisches Rokoko vollendet wurde – »comme à Rheinsberg« schrieb Friedrich in die Baupläne von Sanssouci.

Friedrich lebte nur vier Jahre hier; sein 15 Jahre jüngerer Bruder Heinrich, der das Schloss 1744 übereignet bekam, ein halbes Jahrhundert, von 1752 bis zu seinem Tode 1802. Man vergnügte sich mit Musik und

Kleinod im Märkischen: Schloss Rheinsberg

Theater, nahm nach der Französischen Revolution Emigranten auf, sprach und kleidete sich französisch – Heinrich blieb der ewige Rokokoprinz. Gleichwohl finden sich im Schloss Elemente des Rokoko und des Klassizismus nebeneinander – Schinkel empfand den Stil des Schlosses als unrein.

Das gilt auch für den *Garten*. Direkt am Schloss mit Freilichttheater, Hecken, Rondells und Grotten noch ganz dem Rokoko verhaftet, geht er unmerklich in einen Landschaftsgarten und in den Boberowforst über. Etwas versteckt neben dem Orangerieparterre findet sich das Pyramidengrab von Heinrich, mit einer von ihm verfassten französischen Inschrift. Geht man weiter um den See herum, gelangt man zu einem Obelisken, mit dem Heinrich einst seinen Bruder August Wilhelm und alle die ehren wollte, die sein königlicher Bruder nicht genügend gewürdigt hatte. Die Portraitmedaillons wurden zu DDR-Zeiten herausgebrochen. Von hier eine wunderbare Aussicht auf den Rheinsberger See und das Schloss.

Der Ort *Rheinsberg* war 1740 fast vollständig niedergebrannt und wurde von Knobelsdorff nach einem rechteckigen Raster völlig neu angelegt. Die einheitliche Bebauung ist noch zum großen Teil erhalten, und die Straßen wurden so breit gestaltet, dass ein Feuer nicht mehr von einem zum anderen Karree überspringen konnte.

Insider Tipp

Im *Schlosstheater*, aber auch im Park gibt es öfter Aufführungen der Kammeroper und der Musikakademie Rheinsberg. Auskünfte: *Tel. 033931/72 10. Touristinformation Rheinsberger Seenkette, Tel. 033931/20 59*

CHORIN/NIEDERFINOW

[O] Nicht weniger als 19 Niederlassungen hatten die Zisterzienser in der Mark Brandenburg. Das imposanteste ihrer Klöster ist, sogar noch als Ruine, Kloster Chorin,

gegründet Mitte des 13. Jhs. Im Sommer finden hier außerordentlich beliebte und gut besuchte Konzerte statt, aber auch ohne Musik lohnt die Besichtigung – und die Stille im Klosterhof. Nicht weit davon entfernt ist das über 60 Jahre alte gigantische Schiffshebewerk Niederfinow, das immer noch seinen Dienst tut. Nach Kloster Chorin kommt man mit der Bahn (Bahnhof »Chorin Kloster«, nicht »Chorin«), oder mit dem Auto über Berliner Ring, A11 Richtung Stettin, Ausfahrt Eberswalde, von dort B2 Richtung Angermünde. Tagesausflug

Vor 900 Jahren kämpfte der Abt Robert von Molesme um die Einhaltung der strengen Regeln des Mönchstums, gegen Prunk und hohle Formen, und gründete das Reformkloster Cîteaux. Unter Bernhard von Clairvaux entwickelte sich der neue Orden der Zisterzienser zu einem geistigen Mittelpunkt Europas, aber auch Neuerungen in Landwirtschaft und Handwerk wurden gefördert. Wichtige Zisterzienserklöster östlich der Elbe waren Zinna und Lehnin, die heute noch bestehen und einen Besuch wert sind. Lehnin gründete drei weitere Klöster, darunter *Chorin*, das von 1273 bis 1334 erbaut wurde. Es wurde zum bedeutenden wirtschaftlichen Zentrum im Osten der Mark und besaß 5000 Morgen Land sowie 11 Mühlen. Als 1539 Kurfürst Joachim II. zum Protestantismus übertrat, wurde das Kloster säkularisiert, das Land ging in kurfürstlichen Besitz über. Im 17. und 18. Jh. diente das Kloster als Viehstall, Speicher und – Steinbruch. Zum Retter der immer noch bedeutenden Reste wurde Karl Friedrich Schinkel, der Anfang des 19. Jhs. den künstlerischen Wert der Bauwerke erkannte und der Zerstörung Einhalt gebot. Weil es in Brandenburg, anders als in Frankreich, Italien oder auch im Westen Deutschlands, an Natursteinen fehlte, wurden hier Ziegelbauten errichtet, die Ziegel im so genannten Klosterformat, größer als herkömmliche Bausteine. So wurde Chorin zu einem der bedeutendsten Zeugnisse der norddeutschen Backsteingotik, deren Schönheit und Einzigartigkeit noch heute sichtbar ist. Besonders sehenswert sind die Kapitelle im Kreuzgang, das Maßwerk der Fenster und vor allem die Westfassade, die zu den schönsten Schöpfungen der märkischen Backsteinkunst gehört. Trotz der großen Verluste – südliches Seitenschiff der Klosterkirche, Südflügel, ein Teil der Kreuzgänge und Wohngebäude sind verloren – reicht das Vorhandene aus, um sich die Lebensbedingungen der mittelalterlichen Mönche zu vergegenwärtigen. Im Kloster finden im

Klosterkirche Chorin

Sommer regelmäßig sehr beliebte Konzerte statt. Insider Tipp *Choriner Musiksommer,* *Tel. 03334/65 73 10*

Es gibt viele Wanderwege, die von Chorin ausgehen. Eine kurze Wanderung führt um den stillen Amtssee in unmittelbarer Nähe des Klosters. Direkt durch den Wald verläuft auch ein befahrbarer Weg in Richtung Liepe. Vor Liepe sollten Sie aber südlich abbiegen zum Schiffshebewerk *Niederfinow* (ca. 10 km), das einen Besuch lohnt: Das technische Denkmal erlaubt es Schiffen bis zu 1000 Tonnen, die 36 m Niveauunterschied zwischen Havelkanal und Oder in fünf Minuten zu überwinden. In einem 85 m langen Trog werden Schiffe verschiedenster Größe an 256 Drahtseilen wie in einem Fahrstuhl transportiert. Das sieht man besonders gut vom Besucherumgang auf der Kanalbrücke, von dem man auch weit ins Oderbruch schauen kann.

WÖRLITZ

[O] Schon in Sachsen-Anhalt, aber noch mit einem Tagesausflug im Auto gut zu erreichen, liegen Park und Schloss Wörlitz. Das ist ein einzigartiger Landschaftsgarten, der schon zur Zeit seiner Entstehung die Bewunderung der Zeitgenossen erweckte. Er ist Ausdruck der damligen Bemühungen im Fürstentum Anhalt-Dessau um eine Einheit von Kultur, Wohlstand und Bildung in einem »wohladministrierten und zugleich äußerlich geschmückten Lande« (Goethe). Man verlässt die Autobahn Richtung Leipzig (A 9) bei Coswig, fährt durch die Stadt zur Elbfähre und gelangt dann vom anderen Ufer unmittelbar nach Wörlitz. Tagesausflug

Der *Park* und seine Bauten sind eine Schöpfung des Fürsten Leopold III. Friedrich Franz von Anhalt-Dessau, allgemein nur »Vater Franz« genannt, und seines Ministers Friedrich Wilhelm von Erdmannsdorf. Gemeinsam hatten sie England und Italien bereist und waren von englischen Landschaftsgärten und Raumausstattungen ebenso beeindruckt wie von den Bauten Andrea di Palladios, aber auch von Jean-Jacques Rousseaus Bestrebungen »Zurück zur Natur«. 1763 begannen die Arbeiten am Garten, 1769 der Bau des Schlosses, und allmählich wurde das ganze kleine Fürstentum zu einem profitablen Mustergut. Das *Schloss* begründete den Klassizismus in Deutschland. Am Werk beteiligt waren Erdmannsdorf als Architekt, italienische Stuckateure und Maler sowie deutsche Tischlermeister, die in England das Chippendale gelernt hatten. Aber auch die Neogotik nahm hier mit dem *Gotischen Haus* ihren Ausgang, orientiert am englischen Tudorstil. Die 112 Hektar große Anlage am lang gestreckten Wörlitzer See ist voller Tempel, Grotten, Inseln, Kanäle, Pavillons und Büsten, überraschend sich öffnender Sichtachsen und auf verschiedenste Art gestalteter Brücken. Immer wieder bieten sich reizvolle Ausblicke von oft symbolischer Bedeutung. Man kann mit Gondeln fahren und sich mit Fähren zu den Inseln übersetzen lassen. Auf der *Rousseau-Insel* findet sich eine Nachbildung der Grabstätte des französichen Philosophen.

Vor der Rückfahrt lohnt die neugotische, 1805 bis 1809 errichtete *Stadtkirche* von Wörlitz noch einen Besuch.

Angesagt!

Was Sie wissen sollten über Trends, die Szene und Kuriositäten in Berlin

Bladeparade

Nachdem die Blade Night den Veranstaltern über den Kopf gewachsen war, gibt es momentan nur noch einmal monatlich die Berlin-Parade für Inline-Skater. Treffpunkt ist der Alexanderplatz. Es geht auf wechselnden Strecken 25 km durch Berlin. Es wird ein hohes Tempo vorgelegt, die Ampeln schalten auf Gelb, und wer nicht mithält, wird von der begleitenden Polizei ausgemustert. Termine unter *www.berlinparade.de* und *www.Bladen.de*.

WMF

Das WMF ist einer der angesagtesten Clubs von Berlin, der seine Geburtsstunde im verlassenen Haus der Württembergischen Metallwaren-Fabrik erlebte – daher der Name. Heute gibt es einen Dancefloor und eine Lounge, Musikrichtung House, Drum&Bass, Breakbeat und Elektro, Diskussionsrunden und visuelle Medien. Nur, die Kultdisko zieht am laufenden Band um und ist mittlerweile am fünften Standort angelangt: Ziegelstr. 23 in Mitte. Sicherheitshalber vorher erkundigen: *Tel. 28 38 88 50, www.wmfclub.de*.

Dr. Seltsams Frühschoppen

Dr. Seltsam ist ein ehemaliger Lehrer, der mit seinem bei Stanley Kubrick entlehnten Namen eine wahrlich seltsame Karriere ge-

macht hat und als Literaturpapst des Underground gilt. Jeden Sonntagvormittag stellt er in der Kalkscheune die ambitioniertesten Möchtegern-Schriftsteller vor, die sich mit ihren schrillen literarischen Produkten und schrägen Auftritten vor ein belustigtes Publikum wagen. Auch sonst ist die »Kalke« für allerhand Events berühmt *(Mitte, Johannisstr. 2)*.

Kaffee Burger

Der großblumige DDR-Schick der 1950er-Jahre ist das ideale Ambiente für die legendäre Russendisko, die einmal im Monat hier stattfindet. Wladimir Kaminer, der auch eine eigene Radiosendung bei SFB 4 hat, und Gurzhy legen russische Hits auf, und meist gibt es ein spezielles Thema, »Kosmonauten« z. B. – Ostalgie hoch drei! Ab und zu gibt's auch die »Russische Zelle«, eine Verballhornung von »Russische Seele« mit Livemusik, Film, Literatur zu abgefahrenen Themen *(Mitte, Torstr. 60, Tel. 28 04 64 95, www.kaffeeburger.de)*.

Von Anreise bis Wetter

Hier finden Sie kurz gefasst die wichtigsten Adressen und Informationen für Ihre Berlin-Reise

ANREISE

Berlin ist von überall her gut zu erreichen. Da aber derzeit die Bahnen und auch viele Bahnhöfe saniert und alte Verbindungen wieder hergestellt werden, gibt es oft unerwartete Umleitungen.

Flugzeug
Innerdeutsche Linienflüge sowie Flüge aus West- und Nordeuropa, Moskau und Warschau kommen in Tegel an; Regionalflüge und Flüge aus einigen europäischen und deutschen Städten auch in Tempelhof, das seit März 2001 auch von der Lufthansa wieder angeflogen wird. In Schönefeld landen v. a. Charterflüge, Flüge aus Ost- und Nordeuropa, dem Mittelmeerraum, aber auch aus einigen süd- und westeuropäischen Hauptstädten. Tegel und Schönefeld haben beträchtliche Kapazitätsprobleme und sollen ausgebaut werden.

Die Buslinie 109 fährt von Tegel zum Zoo, die Linie X 9 zum Hotelviertel Budapester Straße. In Schönefeld gibt es einen S-Bahnhof.

Bahn
Es gibt keine Kopfbahnhöfe in Berlin, Züge aus allen Richtungen passieren mehrere Bahnhöfe. Züge aus dem Norden, Westen und dem Süden halten meist in den Bahnhöfen Zoo, Friedrichstraße und Ostbahnhof am Friedrichshain, Züge aus Osteuropa und den neuen Bundesländern kommen in Schönefeld oder auf dem Ostbahnhof an und enden in Lichtenberg, sofern sie nicht nach Westeuropa gehen.

Omnibus
Fernbusse verbinden die Großstädte und die wichtigsten Kur- und Ferienorte Deutschlands mit Berlin. Sie sind eine preiswerte Reisemöglichkeit. Der zentrale Omnibusbahnhof liegt an der Masurenallee nahe dem Funkturm.

Auto
Alle Autobahnen führen über den Berliner Ring in die City. Die Stadtautobahnen sind gut ausgeschildert.

AUSKUNFT VOR DER REISE

Berlin Tourist-Information
10787 Berlin, *Europa Center (Eing. Budapester Straße), Mo–Sa 8–22, So 9–21 Uhr, U-Bahn: Kurfürstendamm, Zoologischer Garten*
Brandenburger Tor, *Pariser Platz, Südflügel, tgl. 9.30–18 Uhr*

Hotline: *25 00 25, Mo–Fr 8–20, Sa/So 9–18 Uhr; Fax 25 00 24 24*
Flughafen Tegel, *Infopoint, tgl. 5 bis 22.30 Uhr, Bus: 109, 128, X9*
Postanschrift: *Berlin Tourismus Marketing GmbH, Am Karlsbad 11, 10785 Berlin*
Internetinfo: *www.berlin.de, www.berlin-info.de, www.berlin-tourism.de*
Reservierung und Anfragen: *Reservation@bEm.de*

AUSKUNFT IN BERLIN

Telekom-Komfortauskunft: Bereitschaftsdienste, usw. *Tel. 011 89*
Flughäfen, Information: *Tel. 0180/ 500 01 86*, Deutsche Lufthansa, Auskunft und Platzbuchung: *Tel. 01803/ 80 38 03*
Omnibusbahnhof: *Tel. 301 03 80*
Deutsche Bahn AG: *Tel. 01805/ 99 66 33*

EURO

Bei Redaktionsschluss waren noch nicht alle Euro-Preise festgesetzt. Wir haben die Preise deshalb in manchen Fällen auf- bzw. abgerundet. In der nächsten Auflage finden Sie dann wieder wie gewohnt die exakten Preise.

FUNDBÜROS

Polizei **[136 A4–5]**
Tempelhof, Platz der Luftbrücke 6, Tel. 699-5, U-Bahn: Platz der Luftbrücke

Deutsche Bahn/S-Bahn **[119 E2]**
Mitte, Hackescher Markt, Tel. 29 72 96 12

BVG **[139 D4]**
Tempelhof, Lorenzweg 5, Tel. 25 62 30 40

INTERNET

Viele Hotels, Kultureinrichtungen und Restaurants haben inzwischen eigene Website – die Qualität ist höchst unterschiedlich. Allgemein informieren kann man sich bei:
www.BerlinOnline.de
www.kulturberlin.de
www.berlinportal.de
www.messeportal.de

INTERNETCAFÉS

Insider Tipp
Hai Täck **[134 A6]**
Hausgemachte Bouletten, Bratkartoffeln, Gemüseauflauf und 16 PC-Stationen – sehr gemütlich; auch Kurse für Einsteiger. *Tgl. 11–1 Uhr, 6 Euro pro Stunde, Schöneberg, Brünnhildestr. 8, Tel. 85 96 14 13, www.haitaek.de, U- und S-Bahn: Bundesplatz*

Surf & Sushi **[118 C1]**
Kombinierte Sushi- und Cocktailbar mit 40 Internetterminals. *Mo–Sa 12–1, So 13–2 Uhr, 3 Euro für 30 Min., Mitte, Oranienburger Str. 17, Tel. 28 38 48 98, www.surftrade.de, S-Bahn: Hackescher Markt*

LITERATURHINWEISE

Den großen Berliner Wenderoman gibt es noch nicht, aber viele spannende Bücher, die anschaulich von dieser Stadt erzählen. Cees Nooteboohm, »Allerseelen«: Ein Holländer läuft mit einer Kamera durch Berlin und verliebt sich in eine exotische Frau – ein kluges Buch! Wladimir Kaminer, »Russendisko«: Ein Russe findet in Berlin alles komisch, und das Komische – es ist tatsächlich komisch. Barbara Sichtermann, »Fremde in der Nacht«: Ein U-Bahn-Freak lernt eine junge Streunerin kennen, die sein Leben durcheinander bringt. Peter Schneider, »Eduards Heimkehr«: Ein Alt-68er erbt ein besetztes Haus – was nun? Manfred Hamm, »Berlin«: brandneuer Bildband eines sensiblen Berlin-Kenners.

NOTARZT

Ärzte-Notfalldienst Tag und Nacht, *Tel. 31 00 31*
Arztruf, *Tel. 197 20*
Zahnärztlicher Bereitschaftsdienst, *Tel. 89 00 43 33*
Rettungsdienst Süd/Nord, *Tel. 192 00*
Telefonseelsorge, *Tel. 0800/ 111 01 11*

NOTRUFE

Polizei: *110;* Feuerwehr: *112*
ACE-Pannendienst: *01802/ 34 35 36*
ADAC Pannenhilfe: *01802/ 22 22 22*
ADAC-Service: *01805/10 11 12*
Frauenkrisentelefon: *615 42 43, 615 75 96*
Giftnotruf: *192 40*

ÖFFENTLICHE VERKEHRSMITTEL

Die öffentlichen Verkehrsmittel in Berlin sind schnell, sauber und sicher, sofern man nachts leere Waggons meidet. Die Verkehrsbetriebe sind bis ins Umland hinein aufeinander abgestimmt. Die S-Bahn wurde als selbstständiger Betrieb der Bundesbahn angegliedert. Die Berliner Verkehrsbetriebe (BVG) betreiben die U-Bahn und die Omnibuslinien sowie ein Straßenbahnnetz.

Im Bereich der BVG verkehren die U-Bahnen und Busse von etwa 4 bzw. 4.30 Uhr bis zwischen 0.15 und 1 Uhr, S-Bahnen bis 23.30 bzw. 1.30 Uhr. Von 1 bis 4 Uhr fahren Nachtbusse. Freitag- und Samstagnacht fährt die U-Bahn der Linien 12 und 9 durchgehend. An allen Haltestellen und Bahnhöfen sind Linienführung und Zeiten angegeben.

Es gibt drei Tarifgebiete. A: Innenstadt innerhalb des S-Bahnrings, B: ganz Berlin bis knapp über den Stadtrand, C: Umland bis Potsdam. Einzelfahrschein 2, Tageskarte ca. 4 Euro. Günstig ist auch die so genannte *Welcome Card* (für 72 Stunden) für 16 Euro, mit der man auch verbilligt in Museen kommt. Tageskarten können nach dem Lösen bis 3 Uhr nachts genutzt werden. BVG-Kundendienst, Tarifauskunft: *Tel. 194 49*

Berliner Verkehrs-Betriebe **[135 D3]**
Schöneberg, Potsdamer Str. 188, Tel. 256-0, U-Bahn: Kleistpark

PARKHÄUSER

Parken wird in der Innenstadt immer schwieriger. Wer zu dreist parkt, wird abgeschleppt, und das kostet dann rund 125 Euro. In vielen Bereichen gilt jetzt ein »Parkraumbewirtschaftungskonzept«, das Parken kostet 1 bis 2 Euro je Stunde; dort findet sich eher mal eine Parklücke. Die großen Hotels haben meist eigene Parkgaragen. Außerdem gibt es vor allem in der West-City etliche Parkhäuser, in denen man meist auch Platz findet; so in der Uhlandstraße, der Kantstraße, der Fasanenstraße und hinter dem Europa Center. Die erste Stunde kostet gewöhnlich 2 Euro, ein ganzer Tag 10 Euro und mehr.

SCHWIMMBÄDER

Frei- und Hallenbäder gibt es in allen Bezirken. Die beliebtesten Freibäder sind das *Olympia-Schwimmstadion, Olympischer Platz 3;* das *Freibad Müggelsee, Fürstenwalder Damm 838;* das *Freibad Neukölln, Columbiadamm 113–119;* das *Sommerbad Wilmersdorf, Forckenbeckstr. 14; Sommerbad Pankow, Am Schlosspark,* und das *Strandbad Wannsee, Wannseebadweg 25.*

STADTRUNDFAHRTEN

Die üblichen Sightseeingtours zu den bekannten Sehenswürdigkeiten bieten etliche Busunternehmen, die fast alle ihre Abfahrtsstellen am Kurfürstendamm gegenüber der Gedächtniskirche haben, einige auch am Alexanderplatz. Hier kostet die kleine Tour 15, die große 20 und die Potsdam-Tour 30 Euro.

Interessanter sind Stadtbesichtigungen mit Themenschwerpunkten wie Berlin um 1800, Literaturstadt, Modestadt, Regierungsbauten. *Stattreisen, Tel. 455 30 28; Schölzel, Tel. 395 97 99; Kulturbüro Berlin* (Architektur); *Tel. 444 09 36, Art Berlin* (Salons, Galerien, Mauerspaziergänge), *Tel. 28 09 63 90.* City Guide arrangiert individuelle Touren zu Lande, zu Wasser und in der Luft – in zwölf Sprachen, *Tel. 03329/61 43 97.*

Neben den schönen Schiffsausflügen über die Havel oder die Potsdamer Havelseen lohnt sich auch eine Fahrt über die Berliner Kanäle und Flüsse, Berlin von hinten sozusagen, mit kulturhistorischen Erläu-

sertaxi, Tel.
Schifffahrt, Tel. 345 77 83.

Eine preiswerte Art der Stadtbesichtigung ist eine Fahrt auf dem Oberdeck der Busse 100 und 200, Abfahrt Bahnhof Zoo. Lohnend ist auch eine Fahrt mit einem Panoramazug der S-Bahn, Mai–Mitte Okt. Sa und So, Info über Abfahrten: *Tel. 29 71 98 43, www.s-bahn-berlin. de.*

Insider Tipp

TAXI

Der Kilometerpreis beträgt 1,50 Euro für die ersten sieben Kilometer und ein Euro für jeden weiteren Kilometer. Festpreis für eine Fahrt vom Flughafen Tegel in die West-City 15, in ie Ost-City 20 Euro. Taxiruf:
Funk Taxi: 26 10 26; Spree Funk: 44 33 22; Taxi Funk: 690 22; Würfelfunk: 21 01 01

TELEFON & HANDY

Die meisten Telefonzellen in Berlin sind Kartentelefone; eine Telefonkarte lohnt sich. Etliche Zellen haben eine Einrichtung, mit der man kostenlos Polizei oder Feuerwehr erreichen kann. Vorwahl nach Berlin 030, Vorwahl nach Österreich 0043, in die Schweiz 0041.

THEATER- & KONZERTKARTEN

In den besseren Hotels besorgt man Ihnen gern Karten, aber wenn Sie noch am selben Abend die Berliner Philharmoniker hören wollen, passt selbst der cleverste *Clerk.* Da sollte man unbedingt vorbestellen.

Theaterkassen nehmen einen Aufschlag von 10 bis 15 Prozent auf den Kartenpreis. Die *Kant-Kasse* ist auf Jazzkonzerte spezialisiert, von denen andere nicht einmal eine Ahnung haben.
KaDeWe Showtime: Tel. 217 77 54, Fax 80 60 29 22; Kant-Kasse: Tel. 313 45 54, Fax 312 64 40; TAKS (verschickt auch per Post), Tel. 341 01 33, 341 02 03, Fax 341 31 64; Telef. Kartenversand: *Koka 36, Tel. 615 88 18, 615 89 18, Fax 615 87 19, www.icf.de/koka36*
Berliner Festspiele: Tel. 25 48 90, Fax 25 48 91 11, www.berlinerfestspiele.de, Infoladen: Budapester Str. 48, Tel. 25 48 92 50; Brandenburgische Sommerkonzerte: Tel. 89 04 34-0, Fax -40; Glienicker Schlosskonzerte: Tel. 805 30 41; Kindermusiktheater e. V.: Tel. 61 60 95 43

Wein	**3–4 Euro**	für ein Glas Wein
Wasser	**2–3 Euro**	Flasche im Restaurant
Benzin	**1 Euro**	für einen Liter Super
Busfahrt	**2 Euro**	für eine Busfahrkarte

TRINKGELD

In Restaurants und Cafés gelten Inklusivpreise, doch wenn das Essen annehmbar und die Bedienung nett ist, sollten Sie etwa fünf bis zehn Prozent Trinkgeld geben. Im Taxi sind auch etwa zehn Prozent angebracht. Garderobieren werden seltener verwöhnt, aber 50 Cent oder ein aufgerundeter Betrag verbessern die Laune. Beim Friseur und im Hotel gibt man für Dienstleistungen ein bis zwei Euro, in besseren Hotels entsprechend mehr.

VELOTAXIS

Das ganz neue Taxigefühl, für alle, die keine Eile haben: Mit der Fahrradrikscha können Sie sich umweltfreundlich für 3 bis 8 Euro auf drei Strecken durch die Stadt kutschieren lassen: Adenauerplatz bis Wittenbergplatz, Europa Center bis Pariser Platz, Pariser Platz bis Alexanderplatz. *Tel. 0172/328 88 88*

VERANSTALTUNGSKALENDER

Einen Überblick darüber, was in Berlin läuft, geben die beiden vierzehntägig erscheinenden Zeitschriften »tip« und »Zitty«. Da ist alles drin, Kurzbewertungen der neuen Theaterstücke und Filme, Eintrittspreise, Verkehrsverbindungen und noch viel mehr. Immer auf dem neuesten Stand ist auch der Adressenteil (Veranstaltungsorte). Monatlich erscheint das »Berlin Programm«. Die *Berlin-Tourismus-Marketing GmbH, Am Karlsbad 11, 10785 Berlin*, gibt Auskunft über Konzert-, Theater-, Sport- und Ausstellungstermine. Über die *Hotline 25 00 25* kann das »Berlin Magazin« angefordert werden, das die Veranstaltungen drei Monate im Voraus ankündigt. Über das Musikangebot der Stadt gibt der »Führer durch die Konzertsäle Berlins« *(Berliner Konzert- und Theaterreklame, Bundesallee 1, Tel. 882 54 58, Fax 882 43 07)* Auskunft.

Wetter in Berlin

	Jan.	Feb.	März	April	Mai	Juni	Juli	Aug.	Sept.	Okt.	Nov.	Dez.
Tagestemperaturen in °C	2	3	8	13	19	22	24	23	19	13	7	3
Nachttemperaturen in °C	–3	–3	0	4	8	12	14	13	10	6	2	–1
Sonnenschein Std./Tag	2	3	5	6	8	8	8	7	6	4	2	1
Niederschlag Tage/Monat	11	9	8	9	9	9	11	9	8	9	10	9

Cityatlas Berlin

Die Seiteneinteilung für den Cityatlas finden Sie
auf dem hinteren Umschlag dieses Reiseführers

Kartenlegende Cityatlas

Autobahn Motorway (Freeway)	Autoroute Autostrada
Vierspurige Straße Road with four lanes	Route à quatre voies Strada a quattro corsie
Bundes- / Fernstraße Federal / trunk road	Route fédérale / nationale Strada statale / di grande comunicazione
Hauptstraße Main road	Route principale Strada principale
Fußgängerzone - Einbahnstraße Pedestrian zone - One way road	Zone piétonne - Rue à sens unique Zona pedonale - Via a senso unico
Hauptbahnhof mit Bahnhof Main railway with station	Chemin de fer principal avec gare Ferrovia principale con stazione
U-Bahn Underground (railway)	Métro Metropolitana
Buslinie - Straßenbahn Bus-route - Tramway	Ligne d'autocar - Tram Linea d'autobus - Tram
Information - Jugendherberge Information - Youth hostel	Information - Auberge de jeunesse Informazioni - Ostello della gioventù
Kirche - Sehenswerte Kirche Church - Church of interest	Église - Église remarquable Chiesa - Chiesa di notevole interesse
Synagoge - Moschee Synagogue - Mosque	Synagogue - Mosquée Sinagoga - Moschea
Polizeistation - Postamt Police station - Post office	Poste de police - Bureau de poste Posto di polizia - Ufficio postale
Krankenhaus - Hotel Hospital - Hotel	Hôpital - Hôtel Ospedale - Albergo
Denkmal - Funk- oder Fernsehturm Monument - Radio or TV tower	Monument - Tour d'antennes Monumento - Pilone radio o TV
Theater - Taxistand Theatre - Taxi rank	Théâtre - Station taxi Teatro - Posteggio di tassí
Feuerwache - Schule Fire station - School	Poste de pompiers - École Guardia del fuoco - Scuola
Freibad - Hallenbad Open air - / Indoor swimming pool	Piscine en plein air - Piscine couverte Piscina all'aperto - Piscina coperta
Öffentliche Toilette - Ausflugslokal Public toilet - Restaurant	Toilette publique - Restaurant Gabinetto pubblico - Ristorante
Parkhaus - Parkplatz Indoor car park - Car park	Parking couvert - Parking Autosilo - Area di parcheggio

Marco Polo Spaziergänge

1 Auf den Spuren des alten Berlins

2 Die westliche City

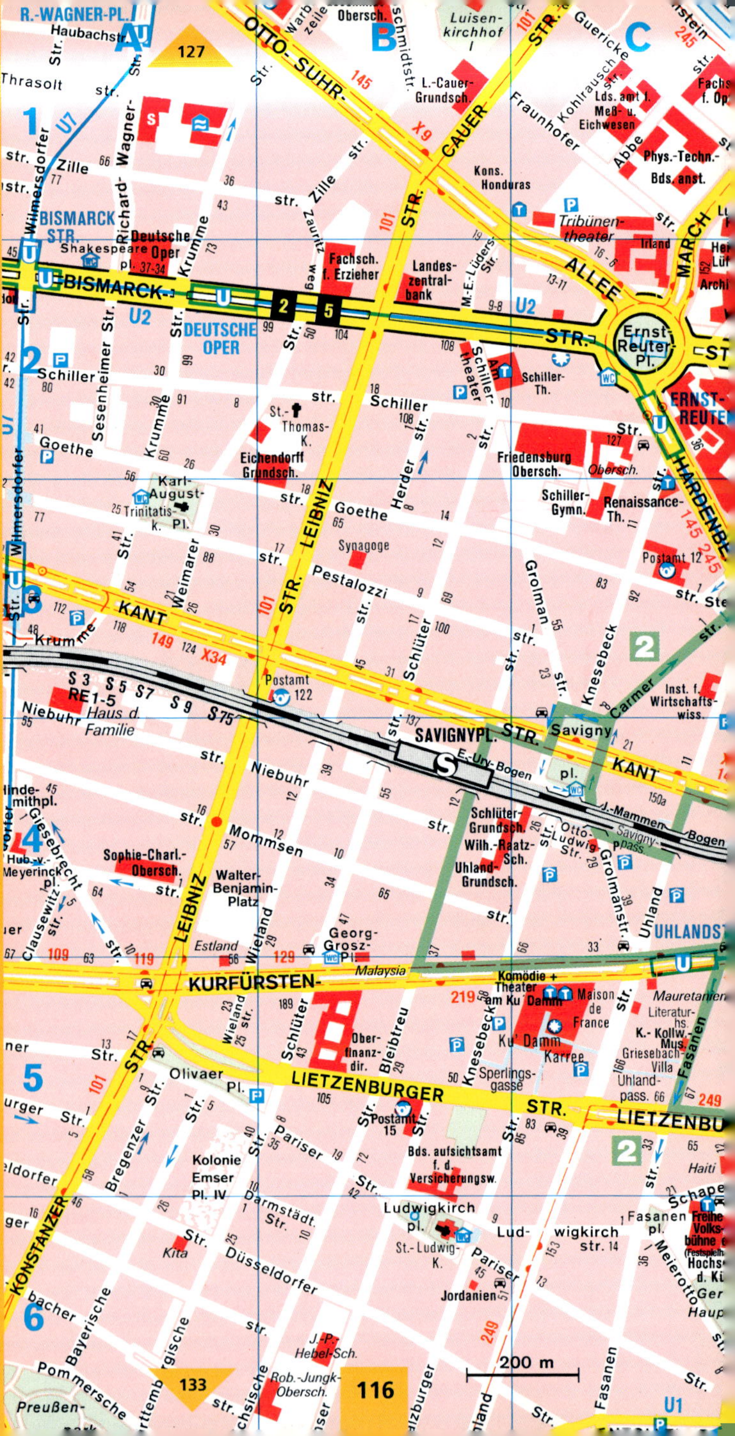
R.-WAGNER-PL.
Haubachstr.
127
Obersch.
Luisen-kirchhof I
OTTO-SUHR-
Thrasolt str.
L.-Cauer-Grundsch.
Guericke
Kohlrausch str.
Lds. amt f. Meß- u. Eichwesen
Fraunhofer
Abbe
Phys.-Techn.-Bds. anst.
Zille
Wilmersdorfer
Richard-Wagner-Str.
CAUER STR.
Kons. Honduras
Tribünen-theater
Irland
MARCH
BISMARCK STR.
Shakespeare pl.
Deutsche Oper
Krumme
Fachsch. f. Erzieher
Landes-zentral-bank
M.-E.-Lüders Str.
ALLEE
BISMARCK-
U2
DEUTSCHE OPER
STR.
Ernst-Reuter-Pl.
ERNST-REUTER
Schiller str.
Sesenheimer Str.
Schiller-theater
Schiller-Th.
St.-Thomas-K.
Herder str.
Friedensburg Obersch.
Goethe
Eichendorff Grundsch.
Karl-August-Pl.
Trinitatis-k.
LEIBNIZ STR.
Goethe
Schiller-Gymn.
Renaissance-Th.
HARDENBE
Weimarer
Synagoge
Pestalozzi
Postamt 12
Grolman
KANT
Krumme
Knesebeck
Carmer
Postamt 122
Schlüter
Inst. f. Wirtschafts-wiss.
S 3 S 5 S 7 S 9 S 75 RE 1-5
Haus d. Familie
Niebuhr
SAVIGNYPL.
STR.
Savigny pl.
KANT
E.-Ury-Bogen
J.-Mammen-Bogen
Savigny-pass.
Mommsen
Hinde-mithpl.
Giesebrecht
Hub.-v.-Meyerinck pl.
Sophie-Charl.-Obersch.
Walter-Benjamin-Platz
Schlüter-Grundsch.
Wilh.-Raatz-Sch.
Uhland-Grundsch.
Otto-Ludwig-Str.
Grolmanstr.
Uhland
UHLANDST
Clausewitz str.
LEIBNIZ
Estland
Wieland
Georg-Grosz-Pl.
Malaysia
KURFÜRSTEN-
Komödie + Theater am Ku'Damm
Maison de France
Mauretanien
Literatur-hs.
K.-Kollw.-Mus.
Griesebach-Villa
Uhland-pass.
Fasanen
Ober-finanz-dir.
Bleibtreu
Ku' Damm Karree
Sperlings-gasse
Olivaer Pl.
LIETZENBURGER STR.
LIETZENBU
Postamt 15
Pariser
Bds. aufsichtsamt f. d. Versicherungsw.
Haiti
Bregenzer Str.
Kolonie Emser Pl. IV
Darmstädt. Str.
Ludwigkirch pl.
St.-Ludwig-K.
Ludwigkirch str.
Fasanen pl.
Schaper
Freie Volks-bühne
Meierotto
KONSTANZER
Kita
Düsseldorfer
Pariser
Jordanien
Bayerische
J.-P.-Hebel-Sch.
200 m
Pommersche
Preußen-
133
Rob.-Jungk-Obersch.
U1

D
E
F
FRANKLIN-STR.
Wullenweber
Jagowe
Wardenberg-Str.
Solinger Str.
Eyke-v.-Repkow-Pl.
Sporth.
Spree
Hansa-str.
Wullenweber-steg
Schleswiger Ufer
Flotow-str.
Cuxhavener Str.
Honduras
ALTONAER STR.
LESSING-STR.
128
Hansa-Grundsch.
Menzel-Oberschule
Flensburger
S75
Grips-Theater
Bartning
Post
Hansa St.-Ansgar-K.
HANSAPL.
Hansaviertel
Händelallee
Händel
Kaiser-Friedr.-Gedächtnis K.
Einstein
Salz
Landwehrkanal
Gutenberg-str.
Elektrotechnik
Mathematik
Hochspannungstechnik
Techn. Chemie
Hochsch. d. Künste
Englische
Königl. Porzellan-manufatur KPM
Wegely-str.
Siegmunds Hof
BACH
S7 S3 S5 S9
RE1-5
Klopstock
Haydn-Str.
Fin. amt
Ernst-Reuter-Hs.
TIERGARTEN
Charlottenbgr. Br.
Charlottenbgr. Tor
123
Berlin-Pavillon
DES
17. JUNI
2
5
Chemie
Universität
Müller-Breslau-Str.
Tiergarten
Versuchsanst. f. Wasser- u. Schiffbau
Gaslaternen Freilicht mus.
Bremer
Großer
U9
Rud.-Drawe-Inst.
TU
Untere Freiarchen-br.
Unter-schleuse
Löwen br.
Neuer See
Fuchsjagd
Fasanen-str.
Hertz-allee
Zoo-wirtschaftshof
Verw. gebäude f. Bundesdienststellen
Konzert-saal
Gartenufer
Tiergarten-ufer
100 109 110
145 146 204
149 245 129
249 X34
Lessing-Hochsch.
Ev. Kirche d. Union
BGS
Eingang Löwentor
Hopfengr. br.
Lichtenstein-allee
Spanien
Thomas-Dehler-Str.
Börse Ind. u. Handelskammer
Bundes-verw.-ger.
Hardenberg-pl.
BERLIN ZOOLOG. GTN.
Zoologischer Garten
Lichtenstein br.
Katharina-Heinroth-Ufer
Drake-str.
UNICEF
Oberstes Rückerstattungsger.
Cornelius
Jebens-str.
Postamt 120
Amerika hs
ZOOLOG. GTN.
Vierwaldstätter See
Waldschänkenteich
Grottenteich
Neptunteich
X9
(ehem. Kunsthalle)
Eingang Elefantentor
Aquarium
Olof-Palme-Pl.
BUDAPESTER STR.
Post
Kaiser-Wilhelm-Gedächtnis-K.
Breitscheid-pl.
Europa-Center
Spielbank
Statist. Bundesamt
DIN Normung
Franz. Dt. Krk. Inst. f. hs.
Wichmann
KURFÜRSTENDAMM
Tourist. Info
Stachelschweine
TAUENTZIEN-STR.
KURFÜRSTENSTR.
Burggrafenstr.
Kolumbien
Bolivien
JOACHIMSTHALER
Augsburger
Inst. f. Metallphysik
Los-Angeles-Pl.
Marburger
U1-2
Ansbacher
Bayreuther Str.
Keith-str.
Landgrafen
Feuerwache
Ranke
Eislebener
AUGSBURGER STR.
U1
Wittenberg-pl.
WITTENBERGPL.
Landesamt f. polit. Bildungsarbeit
Landes-schulamt
AN DER URANIA
Ranke pl.
HdK
Berliner Krimin. Th.
Nürnberger Str.
Würzburger Str.
Passauer Str.
185
KLEIST STR.
Japan
Urania
Courbière str.
Nürnberger Pl.
Fürther Str.
Kelheimer Str.
Geisberg
Ettaler Str.
Fugger str.
MARTIN-LUTHER-STR.
Finow-Grundsch.
Grainauer Str.
Kulmbacher Str.
Bamberger Str.
Ansbacher
Postamt 30
Sport-halle
134
Kalckreuth str.
U4

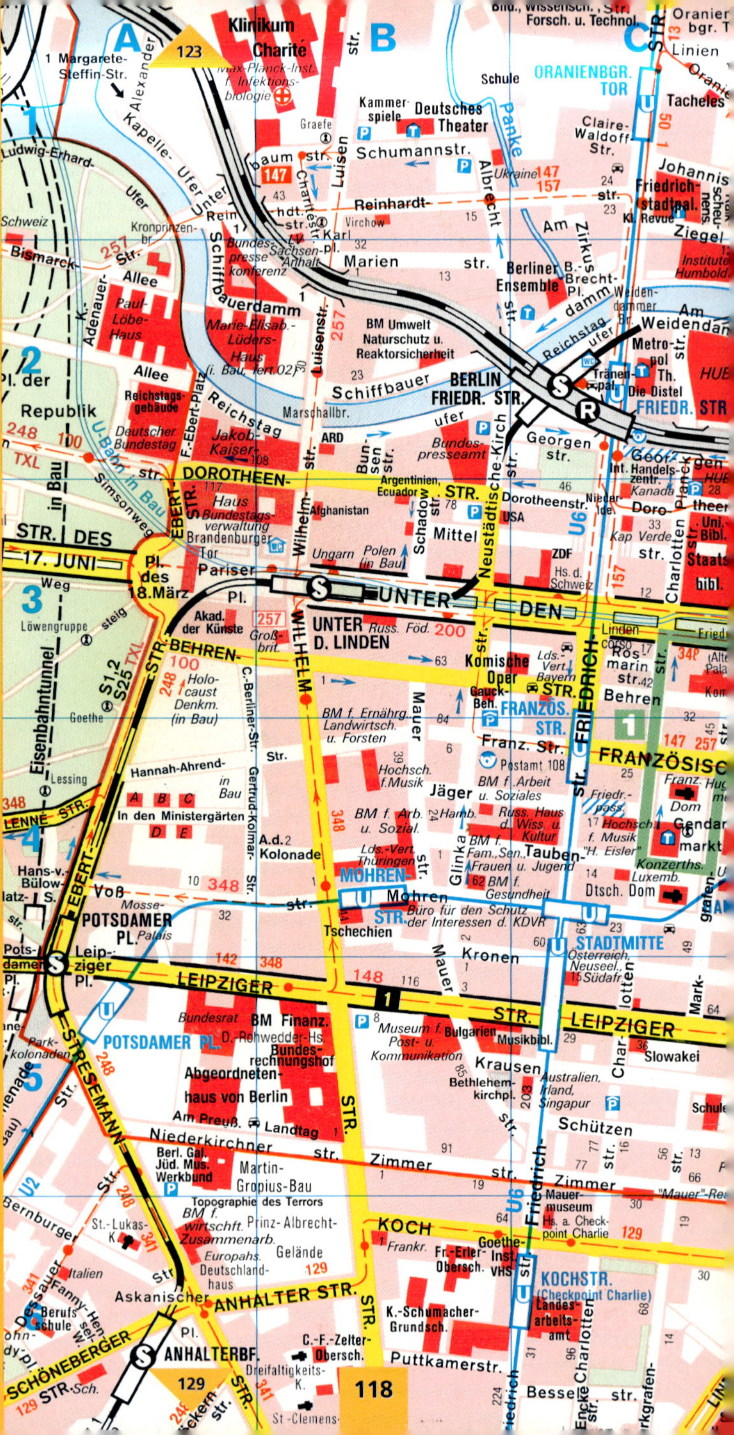

A
B
C
123
Klinikum Charité
Max-Planck-Inst. f. Infektions-biologie
1 Margarete-Steffin-Str.
Alexander
Kapelle-Ufer
Ludwig-Erhard-Ufer
Schweiz
Kronprinzen-br.
Bismarck-
257
Str.
Allee
Adenauer-
Paul-Löbe-Haus
Kammer-spiele
Deutsches Theater
Graefe
Schumannstr.
Luisen str.
baum str.
147
Charitéstr.
Unter
hdt. str.
Karl
Reinhardt-
Virchow
Bundes-presse-konferenz
Sachsen-Anhalt
Marien str.
Schiffbauerdamm
Marie-Elisab.-Lüders-Haus (i. Bau, fert.02)
Luisenstr.
BM Umwelt Naturschutz u. Reaktorsicherheit
Schiffbauer ufer
Schule
ORANIENBGR. TOR
Panke
Ukraine
147 157
Albrecht
Claire-Waldoff-Str.
Oranienbgr.
Linien
Tacheles
Johannis
Friedrich-stadtpal.
Kl. Revue
Ziegel
Institute Humbold.
Am Zirkus
Berliner Ensemble
B.-Brecht-Pl.
Weiden-dammer Br.
Am Weidendamm
Reichstag ufer
Metro-pol Th.
Tränen-palast
Die Distel
BERLIN FRIEDR. STR.
FRIEDR. STR
Bild., Wissensch., Str. Forsch. u. Technol.
Pl. der Republik
Reichstagsgebäude
Deutscher Bundestag
Allee
Reichstag
F.-Ebert-Platz
Jakob-Kaiser-Haus
Marschallbr.
ARD
Bunsen str.
Bundes-presseamt
Neustädtische Kirch str.
Georgen str.
Int. Handels-zentr.
Kanada
248
100
TXL
U-Bahn in Bau
Simsonweg
in Bau
DOROTHEEN-STR.
Haus Bundestags-verwaltung
Brandenburger Tor
Wilhelm-str.
Afghanistan
Argentinien, Ecuador
Schadow str.
Dorotheenstr.
USA
Mittel str.
Dorotheenstr.
Kap Verde
Uni.-Bibl.
Staats-bibl.
Charlotten str.
STR. DES 17. JUNI
Pl. des 18. März
Pariser Pl.
Ungarn
Polen (in Bau)
ZDF
Hs. d. Schweiz
Weg
Löwengruppe
steig
Akad. der Künste
257
Groß-brit.
UNTER D. LINDEN
UNTER DEN LINDEN
Russ. Föd.
200
Linden corso
BEHREN-STR.
100
Holo-caust Denkm. (in Bau)
S1,2 S25
Eisenbahntunnel
Goethe
WILHELM
Komische Oper
Gauck-Beh.
Lds.-Vert. Bayern
FRIEDRICH-STR.
Ros-marin str.
Behren
FRANZÖS. STR.
Franz. Str.
FRANZÖSISCHE
Postamt 108
BM f. Ernährg. Landwirtsch. u. Forsten
Mauer str.
C.-Berliner-Str.
Hochsch. f. Musik
BM f. Arbeit u. Soziales
Jäger
Hamb.
Russ. Haus d. Wiss. u. Kultur
Franz. Dom
Gendarmenmarkt
Konzerths.
Friedr.-pass.
Hochsch. f. Musik "H. Eisler"
Hannah-Ahrend-Str.
Lessing
in Bau
In den Ministergärten
A B C D E
Gertrud-Kolmar-Str.
348
A.d. Kolonade
BM f. Arb. u. Sozial.
Lds.-Vert. Thüringen
BM f. Fam., Sen., Frauen u. Jugend
Glinka str.
Tauben-
Luxemb.
LENNE STR.
Hans-v.-Bülow-S.
EBERT-STR.
Voß
348
MOHREN-STR.
Mohren str.
Büro für den Schutz der Interessen d. KDVR
BM f. Gesundheit
Dtsch. Dom
Mosse-Palais
POTSDAMER PL.
Tschechien
STADTMITTE
Österreich, Neusee., Südafr.
Kronen
Leipziger Pl.
142 348
LEIPZIGER STR.
148
LEIPZIGER
Mark-
Bundesrat
BM Finanz. D.-Rohwedder-Hs.
Bundes-rechnungshof
Museum f. Post- u. Kommunikation
Bulgarien
Musikbibl.
Slowakei
POTSDAMER PL.
Park-kolonaden
STRESEMANN-STR.
Abgeordneten-haus von Berlin
Krausen
Bethlehem-kirchpl.
Australien, Irland, Singapur
Schule
Am Preuß. Landtag
Schützen
Niederkirchner str.
Zimmer str.
Berl. Gal. Jüd. Mus. Werkbund
Martin-Gropius-Bau
Topographie des Terrors
BM f. wirtschaft. Zusammenarb.
Prinz-Albrecht-Gelände
Europahs. Deutschland-haus
Mauer-museum Hs. a. Checkpoint Charlie
"Mauer"-Re
KOCH
129
Goethe-Inst.
Fr.-Erler-Obersch.
VHS
KOCHSTR. (Checkpoint Charlie)
Landes-arbeits-amt
Bernburger
St.-Lukas-K.
Italien
Dessauer
Fanny-Hensel-W.
Berufsschule
Askanischer Pl.
ANHALTER STR.
K.-Schumacher-Grundsch.
SCHÖNEBERGER STR.
ANHALTERBF.
C.-F.-Zelter-Obersch.
Dreifaltigkeits-K.
Puttkamerstr.
St.-Clemens-
Besselstr.
Charlotten
Encke str.
129
118

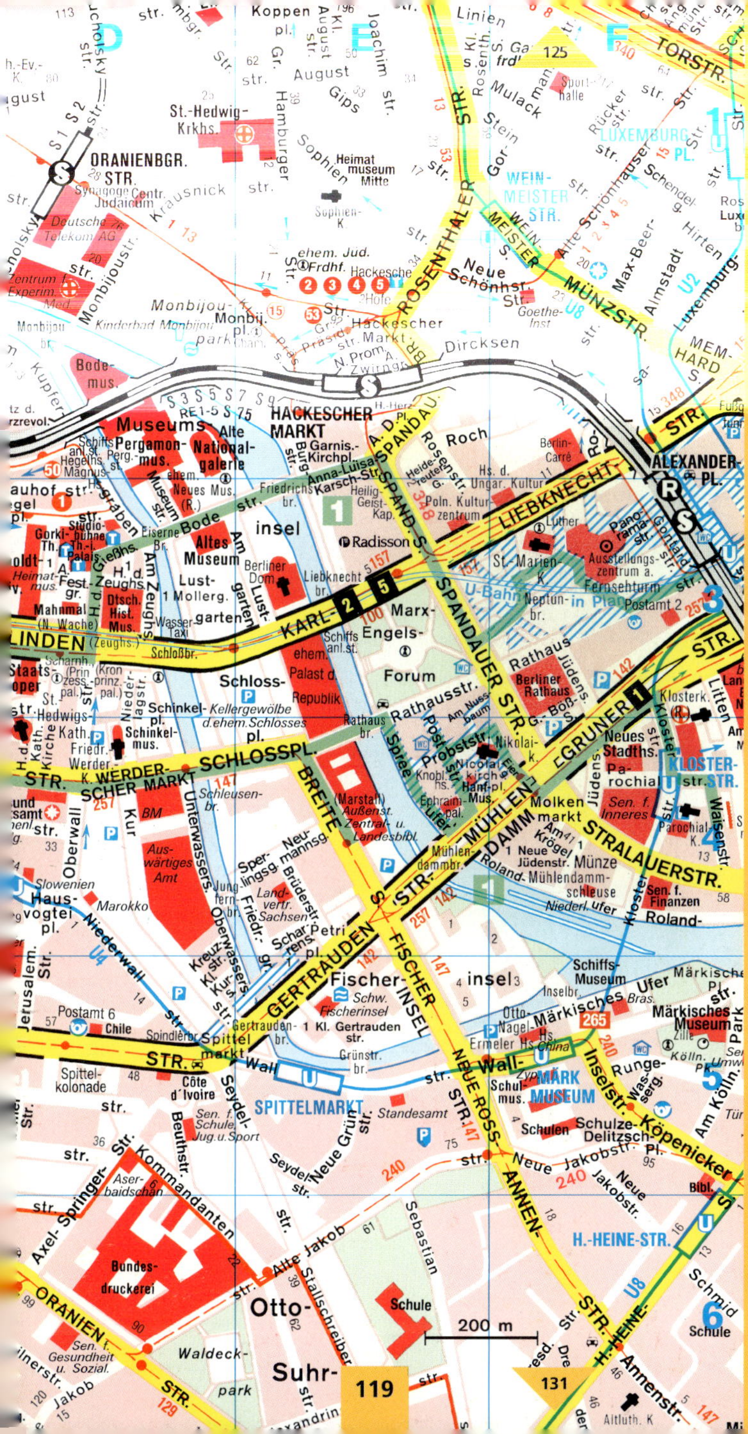

D
E
F
1
2
3
4
5
6
Koppen pl.
Kl. August str.
Joachim str.
Linien str.
Torstr.
Gr. Hamburger str.
August str.
Gips str.
Kl. Rosenth. str.
Mulack str.
Sporthalle
Rücker str.
Luxemburg str.
Luxemburg pl.
St.-Hedwig-Krkhs.
Oranienbgr. Str.
Synagoge Centr. Judaicum
Krausnick str.
Sophien str.
Heimatmuseum Mitte
Sophien-K.
Deutsche Telekom AG
Zentrum f. Experim. Med.
Monbijoustr.
Monbijoupark
Monbij. pl.
Kinderbad Monbijou
ehem. Jüd. Frdhf.
Hackesche Höfe
Hackescher Markt
Gr. Präsid. str.
N. Prom.
Rosenthaler Str.
Weinmeister Str.
Gormann str.
Stein str.
Neue Schönhstr.
Alte Schönhauser str.
Max-Beer-str.
Almstadt str.
Hirten str.
Schendel-g.
Münzstr.
Goethe-Inst.
Mem-hard-str.
Dircksen str.
Bode-mus.
Museums insel
Pergamon-mus.
Alte National-galerie
Hackescher Markt
Garnis.-Kirchpl.
Anna-Luisa-Karsch-Str.
A. d. Spandau.
Rosenstr.
Heidereuter G.
Heilig-Geist-Kap.
Roch str.
Hs. d. Ungar. Kultur
Poln. Kultur zentrum
Berlin-Carré
Alexander-pl.
Liebknecht str.
Luther
Panorama-str.
Ausstellungs-zentrum a. Fernsehturm
Gontard str.
Neptun-br.
U-Bahn in Planung
Postamt 2
Friedrichs br.
Bode str.
Altes Museum
Am Lustgarten
Lustgarten
Berliner Dom
Liebknecht br.
Radisson
Karl-Liebknecht
Marx-Engels-Forum
Spandauer Str.
Schiffs anl.st.
Rathaus
Berliner Rathaus
Jüdens.
Gruner str.
Klosterk.
Litten str.
Neues Stadths.
Parochial str.
Kloster-str.
Klosterstr.
Waisenstr.
Parochial-K.
Sen. f. Inneres
Hegelpl.
Magnus
Gorki-Th.
Studio-bühne
Th.-i. Palais
Fest. gr.
H. d. Zeughs.
Am Zeughs.
Dtsch. Hist. Mus.
Mahnmal (N. Wache)
Linden
(Zeughs.)
Schloßbr.
1 Mollerg.
Wasser-Taxi
ehem. Palast d. Republik
Schloss-pl.
Schinkel-pl.
Kellergewölbe d.ehem.Schlosses
Staatsoper
St.-Hedwigs-Kath. Kirche
Friedr. Werder. K.
Schinkel-mus.
Werderscher Markt
Schlosspl.
Rathausstr.
Rathaus br.
Am Nussbaum
Poststr.
Probststr.
Nikolai-k.
Nicolai kirch pl.
Knobl. hs.
Ephraim-pal.
Hanf-Mus.
Spree ufer
Mühlendamm
Molkenmarkt
Am Krögel
1 Neue Jüdenstr.
Münze
Mühlendamm-schleuse
Roland-ufer
Stralauerstr.
Sen. f. Finanzen
Niederl. ufer
Breite str.
(Marstall) Außenst. Zentral- u. Landesbibl.
Mühlen-dammbr.
Schleusen-br.
BM
Kur str.
Auswärtiges Amt
Unterwasserstr.
Oberwall
Sperlingsg.
Neumannsg.
Jungfern-br.
Friedr. gr.
Landvertr. Sachsen
Brüderstr.
Scharrens. str.
Petri pl.
Gertrauden str.
Fischer-insel
Schw. Fischerinsel
Fischerinsel
Slowenien
Marokko
Hausvogtei pl.
Niederwall str.
Kreuz-str.
Kl. Kur-str.
Oberwasserstr.
Jerusalem. Str.
Postamt 6
Chile
Spindlerbr.
Spittel markt
Gertrauden-br.
1 Kl. Gertrauden str.
Grünstr. br.
Otto-Nagel-Hs.
Ermeler Hs.
China
Märkisches Ufer
Bras.
Märkisches Museum
Zille
Schiffs-Museum
Inselbr.
Märkische Pl.
Köllnischer Park
Wall str.
Spittel-kolonade
Côte d'Ivoire
Seydelstr.
Spittelmarkt
Standesamt
Neue Ross-str.
Schulmus.
Märk. Museum
Runge-str.
Wasserg.
Inselstr.
Am Kölln. Park
Köpenicker str.
Sen. f. Schule Jug.u.Sport
Beuthstr.
Neue Grün str.
Schulen
Schulze-Delitzsch-Pl.
Neue Jakobstr.
Bibl.
Axel-Springer-str.
Aserbaidschan
Kommandanten str.
Bundesdruckerei
Alte Jakob str.
Stallschreiber str.
Sebastian str.
Schule
Annen-str.
H.-Heine-Str.
Heinrich-Heine-str.
Schmid str.
Oranien str.
Sen. f. Gesundheit u. Sozial.
Waldeck-park
Otto-Suhr-Allee
Jakob str.
Annenstr.
Altluth. K
200 m
119
131
125

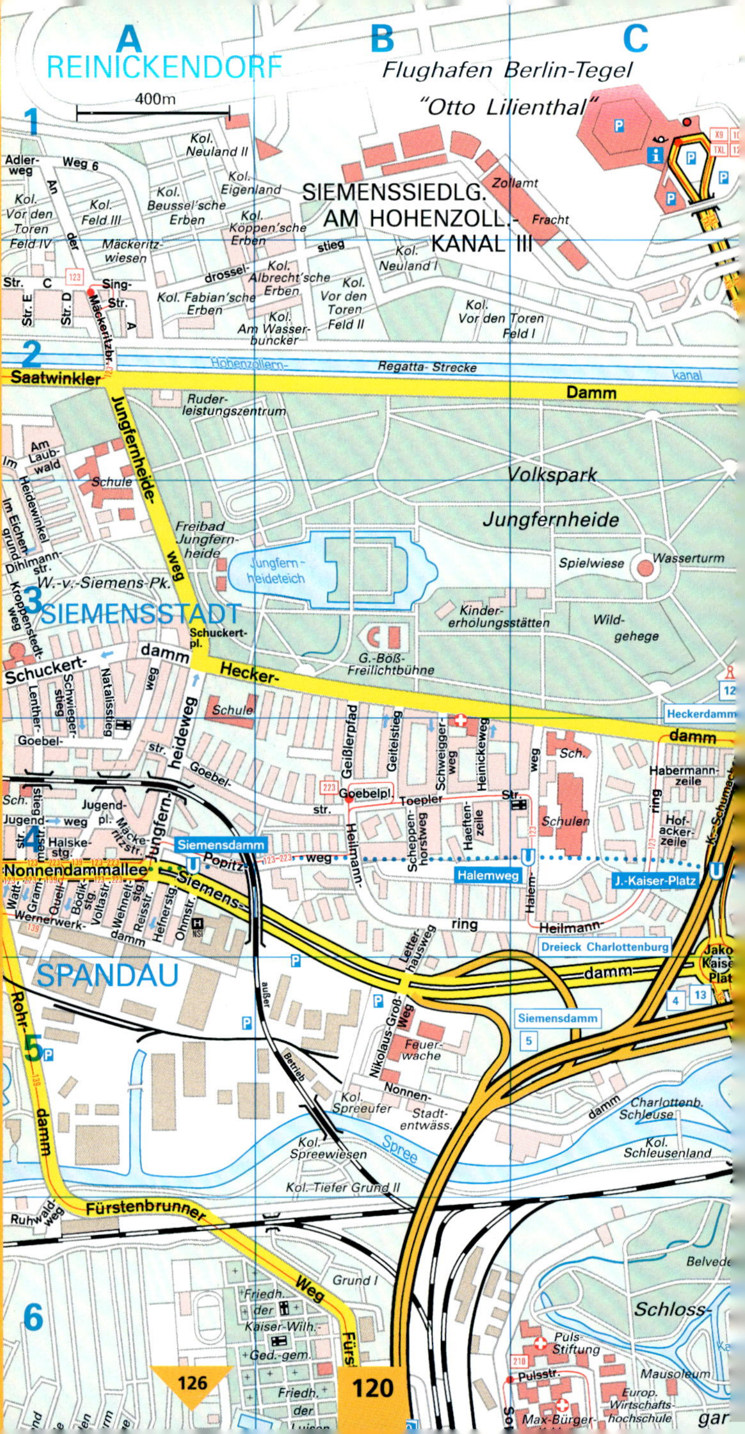
A
B
C
REINICKENDORF
Flughafen Berlin-Tegel
"Otto Lilienthal"
400m
1
2
3
4
5
6
Kol. Neuland II
Adler-weg
Weg 6
Kol. Eigenland
SIEMENSSIEDLG. AM HOHENZOLL.-KANAL III
Zollamt
Fracht
Kol. Vor den Toren Feld IV
Kol. Feld III
Kol. Beussel'sche Erben
Kol. Köppen'sche Erben
An der Mäckeritzstr.
Mäckeritz-wiesen
stieg
Kol. Neuland I
drossel-
Kol. Albrecht'sche Erben
Str. C
Sing-
Str. A
Kol. Fabian'sche Erben
Kol. Vor den Toren Feld II
Kol. Vor den Toren Feld I
Str. E
Str. D
Mäckeritzbr.
Kol. Am Wasser-buncker
Hohenzollern-
Regatta-Strecke
kanal
Saatwinkler
Damm
Ruder-leistungszentrum
Am Laub-wald
Im
Heidewinkel
Im Eichen-grund
Schule
Jungfernheide-weg
Volkspark
Jungfernheide
Freibad Jungfern-heide
Jungfern-heideteich
Spielwiese
Wasserturm
Dihlmann-str.
W.-v.-Siemens-Pk.
Kroppenstedt-weg
SIEMENSSTADT
Schuckert-pl.
Kinder-erholungsstätten
Wild-gehege
Schuckert-
damm
G.-Böß-Freilichtbühne
Hecker-
Lenther-
Schwieger-stieg
Nataliesteg
weg
Schule
Heckerdamm
Goebel-
heideweg
Geißlerpfad
Geitelstieg
Schweigger-weg
Heinickeweg
weg
Sch.
damm
str.
Goebel-
Habermann-zeile
Sch.
stieg
Jugend-pl.
Goebelpl.
Toepler
Str.
str.
Jugend-
weg
Mäcke-ritzstr.
Jungfern-
Heilmann-
Scheppen-horstweg
Haeften-zeile
Schulen
ring
Hof-acker-zeile
K.-Schumacher
Halske-stg.
Siemensdamm
Popitz-
weg
Nonnendammallee
Siemens-
Halemweg
Halem-
J.-Kaiser-Platz
Watt-
Gram-
Quell-
Bödik-stg.
Voltastr.
Wehnelt-stg.
Reisstr.
Hefnerstg.
Ohmstr.
Wernerwerk-
damm
ring
Heilmann-
Letter-hausweg
Dreieck Charlottenburg
damm
SPANDAU
Jakob-Kaiser-Platz
Rohr-
damm
außer Betrieb
Nikolaus-Groß-Weg
Siemensdamm
Feuer-wache
Nonnen-
Stadt-entwäss.
damm
Kol. Spreeufer
Charlottenb. Schleuse
Kol. Spreewiesen
Spree
Kol. Schleusenland
Kol. Tiefer Grund II
Ruhwald-weg
Fürstenbrunner
Weg
Grund I
Belvedere
Friedh. der Kaiser-Wilh.-Ged.-gem.
Schloss-
Puls-Stiftung
Pulsstr.
Mausoleum
Friedh. der Luisen
Europ. Wirtschafts-hochschule
Max-Bürger-
gar

126

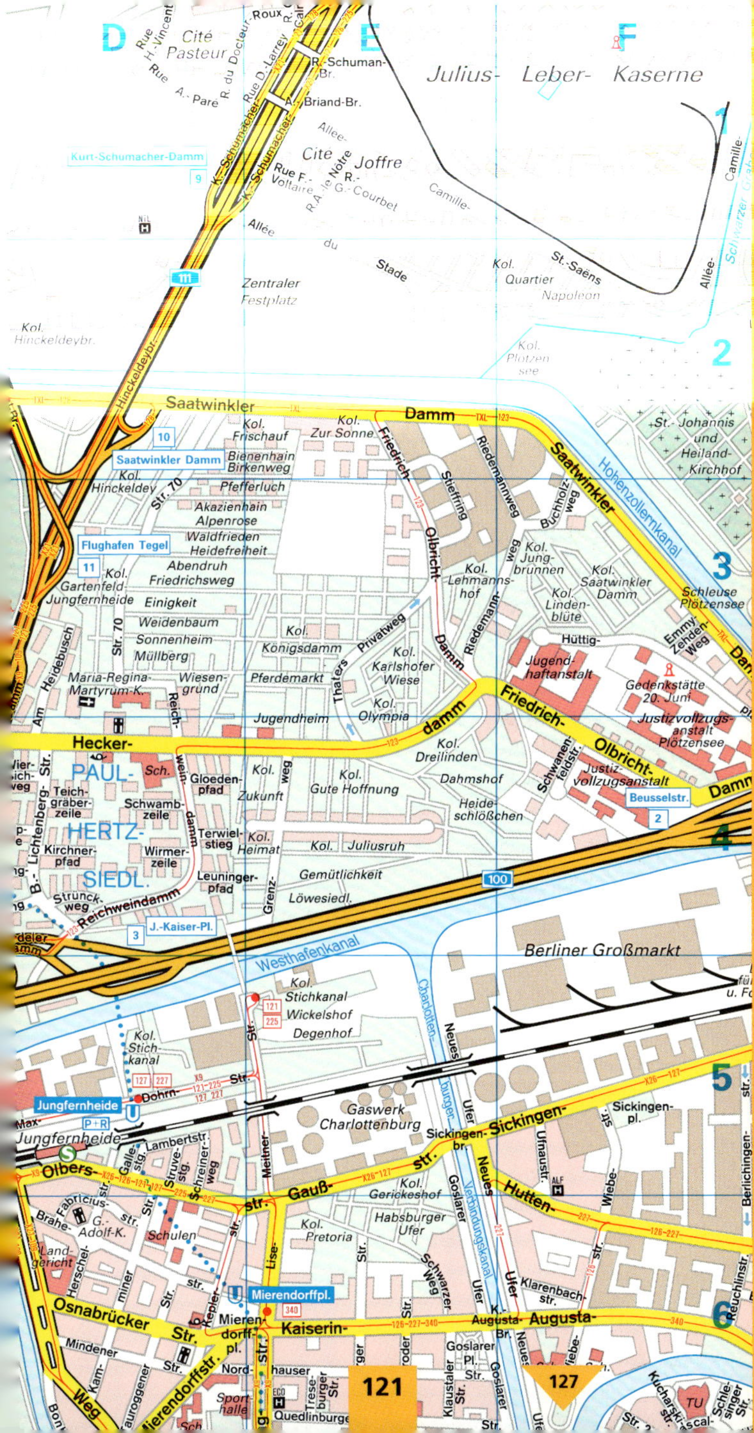

D
E
F
1
2
3
4
5
6
Cité Pasteur
Rue H.-Vincent
Rue A.-Paré
R. du Docteur-Roux
Rue D.-Larrey
R.-Schuman-Br.
A.-Briand-Br.
Julius- Leber- Kaserne
Kurt-Schumacher-Damm
K.-Schumacher-
Cite Joffre
Allee
Rue F.-Voltaire
R.-A.-le Nôtre
R.-G.-Courbet
Camille-
Allée du Stade
Zentraler Festplatz
Kol. Quartier Napoleon
St.-Saëns
Allée-
Camille-
Schwarzer Graben
Kol. Hinckeldeybr.
Hinckeldeybr.
Kol. Plötzensee
Saatwinkler Damm
Kol. Frischauf
Kol. Zur Sonne
Friedrich-
Olbricht-
Damm
Stieffring
Riedemannweg
Buchholzweg
Saatwinkler
Hohenzollernkanal
St.-Johannis und Heiland-Kirchhof
Saatwinkler Damm
Kol. Hinckeldey
Bienenhain
Birkenweg
Pfefferluch
Str. 70
Akazienhain
Alpenrose
Waldfrieden
Heidefreiheit
Flughafen Tegel
Abendruh
Friedrichsweg
Kol. Gartenfeld-Jungfernheide
Einigkeit
Weidenbaum
Sonnenheim
Müllberg
Kol. Jungbrunnen
Kol. Lehmannshof
Kol. Saatwinkler Damm
Kol. Lindenblüte
Schleuse Plötzensee
Riedemann-weg
Hüttig-
Emmy-Zehden-Weg
Kol. Königsdamm
Privatweg
Kol. Karlshofer Wiese
Jugendhaftanstalt
Gedenkstätte 20. Juni
Heidebusch
Maria-Regina-Martyrum-K.
Wiesengrund
Pferdemarkt
Thaters
Kol. Olympia
Reich-
Jugendheim
Justizvollzugsanstalt Plötzensee
Hecker-damm
PAUL-HERTZ-SIEDL.
Sch.
Gloedenpfad
Kol. Zukunft
Kol. Gute Hoffnung
Kol. Dreilinden
Dahmshof
Schwanenfeldstr.
Justizvollzugsanstalt
Beusselstr.
Teichgräberzeile
Schwambzeile
wein-damm
Heideschlößchen
B.-Lichtenberg-Str.
Kirchnerpfad
Wirmerzeile
Terwielstieg
Kol. Heimat
Kol. Juliusruh
Gemütlichkeit
Leuningerpfad
Grenz-
Löwesiedl.
Strünckweg
Reichweindamm
J.-Kaiser-Pl.
100
Berliner Großmarkt
Westhafenkanal
Kol. Stichkanal
Wickelshof
Degenhof
Kol. Stichkanal
Charlottenburger
Neues Ufer
Dohrn-Str.
Jungfernheide
P+R
Gaswerk Charlottenburg
Sickingen-br.
Sickingen-
Sickingenpl.
Lambertstr.
Galle-stg.
Struve-stg.
Schreiner-weg
Meitner-
Olbers-
Gauß-str.
Kol. Gerickeshof
Ufnaustr.
Wiebe-str.
Hutten-
Berlichingen-str.
Fabricius-str.
G.-Adolf-K.
Brahe-
Landgericht
Schulen
Kol. Pretoria
Habsburger Ufer
Goslarer
Verbindungskanal
Herschel-
miner
Lise-
Mierendorffpl.
Schwarzer Weg
Ufer
Klarenbach-str.
Reuchlinstr.
Osnabrücker Str.
Kepler-
Mierendorffpl.
Kaiserin-
Augusta-Br.
Augusta-
Mindener Str.
Kamminer Weg
Sporthalle
Nordhauser
Tresebürger Str.
Goslarer Pl.
Klaustaler Str.
TU
Kucharski-str.
Schlesinger Str.
Quedlinburger
121
127

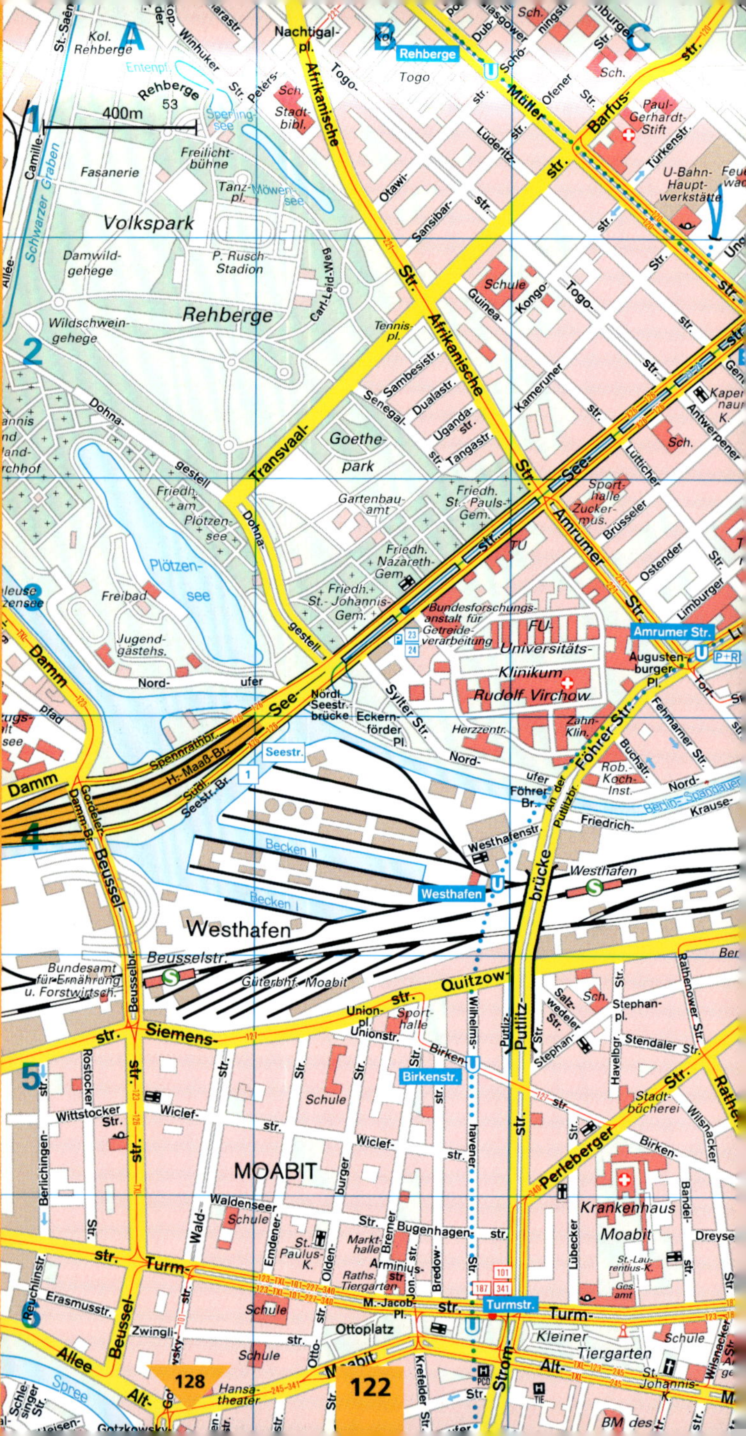

A
B
C
1
2
4
5
6
400m
Kol. Rehberge
Rehberge
53
Entenpf.
Sperlingsee
Freilichtbühne
Fasanerie
Tanz-pl.
Möwensee
Volkspark
Damwildgehege
P. Rusch-Stadion
Rehberge
Carl-Leid-Weg
Wildschweingehege
Schwarzer Graben
Camille-
Allee-
Winhuker
Peters-Str.
Nachtigal-pl.
Afrikanische
Togo-
Sch.
Stadtbibl.
Rehberge
Togo
Otawi-
Sansibar-
Lüderitz-str.
Müller-str.
Ofener Str.
Barfus-str.
Paul-Gerhardt-Stift
Türkenstr.
U-Bahn-Hauptwerkstätte
Schule
Guinea-
Kongo-
Togo-
Tennis-pl.
Afrikanische Str.
Sambesistr.
Senegal-
Dualastr.
Uganda-str.
Tangastr.
Kameruner
Goethepark
Transvaal-
Dohna-gestell
Friedh. am Plötzensee
Plötzensee
Freibad
Jugendgästehs.
Nord-ufer
Gartenbauamt
Friedh. St.-Pauls-Gem.
Friedh. Nazareth-Gem.
Friedh. St.-Johannis-Gem.
Kaper
Antwerpener
Sch.
Lütticher
Sporthalle
Zuckermus.
Brüsseler
Amrumer Str.
See-str.
TU
Ostender
Limburger
Bundesforschungsanstalt für Getreideverarbeitung
23
24
FU-Universitäts-Klinikum Rudolf Virchow
Amrumer Str.
Augustenburger Pl.
P+R
Fehmarner Str.
Föhrer Str.
Zahn-Klin.
Herzzentr.
Sylter Str.
Nordl. Seestr.-brücke
Eckernförder Pl.
Rob.-Koch-Inst.
Buchstr.
Nord-ufer
Föhrer Br.
An der Putlitzbr.
Berlin-Spandauer
Krause-
Friedrich-
Damm
Spennrathbr.
H.-Maaß-Br.
Südl. Seestr.-Br.
Seestr.
1
Gotzkowsky-Damm-Br.
Beussel-
Becken II
Becken I
Westhafen
Westhafenstr.
Westhafen
Westhafen
Putlitz-brücke
Bundesamt für Ernährung u. Forstwirtsch.
Beusselstr.
Güterbhf. Moabit
Quitzow-str.
Union-pl.
Unionstr.
Sporthalle
Siemens-str.
Birken-
Birkenstr.
Wilhelmshavener Str.
Putlitz-str.
Salzwedeler Str.
Stephan-pl.
Stephan-str.
Sch.
Stendaler Str.
Rathenower Str.
Havelbgr. Str.
Stadtbücherei
Wilsnacker
Birken-str.
Perleberger Str.
Rostocker Str.
Wittstocker Str.
Wiclef-str.
Wiclef-str.
Schule
Berlichingen-str.
MOABIT
Waldenseer
Schule
Wald-str.
Emdener
St.-Paulus-K.
Oldenburger
Markthalle
Bremer
Arminius-str.
Raths. Tiergarten
Bugenhagen-str.
Lübecker
Krankenhaus Moabit
St.-Laurentius-K.
Ges.-amt
Bandel-
Dreyse
Turm-str.
Turmstr.
Reuchlinstr.
Erasmusstr.
Schule
Zwingli-
M.-Jacob-Pl.
Ottoplatz
Kleiner Tiergarten
Schule
Allee
Beussel-
Schule
Hansatheater
Alt-Moabit
Alt-
Krefelder Str.
Strom-str.
St. Johannis-K.
Spree
Schlesinger Str.
Gotzkowsky-
BM des
128
122

D
E
F
1
2
3
4
5
6
Stadt-
bücherei
Sen.-
hm.
Sport-
halle
Hallen- u.
Sommerbad
Louise-
Schröder-
Pl.
Osloer Str.
Osloer-
Str.
Finanz-
amt
Schweden-
str.
Dronthm. Str.
Kolonie-
str.
Sch.
Armenische
Str.
Syrische
Str.
Indische
Str.
Reinickendorfer
Kinder-
krkhs.
Jüd.
Krkhs.
Iranische
Str.
Exerzier-
str.
Bad-
str.
Städt.
Urnen-
Friedhof
Groninger
Str.
Oude-
narder Str.
Sen.-
hm.
Stadt-
bücherei
Martin-
Opiz-Str.
Gropius-
str.
Buttmann-
str.
St.-Paul-
K.
Malplaquet-
Str.
Liebenwalder
Str.
Turiner
Sch.
Str.
Max-
Str.
Hochstätter
Str.
Nauener
Platz
Nauener
Platz
Schul-
str.
Gottsched-
Bornemann-
str.
Thurneysser
Str.
Heimat-
mus.
Amts-
ger.
Brunnen-
platz
Bastian-
str.
WEDDING
Amsterd.
Utrechter
Garnison-
friedh.
kirch-
str.
Max-
Ufer-
Schonstedt-
str.
Schulen
Berufs-
sch.
Böttger-
Sch.
96
Wiesenstr.
Wiesen-
str.
Müller-
Nazareth-
Schul-
Rathaus
Sch.
Pr.-
Eugen-
Str.
Adolf-
str.
Kösliner
Str.
Wedding-
str.
Park-
str.
Sch.
Leopoldplatz
221
245
248
328
Plantagen-
str.
Urnen-
friedh.
Pase-
walker
Str.
Anton-
str.
Sch.
Nettel-
beckpl.
Stadt-
bad
Gericht-
str.
Kolberger Str.
Hoch-
Humboldth.
Gericht-
M.-J.-
Metzger-Pl.
Sch.
St.-Joseph-
K.
Arb.-
Amt
Feuer-
wache
Sch.
Stadtbad
Wedding
Ravené-
str.
Hussiten-
str.
Tegeler
Str.
Wildenow-
str.
Wedding
Lindower Str.
Wedding
Schönwalder
Str.
Trift-
str.
Sparr-
str.
Sparr-
pl.
Burgs-
dorferstr.
Müller-
str.
Oster-
K.
Schule
Dankes-
kirche
Wedding-
pl.
Kunkel-
str.
Hoch-
str.
Gartenstr.
Grenz-
str.
Kirchhof
Dorotheenstadt
II
Scheringstr.
Samoa-
Reinickendorfer Str.
Schulzendorfer Str.
Acker-
str.
Lynar-
str.
Schiffahrts-
kanal
Ufer
Mett-
mann-
pl.
Fenn-
str.
96
Seller-
str.
Chaussee-
str.
Panke
Neue
Liesen-
str.
Friedh.
St. Hedwig
u. Franz. Dom
Garten-
str.
Torf-
str.
Ufer
Fennbr.
Am
Nordhafen
Eisstadion
Wedding
Nord-
hafen
Nordhafen-
br.
Heide-
str.
Boyen-
str.
Wöhlerstr.
6
8
13
Pflugstr.
Schwartzkopffstr.
Kieler
Str.
Scharnhorst-
str.
Bundeswehr-
Krkhs.
Schwartzkopff-
str.
Lehrter
str.
Sporthalle
Pol.-
dir.- 3
Sportpl.
Schule
157
MITTE
Chaussee-
str.
Zinnow
Str.
Hamburger
und Lehrter
Containerbhf.
Heide-
str.
Invaliden-
Friedhof
Rodelbahn
Tennispl.
Amts-
gericht
Justiz-
vollzugs-
anstalt
Museum für
Naturkunde
Bundesamt
für Geologie
Habersaath-
str.
Schwarzer Weg
Fritz-
Poststadion
Haupt-
platz
Kinderheim
BM für
Verkehr, Bau-
und Wohnungs-
wesen
Invaliden-
park
BM
für
Wirtschaft
und
Technologie
Pl. v. d.
Neuen
Tor
Hessische Str.
Schloß-
Sommerbad
Museum
für
Gegenwart
Bündnis 90
Die Grünen
Hannoversche
Str.
Seydlitz-
platz
in Bau
Landes-
sozial-
gericht
Invaliden-
str.
R.-Koch-
Pl.
Charité-
Hochhaus
Park
Stadtbad
Senioren-
heim
Lehrter
Str.
Lade-
str.
Luisen-
str.
Philipp-
Humboldt-U.
Seydlitz-
Claire-
Waldoff-
Prom.
Lesser-Ury-
Weg
Dix-Str.
Charité
Universitäts-
kliniken
Anatomisches
Theater
Justizvollzugs-
anstalt
Moabit
Otto-
Sch.
Lehrter
Stadtbahnhof
Humboldt-
hafen
Invaliden-
str.
F.-List-
Ufer
Alt-
123
129
Deutsches
Theater
147

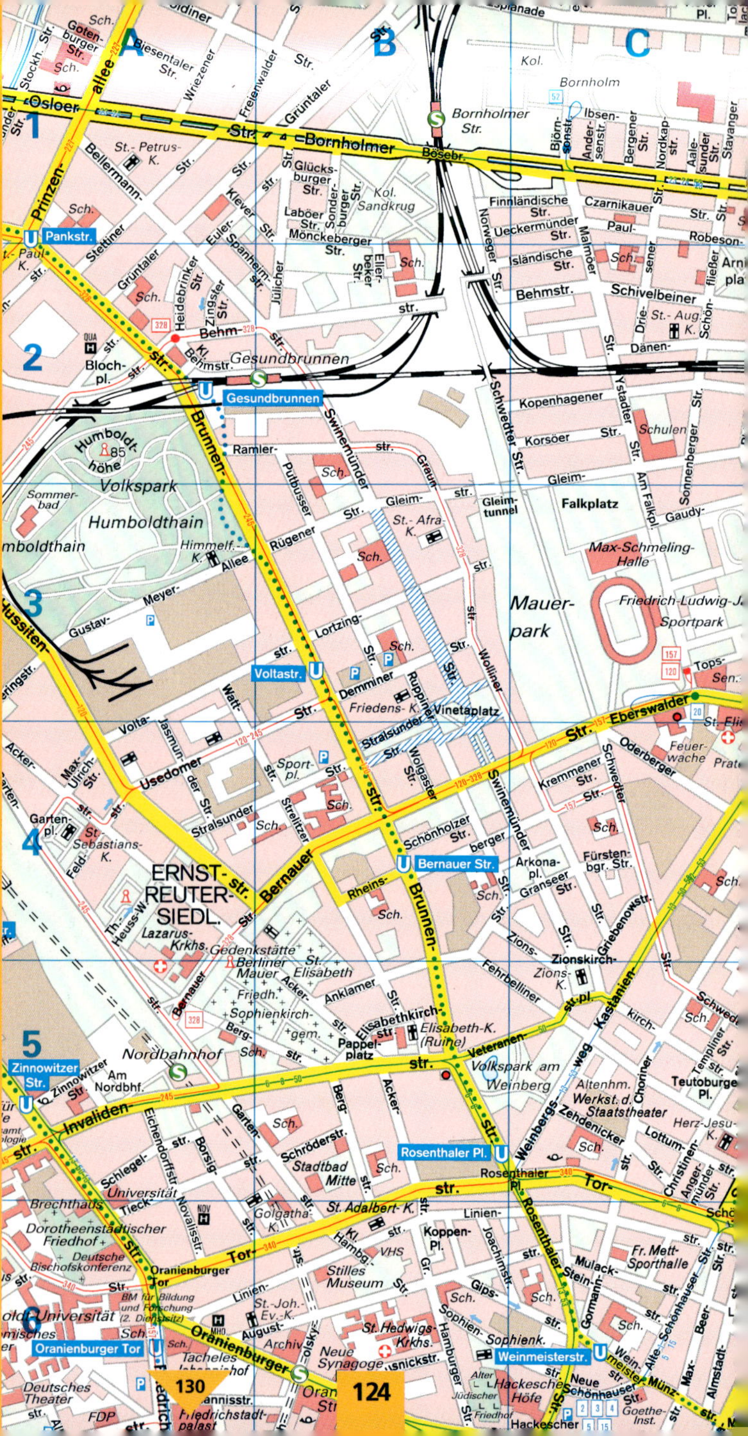
A
B
C
1
2
3
4
5
6
Osloer Str.
Bornholmer Str.
Bösebr.
Bornholmer Str.
Kol. Bornholm
Biesentaler Str.
Wriezener
Freienwalder
Grüntaler
Goten-burger Str.
Stockh. Str.
Prinzen-allee
St.-Petrus-K.
Bellermann-
Glücks-burger Str.
Kol. Sandkrug
Laböer Str.
Sonder-burger Str.
Mönckeberger Str.
Ellerbeker Str.
Jülicher
Klever Str.
Euler-
Spanheim-str.
Heidebrinker Str.
Zingster Str.
Stettiner
Grüntaler
Pankstr.
St.-Paul K.
Behm-
Behmstr.
Kl. Behmstr.
Bloch-pl.
Gesundbrunnen
Ibsen-str.
Björnsonstr.
Andersenstr.
Bergener Str.
Nordkap-str.
Aalesunder Str.
Stavanger
Finnländische Str.
Czarnikauer Str.
Ueckermünder Str.
Isländische Str.
Malmöer
Norweger Str.
Paul-
Robeson-
Behmstr.
Schivelbeiner
Drie-sener
St.-Aug.-K.
Schönfließer
Dänen-
Ystadter
Kopenhagener
Korsöer
Sonnenberger Str.
Schulen
Gleim-
Gleimtunnel
Falkplatz
Am Falkpl.
Gaudy-
Max-Schmeling-Halle
Friedrich-Ludwig-J.
Sportpark
Mauerpark
Schwedter Str.
Swinemünder
Graun-
Ramler-
Putbusser
Rügener
St.-Afra-K.
Humboldthöhe
85
Volkspark
Humboldthain
Sommerbad
Himmelf.-K.
Brunnen-
Allee
Gustav-Meyer-
Hussiten-
Lortzing-
Voltastr.
Demminer
Ruppiner
Friedens-K.
Vinetaplatz
Wolliner
Stralsunder
Wolgaster
Volta-
Jasmunder Str.
Watt-
Usedomer
Sport-pl.
Strelitzer
Stralsunder
Bernauer Str.
Bernauer Str.
Schönholzer Str.
Rheins-
Eberswalder
Oderberger
Feuerwache
Kremmener Str.
Schwedter
Arkona-pl.
Granseer
Fürstenbgr. Str.
Griebenowstr.
Zions-
Zionskirch-
Zions-K.
Fehrbelliner
Kastanien-
Kirch-
Templiner
Teutoburger Pl.
ERNST-REUTER-SIEDL.
Max-Ulrich-Str.
Acker-
Garten-pl.
St.-Sebastians-K.
Feld-
Th.-Heuss-W.
Lazarus-Krkhs.
Gedenkstätte Berliner Mauer
St.-Elisabeth
Acker-
Friedh.
Sophienkirch-gem.
Anklamer
Elisabethkirch-
Elisabeth-K. (Ruine)
Berg-
Pappel-platz
Veteranen-
Volkspark am Weinberg
Weinbergsweg
Altenhm. Werkst. d. Staatstheater
Zehdenicker
Choriner
Lottum-
Herz-Jesu-K.
Christinen-
Angermünder Str.
Nordbahnhof
Zinnowitzer Str.
Am Nordbhf.
Invaliden-
Garten-
Eichendorffstr.
Borsig-
Berg-
Acker-
Schröderstr.
Stadtbad Mitte
Rosenthaler Pl.
Rosenthaler Pl.
Tor-
Schlegel-
Universität
Tieck-
Novalisstr.
Brechthaus
Dorotheenstädtischer Friedhof
Deutsche Bischofskonferenz
Golgatha-K.
St. Adalbert-K.
Linien-
Koppen-Pl.
Joachimstr.
Rosenthaler
Tor-
Oranienburger Tor
Kl. Hamburg. Str.
VHS
Stilles Museum
Gr. Hamburger Str.
Mulack-
Fr. Mett-Sporthalle
Schönhauser
Gormann-
Stein-
Gips-
BM für Bildung und Forschung (2. Dienstsitz)
Linien-
St.-Joh.-Ev.-K.
August-
Oranienburger
Tucholsky-
St. Hedwigs-Krkhs.
Sophien-
Sophienk.
Weinmeisterstr.
Alte Schönhauser
Beer-
Max-
Almstadt-
Humboldt-Universität
Oranienburger Tor
Tacheles
Johannishof
Neue Synagoge
Auguststr.
Archiv
Alter Jüdischer Friedhof
Hackesche Höfe
Neue Schönhauser Str.
Münz-
Goethe-Inst.
Hackescher
Deutsches Theater
FDP
Friedrichstadtpalast
Hannisstr.
Sch.

130

PANKOW
WEISSENSEE
PANKOW
PRENZLAUER BERG
Schönhauser Allee
Berliner Str.
Wisbyer Str.
Prenzlauer Promenade
Prenzlauer Allee
Ostseestr.
Ostseepl.
Danziger Straße
Greifswalder Str.
Eberswalder Str.
Senefelderplatz
Planetarium
Ernst-Thälmann-Park
Kulturbrauerei
Jüdischer Friedhof
Kollwitzplatz
Synagoge
Immanuelkirch-Str.
Metzer Str.
St. Marien
St. Georgen
St. Nikolai
Platz am Königstor
Am Friedrichshain
Volkspark Friedrichshain
Städtisches Krkh. Friedrichshain
Arnswalder Platz
Stierbrunnen
Knaackstr.
Gethsemanestr.
Stargarder Str.
Grellstr.
Storkower Str.
Rykestr.
Wörther Str.
Mollstr.
Hufelandstr.
Käthe-Niederkirchner-Str.
Dietrich-Bonhoeffer-Str.
Kniprodestr.
Friedrichshain
Greifswalder Str.
400m
96a
109
2
3
4
5
6
D
E
F

131

A
B
C
120
400m
1
2
3
4
5
6
Kol. Spreeufer
Nonnen-
Stadt-entwäss.
Charlottenb. Schleuse
Kol. Spreewiesen
Spree
Kol. Schleusenland
Kol. Tiefer Grund II
Ruhwald-weg
Fürstenbrunner
damm
Weg
Grund I
Belvedere
Schloss-
garten
Friedh. der Kaiser-Wilh.-Ged.-gem.
Friedh. der Luisen-gem.
Fürstenbrunner
Puls-Stiftung
Pulsstr.
Mausoleum
Europ. Wirtschafts-hochschule
Max-Bürger-Krkhs.
100
Güterbf. Charlotten-burg
Sophie-
Mollwitzstr.
Schlosspark-Klinik
Kol. Westend
Braunsfelde
Sonntagsfrieden
Waserturm
Gesundheitspflege
Bismarckruh
Roßtrappe
Birkenwäldchen
FU Klinikum Charlottenbg.
Inst. für Tropenmed.
Senioren-wohnhm.
Gartenbau-amt
Spandauer
Damm
Spandauer-Br.
Spandauer
Spandauer Damm
Akazien-
Elisabeth-Stift
Nußbaum-
Klinik der FU
Kirschen-
Ulmen-
WESTEND
DRK-Hosp.
Kastanien-
Linden-pl.
Ahorn-pl.
allee
Königin-
Kollatz-str.
Lersch-pf.
Crusius-str.
Westend
Klausener Pl.
Danckelmann-
Gardes-du-Corps-S.
St.-Kamillus-K.
straße
Neufert
Nehring-
Charlotten-
Christ-
Eichen-
Branitzer Pl.
Eberesch-
Arbeits-amt
Alter Friedh. d. Luisen-gem.
Rüstern-
Linden-
Seeling-
CHARLOTTENE
Kinderklinik
Platanen-
G.-Keller-Str.
Elisabeth-
LVA
Kaiserdamm
Haeselerstr.
Eschen-
Leistikow-str.
Ev. Hosp.
Soor-
Knobelsdorff-
Epiphan.-K.
Reichs-
Halm-
str.
Stormstr.
Kl.-Groth-Str.
Ahorn-
BVG
Saldernstr.
Horst-
Vereins-weg
Sch.
Philippi-str.
Wundt-
Bayernallee
Kastanien-
Linden-
Hölderlin-
Fredericia-
Kaiserdamm
Theodor-Heuss-Platz
Anwalts-kammer
Kaiser-
Kaiserdamm-
Br.
Sen.-wohnhs.
Witz-
Bundes-gerichts
Heer-
Theod.-Heuss-Pl.
Sen. f. Schule u. Sport
LVA
SFB Fernseh-zentr.
Bredt-schneider-
Bisch. Ordinariat
Lietzen-
leben-
Pl.
Alemannen-allee
Karo-linger Pl.
Pommern-allee
Langobarden-all.
Masuren-
Hs. d. Rundf.
Kaiserdamm Süd
ZOB
Messe-damm
Witzleben
Riehl-
Lietzen-see
Lietzenseeufer
Warnen-weg
Franken-
Thüringer
St.-Hildegard-Krkhs.
Hammar-skjöld-Pl.
allee
Neue
Ostpr.-Br.
Kant-
str.
Wandalen-
Ubierstr.
Rundfunk-mus.
Messedamm Nord
Kuno-Fischer-Str.
Trendelenburg-
Amts-Ger.
Messe-
Sommer-garten
gelände
Funkturm
Int. Congress Centrum (ICC)
Jap. Garten
Dernburg-
Ober-post-dir.
Herbart-
Kuno-Fischer-Pl.
park
see
Senioren-heim
Kirche am Lietzen-see
Suarez-
Friedberg-
Harbigstr.
damm
Halensee-
Dreieck Funkturm
Rönne-
Eissporthalle Berlin
Rasthaus Avus
Nord-kurve
Westkreuz
Heilbronner
HALENSE
Jaffé-
Deutschland-halle
Eichkamp
Messe
str.
Messe-
Messedamm Süd
Lützen-str.
Georg-Wilh.-Str.
Katharinen-
Karlsruher
Waldschulallee
Cordes-str.
132
Bornstedter
Ringbahn-
Fürsten

121
127
133
Jungfernheide
Gaswerk Charlottenburg
Sickingen-pl.
Sickingen-br.
Olbers-str.
Gauß-str.
Hutten-str.
Kol. Gerickeshof
Habsburger Ufer
Kol. Pretoria
Schulen
Mierendorffpl.
Osnabrücker Str.
Kaiserin-Augusta-Str.
Augusta-Br.
Goslarer Pl.
Klarenbach-str.
Mierendorffstr.
Quedlinburger Str.
Sommeringstr.
Kraftwerk Charlottenburg
Wassersch.-Pol.
BVG
TU
Charlottenbgr.
Spree
Caprivi-Br.
Siemenssteg
Spreebord
Röntgen-Br.
Luisenplatz
Otto-Suhr-Allee
Dove-br.
Dovestr.
Helmholtz
Stadtentw.
Einstein-ufer
March-Br.
Marchstr.
Schule für Optik
Phys.-Techn. Bund.-Anst.
Herz-Jesu-K.
Lietzow
Luisen-K.
Rathaus
Rich.-Wagner-Pl.
R.-Wagner-Pl.
Stadtbad
AOK
Guericke-Sch.
Alt. Luisen-Friedhf.
Fraunhofer-str.
Tribüne-Theater
Ernst-Reuter-Pl.
Hardenbergstr.
Wilmersdorfer Str.
Deutsche Oper Berlin
Deutsche Oper
Bismarckstr.
Sophie-Charlotte-Pl.
ehm. Schillerth.
Renaissance-theater
Schillerstr.
Goethestr.
St.-Thomas-K.
Trinitatis-K.
Synagoge
CHARLOTTENBURG
Kantstr.
Wilmersdorfer Str.
Savignyplatz
Savigny-Pl.
Charlottenburg
Stuttgarter Pl.
Niebuhrstr.
Haus der Familie
Mommsenstr.
Kurfürstendamm
Leibnizstr.
Theater am Kurfürstendamm
Ober-finanz-direktion
Adenauerplatz
Olivaer Pl.
Lietzenburger Str.
Lewishamstr.
Droysenstr.
Windscheidstr.
Kaiser-Friedrich-Str.
Neue Schaubühne
Ludwig-Kirch

A
B
C
1
2
3
4
5
6
122
400m
MOABIT
Birkenstr.
Turmstr.
Hansaplatz
Bellevue
Tiergarten
Zoologischer Garten
Kurfürstendamm
Uhlandstr.
Wittenbergpl.
Augsburger Str.
Nollendorfpl.
Ernst-Reuter-Pl.
Kleiner Tiergarten
Krankenhaus Moabit
Ottoplatz
Spree
Gotzkowsky-Br.
Moabit. Br.
Lessing-br.
HANSA-VIERTEL
Akademie der Künste
Schlosspark Bellevue
Bundespräsidialamt
Großer Stern
Siegessäule
Straße des 17. Juni
Charlottenbg. Br.
Neuer See
Landwehrkanal
Zoologischer Garten
Aquarium
Universität
Hochschule der Künste
Technische
Bundesverwaltungsgericht
Hardenbergplatz
Amerika-haus
Theater des Westens
Kant-str.
Breitscheid-Pl.
Kaiser-Wilh.-Gedächtniskirche
Europa-Center
Budapester Str.
Kurfürsten-str.
Tauentzien-str.
Wittenberg-platz
Kleist-str.
An der Urania
Urania
Käthe-Kollwitz-Museum
Literaturhaus
Los Angeles Pl.
Nürnbgr. Pl.
Lietzenburger Str.
Schillstr.
Hofjäger-allee
Klingelhöferstr.
Stüler-str.
Lützow-ufer
Herkules-Br.
Landesamt für Polit. Bildungsarbeit
134
128

D
E
F
123
Museum für Naturkunde
Rodelbahn
Poststadion
Justizvollzugsanstalt
Containerbhf.
Friedhof
Heide-str.
Fritz-Schloß-Park
Haupt-platz
Kinderheim
Sommerbad
Seydlitz-platz
Stadtbad
Lehrter Str.
BM für Wirtschaft und Technologie
Museum für Gegenwart
Invaliden-park
BM f. Verkehr, Bau und Wohnungswesen
Bündnis 90 Die Grünen
Hannoversche
R.-Koch-Pl.
Charité-Hochhaus
Philipp-
Charité Universitätskliniken
Humboldt-Uni
Anatomische Theater
Invaliden-str.
Lehrter Stadtbahnhof
Humboldt-hafen
Lade-
F.-List-Ufer
Semoren-heim
Lesser-Ury-Weg
Claire-Waldoff-Prom.
Dix-Str.
Otto-
Seydlitz-
Justizvollzugsanstalt Moabit
Alt-Moabit
Carl von Ossietzky-Park
Washington-platz
Alexander-ufer
Kapelleufer
Schumann-str.
Reinhardt-str.
Karl-pl.
Marienstr.
GARTEN
Werft-
Ingeborg-
Fleming-str.
Moltke-Br.
Nord-br.
Willy-Brandt-Str.
Otto-von-Bismarck-Allee
Konrad-Adenauer-Str.
Bundespresse-Konf.
Reinhardtstr.
Schiffbauerdamm
M.-Steffin-Str.
Drewitz-Allee
Alice-Berend-Str.
Kanzler-park
Spree
Bundes-kanzleramt
Paul-Löbe-Haus (Bundestag)
Marie-Elisabeth-Lüders-Haus (Bundestag)
BM f. Umw
Schiffbauer
Joachim-Karnatz-Allee
Moabiter Werder
Süd-br.
Paul-
Haus der Kulturen der Welt
Große Querallee
Heinr.-v.-Gagern-Str.
Platz der Republik
Löbe-Allee
Reichstagsgebäude (Bundestag)
Fr.-Ebert-Pl.
Marschallbr.
Reichstag-
ARD
Jakob-Kaiser-Haus
Wilhelm-str.
Luther-Br.
John-Foster-Dulles-Allee
Carillon
Scheidemann-str.
Dorotheen-Haus (Bundestag)
Sowjetisches Ehrenmal
Simsonweg
Ebertstr.
Pariser Pl.
Unter den Linden
Platz des 18. März
Kleiner Stern
Straße des 17. Juni
Entlastungs-str.
Brandenburger Tor
Akademie der Künste
Behrenstraße
Bremer
Bellevue-allee
Weg
Straßentunnel B96 in Bau
Eisenbahntunnel in Bau
Löwen-Dkm.
Goethe
BM für Ernährung, Landwirtschaft und Forsten
Cora-Berliner-Str.
Ahrend-Str.
Hochsch. für Musik
Tiergarten
4 Potsd. Platz Arkaden
Ahornsteig
Hannah-Arendt-Str.
Edwin-Redslob-Str.
Landesvertr. In den Ministergärten
An der Kolonnade
Friedr.-Wilh. III
96
Lessing
Kemper-Pl.
Lenné-str.
Henriette-Herz-Park
Hans-v.-Bülow-S.
Voß-str.
BM f. Verkehr
Tiergarten-str.
142
148
Philharmonie
Musikinstr.-museum
Bellevuestr.
Arkaden
Potsdamer Pl.
Leipziger Pl.
Leipziger S
LV-B.-Württemb.
Kunstgewerbe-museum
Kulturforum
Kammermusiksaal
Kunstbibliothek
Kupferstichkabinett
Gemäldegalerie
Potsdamer Str.
Potsdamer Pl.
Bundesrat
LV-Nordrh.-Westf.
Bundesamt für Kartogr. u. Geo.
Hiroshimastraße
Hildebrandstraße
Gedenkstätte Dt. Widerstand
BM der Verteidigung (2. Dienstsitz)
LV-Bremen
Sigismund-str.
Matthäi-kirchplatz
Scharoun-str.
Marl.-Dietrich-Pl.
Eichhorn-str.
Alte Potsdamer Str.
Fontane-pl.
Stresemann-str.
Abgeordnetenhaus von Berlin
Stauffenberg-str.
Neue Nationalgalerie
Hitzigallee
Staats-bibliothek
Musical-theater
Niederkirchnerstr.
Reichpietsch-ufer
Wissenschafts-zentrum
Martin-Gropius-Bau
Tilly-Durieux-Park
Gabriele-Tergit-Promenade
Lützow-ufer
Schöneberger ufer
Bendler-Br.
General-Bds.-Anw.
Potsdamer Br.
Landwehrkanal
Europahaus
Bernburger Str.
Dessauer Str.
Askanischer
Jugendgästehs.
Am Karlsbad
Link-str.
Mendelssohn-Bartholdy-Park
Elisab.-Krkhs.
G.-C.-Marshall-Br.
Magdebgr. Pl.
Anhalter Bhf.
Köthener Str.
Hafenpl.
Schöneberger Str.
Dkm. d. Anhalter Bf.
Derfflingerstr.
Schule
Bissingzeile
Tempelhofer Ufer
Genthiner Str.
Kluck-str.
Pohl-str.
St.-Lukas-K.
Berufs-sch.
Arbeits-ger.
Schöneberger Br.
Lapidarium
Tempodrom
Hallesches
Kiel-ganstr.
Mackensen-str.
Zwölf-Apostel-K.
Kurmärk. Str.
Potsdamer Str.
Körnerstr.
Flottwell-str.
Schöneberger Str.
Luckenwalder Str.
Möckern-str.
Amtsger.
Kurfürstenstr.
Kurfürsten-str.
Berufsfachsch.
Bülow-str.
Finanzamt
129
Gleisdreieck
135
Möckernbr.
1
2
3
4
5
6

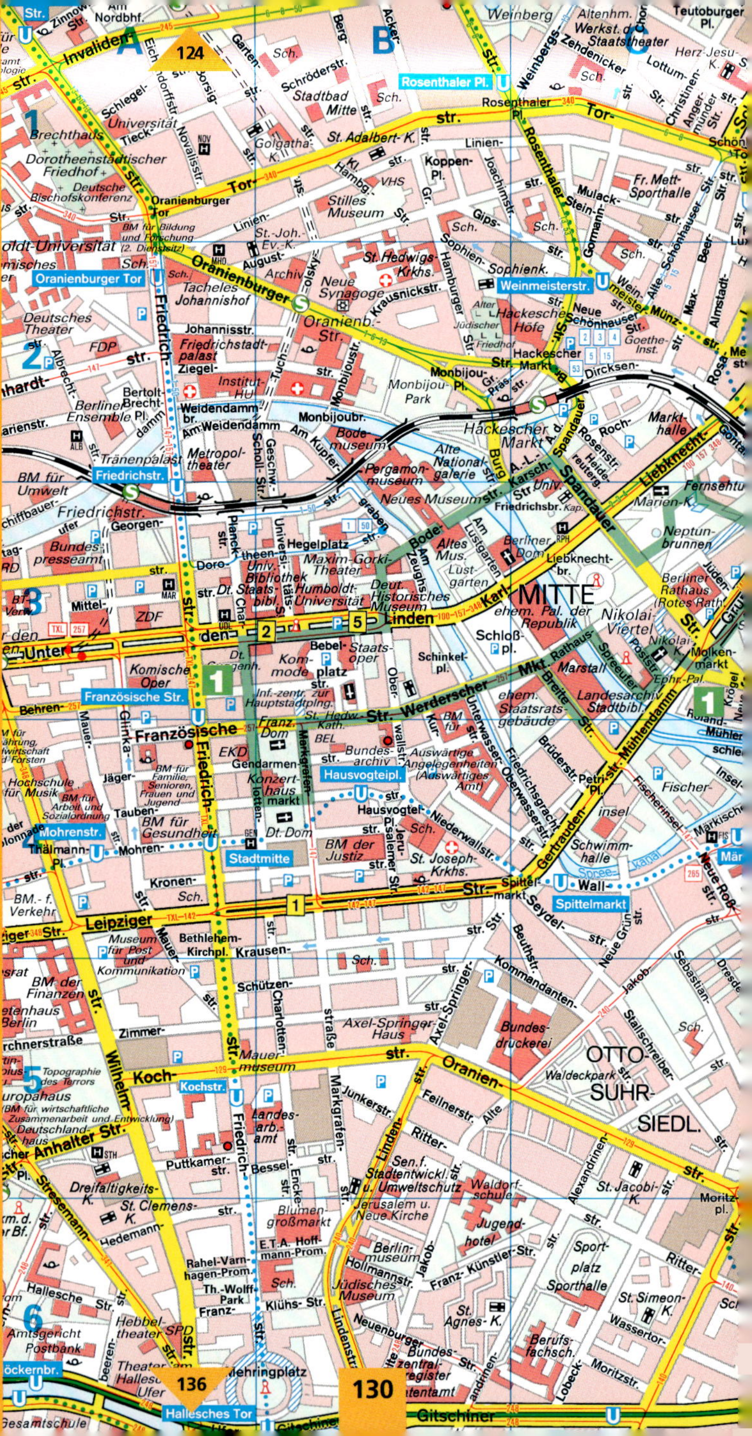

124
136
130
A
B
C
1
2
3
4
5
6
MITTE
OTTO-SUHR-SIEDL.
Invalidenstr.
Torstr.
Oranienburger Tor
Oranienburger Str.
Rosenthaler Pl.
Rosenthaler Str.
Weinmeisterstr.
Hackescher Markt
Friedrichstr.
Französische Str.
Mohrenstr.
Stadtmitte
Hausvogteipl.
Spittelmarkt
Kochstr.
Hallesches Tor
Möckernbr.
Unter den Linden
Karl-Liebknecht-Str.
Leipziger Str.
Kochstr.
Oranienstr.
Wilhelmstr.
Anhalter Str.
Stresemannstr.
Gitschiner Str.
Lindenstr.
Alte Jakobstr.
Markgrafenstr.
Charlottenstr.
Mauerstr.
Werderscher Mkt.
Spandauer Str.
Mühlendamm
Gertraudenstr.
Wallstr.
Neue Roßstr.
Brechthaus
Dorotheenstädtischer Friedhof
Deutsche Bischofskonferenz
Humboldt-Universität
Tacheles
Johannishof
Deutsches Theater
Berliner Ensemble
Friedrichstadt-palast
Tränenpalast
Metropol-theater
Neue Synagoge
Stadtbad Mitte
Stilles Museum
Hackesche Höfe
Monbijou-Park
Bodemuseum
Pergamonmuseum
Alte Nationalgalerie
Neues Museum
Altes Mus.
Lustgarten
Berliner Dom
Neptunbrunnen
Berliner Rathaus (Rotes Rath.)
Nikolai-Viertel
Marstall
Landesarchiv Stadtbibl.
Schloßpl.
Staatsoper
Komische Oper
Gendarmenmarkt
Konzerthaus
Dt. Dom
Franz. Dom
St. Hedw.-Kath.
Maxim-Gorki-Theater
Deut. Historisches Museum
Bundespresseamt
ZDF
Bundesarchiv
Auswärtiges Amt
St. Joseph-Krkhs.
BM der Justiz
BM für Gesundheit
BM der Finanzen
Museum für Post und Kommunikation
Axel-Springer-Haus
Bundesdruckerei
Mauermuseum
Topographie des Terrors
Jüdisches Museum
Berlinmuseum
Blumengroßmarkt
Jerusalem u. Neue Kirche
Mehringplatz
Amtsgericht
Postbank
Hebbel-theater
Waldorfschule
Jugendhotel
Sporthalle
Berufsfachsch.
St. Jacobi-K.
St. Simeon-K.
Moritzpl.
Waldeckpark
Fernsehturm
Marien-K.
Markthalle

125
137
400m
D
E
F
1
2
3
4
5
6
Senefelderplatz
Alexanderplatz
Schillingstr.
Strausberger Pl.
Jannowitzbr.
Klosterstr.
Heinrich-Heine-Str.
Görlitzer Bahnhof
Kottbusser Tor
FRIEDRICHSHAIN
Volkspark
Friedrichshain
Frei-
lichtbühne
Städtisches Krkh.
Friedrichshain
Platz der Vereinten Nationen
Landsberger Allee
Karl-Marx-Allee
Prenzlauer Berg
Greifswalder Str.
Am Friedrichshain
Friedenstr.
Lichtenberger Str.
Strausberger Pl.
Holzmarktstr.
Jannowitzbr.
Michaelbr.
Spree
Ostbahnhof
Stralauer Platz
Mühlenstr.
Köpenicker Str.
Rummelsburger Pl.
Heinrich-Heine-Str.
Oranienpl.
Skalitzer Str.
St. Marien
St. Georgen
St. Nikolai
Platz am Königstor
St. Katharinen-Stift
Bartolomäus-K.
Sen.-hm.
Georgenkirchstr.
Schwimmhalle
Mus.
Statist. Bundes- u. Landesamt
Landes-pol.-verw.-amt
BM für Umwelt u. Natur
LKA
Bez.-Amt Mitte
Kongreßhalle
Ambulatorium
Magazinstr.
Neue Weberstr.
Palisadenstr.
Pius-K.
Auferstehungs-K.
Sport-platz
M.-Planck-Obersch.
Fr. Engels-Obersch.
H.-Stöhr-Platz
Andreas-K.
Andreas-Pl.
F.-Mehring-Pl.
Pariser Kommune
Rüdersdorfer Str.
Am Wriezener Bahnhof
Märkisches Museum
Köllnischer Park
Schultze-Delitzsch-Pl.
Ober-stufen-zentr.
St. Michael-K.
Städt. Krkhs. Mitte
Engelbecken
Bethanien
Künstlerhaus Bethanien
St. Thomas-K.
Mariannenplatz
St. Thomas-Gem. Hs.
Spreepark
Markthalle
Emmaus-Gem. Hs.
Emmaus-K.
Oberstufenzentrum
Jugendfreizeitheim
Ballhaus
Blindenanstalt
Stadtbücherei
Heinrich-Pl.
Wassertor-Pl.
Feuerwache
Garten-bauamt
Wrangelstr.
Muskauer Str.
Waldemarstr.
Manteuffelstr.
Pücklerstr.
Eisenbahnstr.
Lausitzer Pl.
Naunynstr.
Adalbertstr.
Reichenberger Str.
Dresdener Str.
Leuschnerdamm
Melchiorstr.
Michaelkirchstr.
Schillingbrücke
Brückenstr.
Alexanderstr.
Mollstr.
Berolinastr.
Weydemeyerstr.
Blumenstr.
Singerstr.
Kl. Andreasstr.
Koppenstr.
Lebuser Str.
Fürstenwalder Str.
Friedrichsberger Str.
Strausberger Str.
Pufendorfstr.
Kniprodestr.
Virchowstr.
Hans-Otto-Str.
Käthe-Niederkirchner-Str.
Bötzowstr.
Esmarchstr.
Heinrich-Roller-Str.
Saarbrücker Str.
Metzer Str.
Straßburger Str.
Wadzeckstr.
Keibelstr.
Otto-Braun-Str.
Mendelssohnstr.
Barnimstr.
Höchste Str.
Weinstr.
Büschingstr.
Mollstraße
Jacobystr.
Dircksenstr.
Littenstr.
Waisenstr.
Rodewil
Schillingstr.
Ohmstr.
Schmidstr.
Engeldamm
Erich-Steinfurth-Str.
Lange Str.
Mehlbeerenw.
Krautstr.
Kl. Markusstr.
Wallstr.
Runge-str.
Jakobstr.
Prinzessinnenstr.
Legiendamm
Zeughofstr.
Lübbener Str.
Liebfrauen-K.
Wiener Str.

126
A
B
C
1
3
4
5
6
Messe
gelände
Funkturm
Int. Congress Centrum (ICC)
Jap. Garten
Messedamm Nord
Messedamm Süd
Dreieck Funkturm
Kurfürstendamm
9
10
11
12
Harbigstr.
Jaffé-
Eissporthalle Berlin
Deutschlandhalle
Eichkamp Messe
Messe-str.
Messedamm-br.
Rasthaus Avus
Nordkurve
Halensee-str.
Westkreuz
Kuno-Fischer-Pl.
Kuno-Fischer-Str.
Dernburg-str.
Oberpostdir.
Senioren-heim
park
Kirche am Lietzensee
Suarez-str.
Friedberg-
Rönne-str.
HALENSEE
Heilbronner
Lützen-str.
Georg-Wilh.-Str.
Ringbahn-str.
Katharinen-
Karlsruher
Henrietten-pl.
Kurfürsten
West-fälische
Halensee
J.-Sigismund-Str.
Seesener
Waldschulallee
Zikaden-weg
Am Vogelherd
Am Fliederbusch
Lärchenweg
Eichkatzweg
Cordes-str.
Am Dornbusch
115
Eichkamp-
A V U S
Cordes-str.
Güterbhf. Grunewald
Zoll-A. Grunewald
Werkstättenweg
Bornstedter Str.
Kronpr.-damm
Bornimer Str.
Nedlitzer Str.
Friedenthal-Park
Halen-see
Freibad
Jugendhm.
Margareten-str.
Rathenau-Pl.
Storck-winkel
Schwarzbacher Str.
Schwarzb.-Br.
Friedrichs-
Trabener
Niersteiner Str.
Erbacher Str.
Wallotstr.
Senioren-Hm.
Umwelt-Bundes-amt
Schinkel-str.
Caspar-
Herbert-str.
Bismarck-Pl.
Buntschuh-str.
K.-
Theyß-
Viktoria-
Mart.-Luth.-Krkhs.
Grieser Pl.
Rintelner Str.
Erdener
Gneiststr.
Wissmann-str.
Koenigs-allee
Lynar-Johanna-Pl.
Herthastr.
Lynar-str.
Humboldt-
Charlottenbrunner
Paulsborner Str.
Winkler-
Hasensprung
Koenigs-see
Koenigsallee-Br.
Hertha-see
Diana-see
Bismarck-
Schleinitz-str.
Hertha-str.
Bismarck-br.
Hubertus-see
Delbrück-str.
Lassen-str.
Wangen-heim-
Warmbrunner
Hubertus-Sportplatz
Auguste-Viktoria-
Kudowa-
Salz-
Hoh
Koenigs-allee
Bismarck-
Taubert-
Grunew. K.
Sch.
GRUNEWALD
Feuer-wache
E.-Seidel-Krkhs.
Hagen-pl.
Furtwängler-
St.-Karl-Borromäus-K.
Hubertus-allee
Franzensbader Str.
Reinerz-str.
Ev. FH
Oberlin-Seminar
Flinsbgr. Pl.
Hohenzollern-damm
Kranzer Str.
Kreuz-K.
Forckenbeck
Menzel-
Klindworth-stg.
Bilse-str.
Werner-str.
Strauss-str.
bergsteig
Jos.-Joach.-Pl.
Berkaer
Elgersbgr. Str.
Ilmenauer Str.
Nikisch-str.
Taubert-str.
Leo-Blech-Pl.
Knaus-str.
Dachsberg
Grieg-str.
Reger-
Rich.-Strauss-
Brahms-str.
Hubertusbader
Taunusstr.
Teplitzer Str.
Eger-
Plöner Str.
Elster-Pl.
Kissinger
Salvator K.
Kissinger Pl.
Tölzer
Weinheimer
Spohr-str.
Hagen-str.
Reuter-pfad
berger
DRK
Karls-bader
Rosen-eck
Hohenzollern-damm
Marienbader Str.
Ruhlaer Str.
Städt. Hosp.
Sulzaer Str.
Berkaer Str.
Rathaus
Berkaer Platz
Davoser
SCHMAR
Reichenhaller
Kolbgr. Pl.
Friedrichshaller
Wild-
pfad
Königsmarck-str.
Bernadotte-str.
Waldmeister-str.
Rheinbaben-allee
Hundekehle-str.
Breite
Eichhörnchensteig
400m
Rob.-Stolz-Anl.
Waldmeister-str.
Miquel-
Lucius-
Schellendorfer
Selchowstr.
Warnemünder Str.
Grune-wald-see
Jugendfreizeitheim
Hockey-platz
Dünkelberg-stg.
Rehkitz-stg.
Clay-allee
132
Bernadotte-
Messel-park
Heyden-
stein-
Saßnitzer Str.
Misdroyer
Doberan
Krampas-pl.
129
210
249

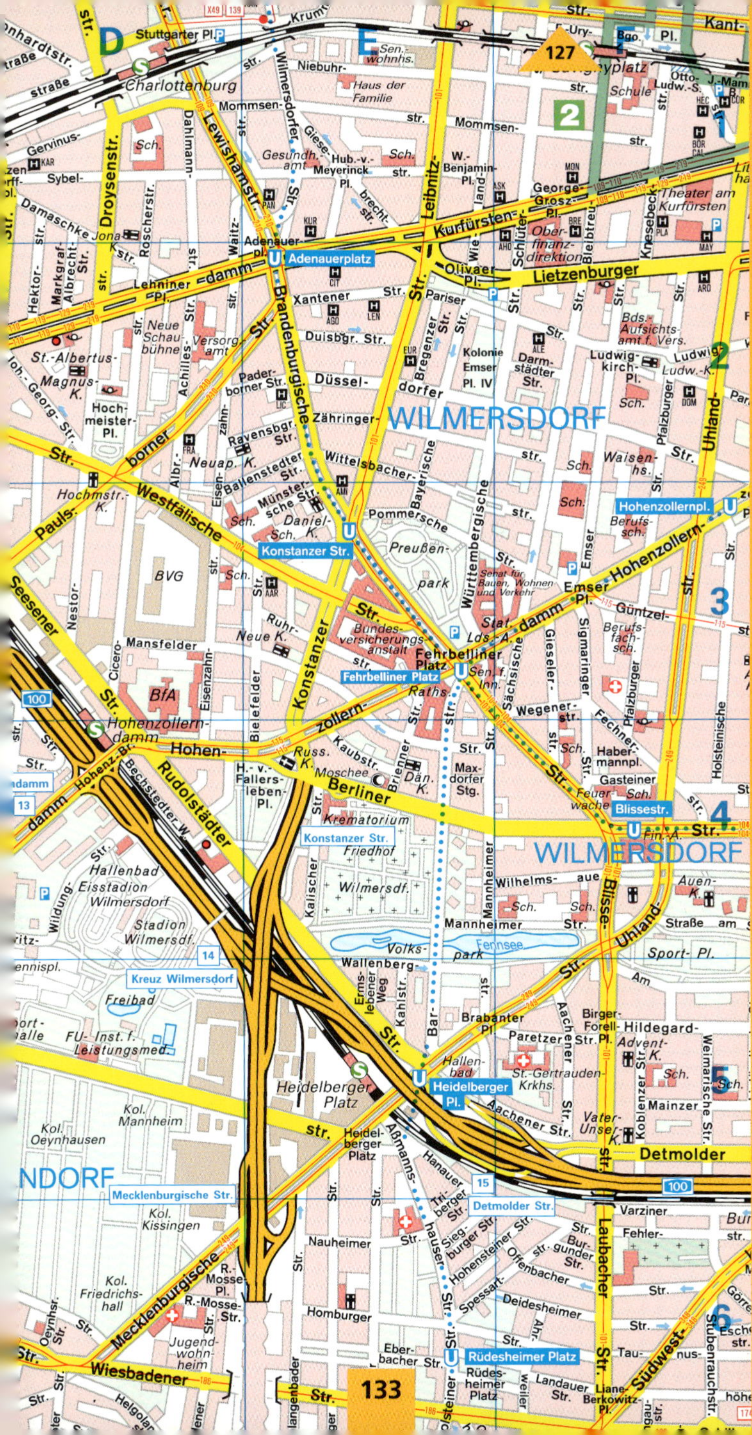
127
D
E
F
2
3
4
5
6
Charlottenburg
Stuttgarter Pl.
Kant-
Niebuhr-
Sen.-wohnhs.
Haus der Familie
Mommsen-
Gervinus-
Sybel-
Damaschke
Droysenstr.
Dahlmann-
Lewishamstr.
Wilmersdorfer Str.
Giese-
Gesundh.-amt
Hub.-v.-Meyerinck-Pl.
Leibnitz-
W.-Benjamin-Pl.
George-Grosz-Pl.
Kurfürsten-
Theater am Kurfürsten
Adenauerplatz
Adenauer-pl.
Kurfürstendamm
Lehniner Pl.
Olivaer Pl.
Ober-finanz-direktion
Lietzenburger
Xantener
Pariser
Duisbgr. Str.
Brandenburgische
Bregenzer Str.
Kolonie Emser Pl. IV
Darm-städter Str.
Bds.-Aufsichts-amt f. Vers.
Ludwig-kirch-Pl.
St.-Albertus-Magnus-K.
Neue Schau-bühne
Versorg.-amt
Paderborner Str.
Düssel-dorfer
WILMERSDORF
Hoch-meister-Pl.
Zähringer-
Ravensbgr. Str.
Neuap. K.
Ballenstedter Str.
Wittelsbacher-
Waisen-hs.
Pfalzburger
Uhland-
Hochmstr.-K.
Westfälische
Pauls-
Münster-sche Str.
Daniel-K.
Konstanzer Str.
Pommersche
Preußen-park
Württembergische
Bayerische
Hohenzollernpl.
Berufs-sch.
BVG
Senat für Bauen, Wohnen und Verkehr
Emser Pl.
Hohenzollern-
Güntzel-
Seesener
Nestor-
Mansfelder
Bundes-versicherungs-anstalt
Fehrbelliner Platz
Sen. f. Inn.
Berufs-fach-sch.
Ruhr-
Neue K.
Cicero-
Eisenzahn-
Bielefelder
Konstanzer
BfA
Hohenzollern-damm
Hohen-zollern-
Raths.
Sächsische
Sigmaringer
Wegener-str.
Fechner-
Holsteinische
Russ. K.
Kaubstr.
Moschee
Briennner
Dän. K.
Max-dorfer Stg.
Gieseler-
Haber-mannpl.
Gasteiner
Feuer-wache
Blissestr.
H.-v.-Fallersleben-Pl.
Berliner
Rudolstädter
Bechstedter W.
Hohenz.-Br.
Krematorium
Konstanzer Str.
Friedhof
Wilmersdf.
Hallenbad
Eisstadion Wilmersdorf
Stadion Wilmersdf.
Kreuz Wilmersdorf
Freibad
FU-Inst. f. Leistungsmed.
Wilhelms-aue
Mannheimer
Mannheimer Str.
Volkspark
Fennsee
Wallenberg-
Kalischer
Ermslebener Weg
Kahlstr.
Bar-
Blisse-
Uhland-
Auen-K.
Straße am Sport-Pl.
Brabanter Pl.
Paretzer
Aachener
Birger-Forell-Pl.
Hildegard-
Advent-K.
Weimarische Str.
Koblenzer Str.
Mainzer
Hallen-bad
St.-Gertrauden-Krkhs.
Heidelberger Pl.
Heidelberger Platz
Aachener Str.
Vater-Unser-K.
Detmolder
Kol. Mannheim
Kol. Oeynhausen
Heidel-berger Platz
Aßmannshauser Str.
Hanauer
Tri-berger Str.
Detmolder Str.
Mecklenburgische Str.
Kol. Kissingen
Nauheimer
Sieg-burger Str.
Hohensteiner Str.
Offenbacher
Bur-gunder Str.
Fehler-str.
Varziner
Laubacher
Kol. Friedrichs-hall
Mecklenburgische
R.-Mosse-Pl.
R.-Mosse-Str.
Jugend-wohn-heim
Homburger
Spessart-
Deidesheimer
Südwest-
Stubenrauchstr.
Eber-bacher Str.
Rüdesheimer Platz
Rüdes-heimer Platz
Landauer Str.
Liane-Berkowitz-Pl.
Wiesbadener
Langenbader
Oeynhsr.
Helgoländer

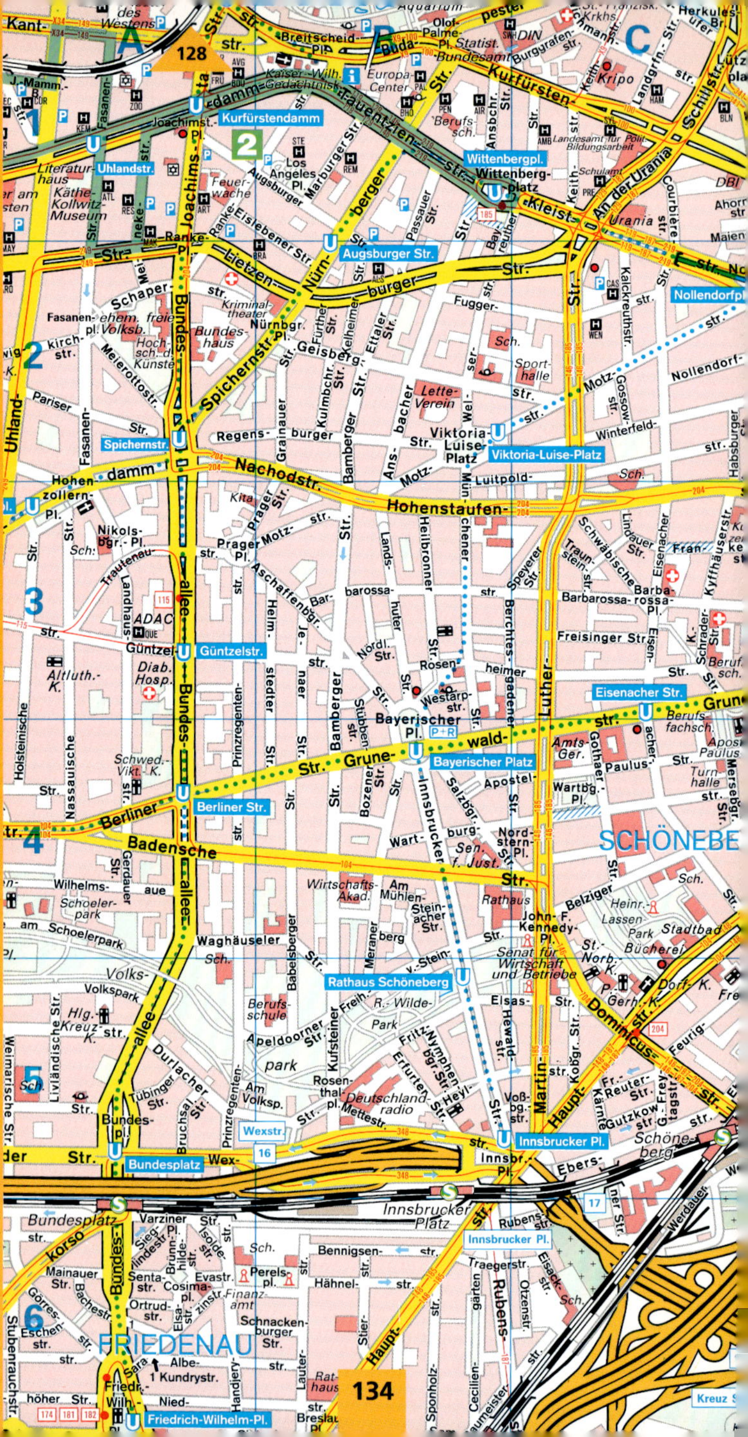

A
B
C
1
2
3
4
5
6
128
Kant-Str.
Kurfürstendamm
Uhlandstr.
Joachimsthaler Str.
Breitscheid-Pl.
Budapester Str.
Olof-Palme-Pl.
Kaiser-Wilh.-Gedächtnisk.
Europa-Center
Tauentzienstr.
Kurfürstenstr.
Wittenbergpl.
Wittenbergplatz
Kleiststr.
An der Urania
Urania
Kripo
Nollendorfpl.
Literaturhaus
Käthe-Kollwitz-Museum
Los Angeles Pl.
Augsburger Str.
Marburger Str.
Nürnberger Str.
Passauer Str.
Ranke-Pl.
Rankestr.
Eislebener Str.
Lietzenburger Str.
Fasanenstr.
Schaperstr.
Kriminaltheater
Nürnbg. Pl.
Bundeshaus
Hochsch. d. Künste
Meierottostr.
Pariser Str.
Spichernstr.
Geisbergstr.
Fuggerstr.
Sporthalle
Lette-Verein
Motzstr.
Nollendorfstr.
Viktoria-Luise-Platz
Winterfeldtstr.
Regensburger Str.
Hohenzollerndamm
Nachodstr.
Hohenstaufenstr.
Luitpoldstr.
Prager Pl.
Aschaffenburger Str.
Barbarossastr.
Freisinger Str.
Trautenaustr.
Landhausstr.
ADAC
Güntzelstr.
Bundesallee
Altluth. K.
Diab. Hosp.
Bayerischer Pl.
Bayerischer Platz
Westarpstr.
Eisenacher Str.
Grunewaldstr.
Berliner Str.
Badensche Str.
Innsbrucker Str.
Martin-Luther-Str.
Apostel-Paulus-Str.
Nordstern-Pl.
SCHÖNEBERG
Wirtschafts-Akad.
Rathaus
Rathaus Schöneberg
John-F.-Kennedy-Pl.
Senat für Wirtschaft und Betriebe
Volkspark
Berufsschule
Kufsteiner Str.
Rudolph-Wilde-Park
Dominicusstr.
Hauptstr.
Deutschlandradio
Innsbrucker Pl.
Bundesplatz
Wexstr.
16
17
Innsbrucker Platz
Schöneberg
Bundesallee
Varziner Str.
Bennigsenstr.
Hähnelstr.
Rubensstr.
Traegerstr.
Mainauer Str.
Bachestr.
Evastr.
Perels-pl.
Finanzamt
Schnackenburger Str.
FRIEDENAU
Friedr.-Wilh.-Pl.
Friedrich-Wilhelm-Pl.
Kundrystr.
Niedstr.
Stubenrauchstr.
Kreuz

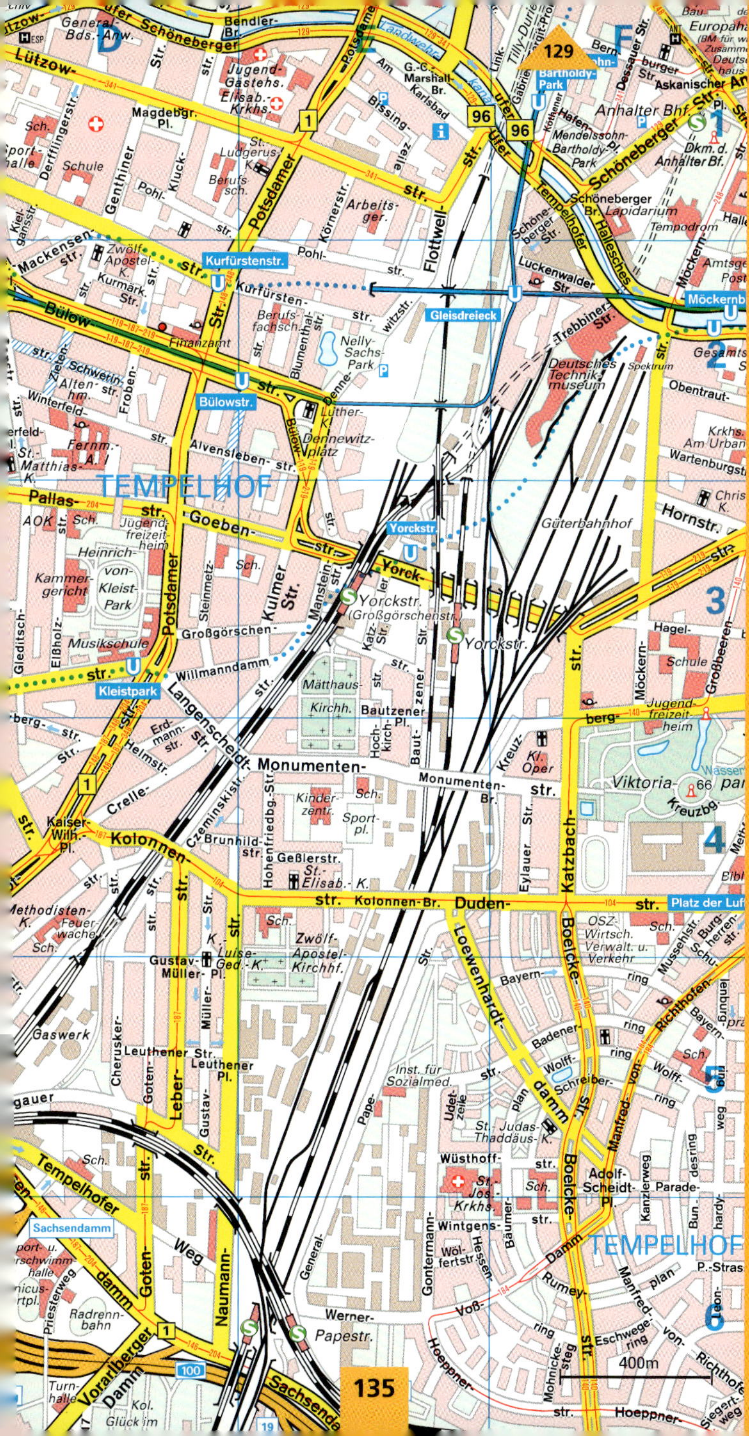

Schöneberger Ufer
Bendler-Br.
General-Bds.-Anw.
Lützow-
Potsdamer
Landwehrkanal
Jugend-Gästehs.
Elisab.-Krkhs.
Magdebgr. Pl.
St.-Lukas-K.
Berufs-sch.
Derfflingerstr.
Genthiner
Kluck-
Pohl-
Schule
Sch.
Körnerstr.
Arbeits-ger.
Flottwell-
G.-C.-Marshall-Br.
Bissing-zeile
Am Karlsbad
Tempelhofer Ufer
Mendelssohn-Bartholdy-Park
Anhalter Bhf.
Dkm. d. Anhalter Bf.
Askanischer Pl.
Dessauer Str.
Schöneberger Str.
Schöneberger Br.
Lapidarium
Tempodrom
Halle
Amtsger.
Post
Möckern-
Möckernbr.
Hallesches
Schöneberger Str.
Luckenwalder Str.
Trebbiner Str.
Deutsches Technik-museum
Spektrum
Gleisdreieck
Kurfürstenstr.
Kurfürsten-
Mackensen-str.
Zwölf-Apostel-K.
Kurmärk. Str.
Bülow-
Bülowstr.
Finanzamt
Berufs-fachsch.
Blumenthal-str.
Nelly-Sachs-Park
Dennewitz-platz
Luther-K.
Alvensleben-str.
Zieten-
Schwerin-str.
Alten-hm.
Winterfeld-
Froben-
St.-Matthias-K.
Fernm.-Amt
TEMPELHOF
Pallas-
Goeben-
Jugend-freizeit-heim
Heinrich-von-Kleist-Park
Kammer-gericht
AOK
Musikschule
Kleistpark
Steinmetz-
Kulmer Str.
Großgörschen-
Willmanndamm
Manstein-
Yorckstr.
Yorckstr. (Großgörschenstr.)
Yorck-
Katz-ler-Str.
Güterbahnhof
Obentraut-
Krkhs. Am Urban
Wartenburgstr.
Hornstr.
Chris-K.
Hagel-
Schule
Möckern-
Großbeeren-
Jugend-freizeit-heim
Viktoria-park
Kreuzbg.
Wasserfall
Mätthaus-Kirchh.
Bautzener Pl.
Bautzener str.
Langenscheidt-
Erd-mann-str.
Helmstr.
Monumenten-
Monumenten-Br.
Kl. Oper
Kreuz-
Hoch-kirch-str.
Baut-zener
Katzbach-
Eylauer Str.
Kaiser-Wilh.-Pl.
Crelle-
Kolonnen-
Czeminskistr.
Brunhild-str.
Hohenfriedbg.-Str.
Geßlerstr.
St.-Elisab.-K.
Kinder-zentr.
Sport-pl.
Kolonnen-Br.
Duden-
Platz der Luftbrücke
Methodisten-K.
Feuer-wache
Gustav-Müller-Pl.
Luise-Ged.-K.
Zwölf-Apostel-Kirchhf.
Loewenhardt-damm
Boelcke-
OSZ-Wirtsch. Verwalt. u. Verkehr
Mussehlstr.
Burg-herren-str.
Bayern-ring
Badener ring
Wolff-ring
Manfred-von-Richthofen-
Gaswerk
Cherusker-
Leuthener Str.
Leuthener Pl.
Goten-
Leber-
Gustav-Müller-
Inst. für Sozialmed.
Pape-
Udet-zeile
St.-Judas-Thaddäus-K.
Schreiber-
Wüsthoff-
St.-Jos.-Krkhs.
Wintgens-str.
Wölfertstr.
Hessen-
Bäumer-
Gontermann-
General-
Adolf-Scheidt-Pl.
Kanzlerweg
Parade-
Tempelhofer Weg
Sachsendamm
Sport- u. Schwimmhalle
Priesterweg
Radrennbahn
Naumann-
Werner-
Papestr.
Voß-
Hoeppner-
Rumey-plan
Eschwege-ring
Mohnicke-steg
Turnhalle
Vorarlberger Damm
Sachsendamm
Kol. Glück im Winkel
400m
TEMPELHOF

129

130
Kochstr.
Anhalter Str.
Stresemann-str.
Dreifaltigkeits-K.
St. Clemens-K.
Hedemann-str.
Puttkamer-str.
Friedrich-str.
Landes-arb.-amt
Bessel-str.
Markgrafen-str.
Enckestr.
Blumen-großmarkt
E.T.A. Hoff-mann-Prom.
Rahel-Varn-hagen-Prom.
Th.-Wolff-Park
Franz-Klühs-Str.
Junkerstr.
Feilnerstr.
Alte Ritter-str.
Linden-str.
Sen.f. Stadtentwickl. u. Umweltschutz
Jerusalem u. Neue Kirche
Berlin-museum
Jüdisches Museum
Hollmannstr.
Jakob-str.
Waldorf-schule
Jugend-hotel
Franz-Künstler-Str.
Alexandrinen-str.
St. Jacobi-K.
Sport-platz
Sporthalle
Ritter-str.
St. Simeon-K.
Wassertor-str.
Moritzpl.
Moritzstr.
SUHR-SIEDL.
Hallesche Str.
Amtsgericht
Postbank
Hebbel-theater
SPD
Theater am Halleschen Ufer
Mehringplatz
Möckernbr.
Hallesches Tor
Lindenstraße
Neuenburger Str.
Alte Jakobstr.
Bundes-zentral-register
Patentamt
St. Agnes-K.
Berufs-fachsch.
Lobeck-str.
Gitschiner Str.
Prinzenstr.
Waterloo Ufer
Gesamtschule
Theater am Ufer
Großbeeren-str.
Ruhlsdorfer Str.
Blücher-Pl.
Amerika-Gedenk-bibl.
Brachvogel-str.
Johanniter-str.
Sommerbad Kreuzberg
Böckler-park
Haus der Jugend
Carl-Herz-Ufer
Krkhs. am Urban
Mehringdamm
Blücher-str.
Finanzamt
Friedh. Jerusalem u. Neue Kirche
Am Johanni-tisch
Tempelherren-str.
Wilms-str.
KREUZBERG
Christus-K.
Rathaus
Baruther Str.
Urban-str.
Krankenhs. Am Urban
Geibel-str.
Bez.-Amt Kreuzberg
Yorckstr.
Fürbringer Str.
Gneisenau-str.
Gneisenaustr.
Bildungs-zentrum
Sport-halle
Fontane-Prom.
Freiligrath-str.
Schule
Sen. Hm. BSR
Riemannstr.
Nostitz-str.
Solms-str.
Zossener Str.
Mitten-walder Str.
Schleier-macher-str.
Baerwald-str.
Körte-str.
Bergmann-str.
Südstern
Marktheineke-halle
Marheineke-pl.
Arndt-str.
Chamisso-pl.
Willibald-Alexis-str.
Am Tempelhofer Berg
Kopisch-str.
Fidicin-str.
Kloeden-str.
Heimstr.
Drei-faltigk.-Kirchh.
Friedr.-Werder-Kirchh.
Kirchh. Jerusal.
Lilienthalstr.
Wasserfall
Viktoria-park
Methfessel-str.
Wilhelmshöhe
Haus der Familie
Bibliothek
Schwiebusser-Str.
Jüterboger Str.
Pol. Dir. 5
Kfz. Zul.
Hauptzollamt Süd
Bundes-kartellamt
Zollfahndungs-amt
VUB
Golßener Str.
Züllichauer Str.
Platz der Luftbrücke
Pl. der Luftbrücke
Columbia-damm
Friesen-str.
Regen-becken
Tennis-halle
Columbiahs.
Polizei-präsidium
Landespolizei-direktion
Fundbüro
Paradestr.
Tempelhofer Damm
Kaiser-korso
Flughafen Berlin-Tempelhof
P.-Strasser-Weg
Richthofen-Str.
400m

Bloß nicht!

Berlin ist ja meistens eine friedliche Stadt, aber es gibt ein paar Dinge, denen man aus dem Weg gehen sollte

Hütchenspiel
Auf Straßen und Plätzen, Märkten und anderswo demonstrieren gut organisierte, meist aus Osteuropa zugereiste Taschenspieler, wie man schnell einen Hunderter verdienen kann, wenn man nur weiß, wo nach einigem blitzartigem Geschiebe von drei Hütchen oder Streichholzschachteln eine Kugel drunterliegt. Nur, wenn Sie es selber versuchen, haben Sie garantiert verloren. Und wenn man die Betrüger überführen will, setzt es auch mal Prügel.

Striplokale
Die Szene um den Stuttgarter Platz, die Kantstraße und so weiter in Charlottenburg ist zwar auch nicht direkt gefährlich, aber die Rotlichtlokale dort sind schierer Nepp. Altersschwache Damen und handfeste Kellner sind nicht selten, und wer im Schummerlicht nicht gleich die happigen Preise lesen kann, bei dem wird mit der Faust kassiert.

Massenveranstaltungen
Rockkonzerte im Olympiastadion, Feiern am Pariser Platz, Christopher Street Day oder Love Parade – das hört sich gut an, ist aber oft schandbar teuer. Und wenn man da ist, sieht man alles nur ganz von ferne, übersteuerte Lautsprechertürme kreischen zum Steinerweichen, die Toilettenfrage ist wie immer völlig ungelöst, und wer Platzangst bekommt, hat Mühe, aus dem Gedränge den Weg ins Freie zu finden.

Sperlingsgasse
Das ist nicht jedermanns Sache: ein Kneipenkonglomerat in Wilmersdorf, das mit Wilhelm Raabes idyllischer »Sperlingsgasse« und eigentlich auch mit Berlin überhaupt nichts zu tun hat. Hier sind die Touristen unter sich und torkeln weit nach Mitternacht über die viel befahrene Lietzenburger Straße.

Mit dem Auto in die City
Nach der Wiedervereinigung hat noch niemand den sprunghaft angestiegenen Individualverkehr so recht in den Griff bekommen. Der rotgrüne Westsenat hoffte 1989 vergebens, der Verkehr würde sich irgendwann schon auf Busse und Bahnen verlagern, und die CDU nahm erst mal den Mund voll. Derweil beweisen Zehntausende von Autos alltäglich im Berufs- und Baustellenverkehr zwischen Potsdamer Platz und Moritzplatz, dass stehender Verkehr die Umwelt viel mehr verpestet als fließender. Häufige Demonstrationen verschärfen das Problem, ebenso wie weiträumige Absperrungen wegen angeblich bedrohter Staatsgäste oder infolge von Baustellen.

BVG Berliner Verkehrsbetriebe

S Bahn Berlin
Deutsche Bahn Gruppe

Partner im: VBB

Liniennetz der S- und U-Bahn

Berlin

S U RE RB

- S1 Wannsee ↔ Oranienburg
- S2 Blankenfelde ↔ Nordbahnhof ↔ Waidmannslust
- S25 Lichterfelde Süd ↔ Hennigsdorf (b Bln)
- S3 Erkner ↔ Westkreuz
- S4 Westhafen ↔ Bernau (b Bln)
- S45 Berlin-Schönefeld Flughafen ↔ Westend
- S46 Königs Wusterhausen ↔ Westend
- S5 Strausberg Nord ↔ Spandau
- S6 (Zeuthen ↔) Grünau ↔ Warschauer Straße
- S7 Ahrensfelde ↔ Potsdam Hauptbahnhof
- S75 Wartenberg ↔ Spandau
- S8 Grünau ↔ Birkenwerder
- S85 Spindlersfeld ↔ Blankenburg
- S86 Spindlersfeld ↔ Hermannstr.
- S9 Berlin-Schönefeld Flughafen ↔ Westkreuz
- U1 Krumme La…
- U15 Uhlandstr. ↔…
- U12 Ruhleben ↔…
- U2 Ruhleben ↔…
- U4 Nollendorfp…
- U5 Alexanderp…
- U6 Alt-Tegel ↔…
- U7 Rathaus Sp…

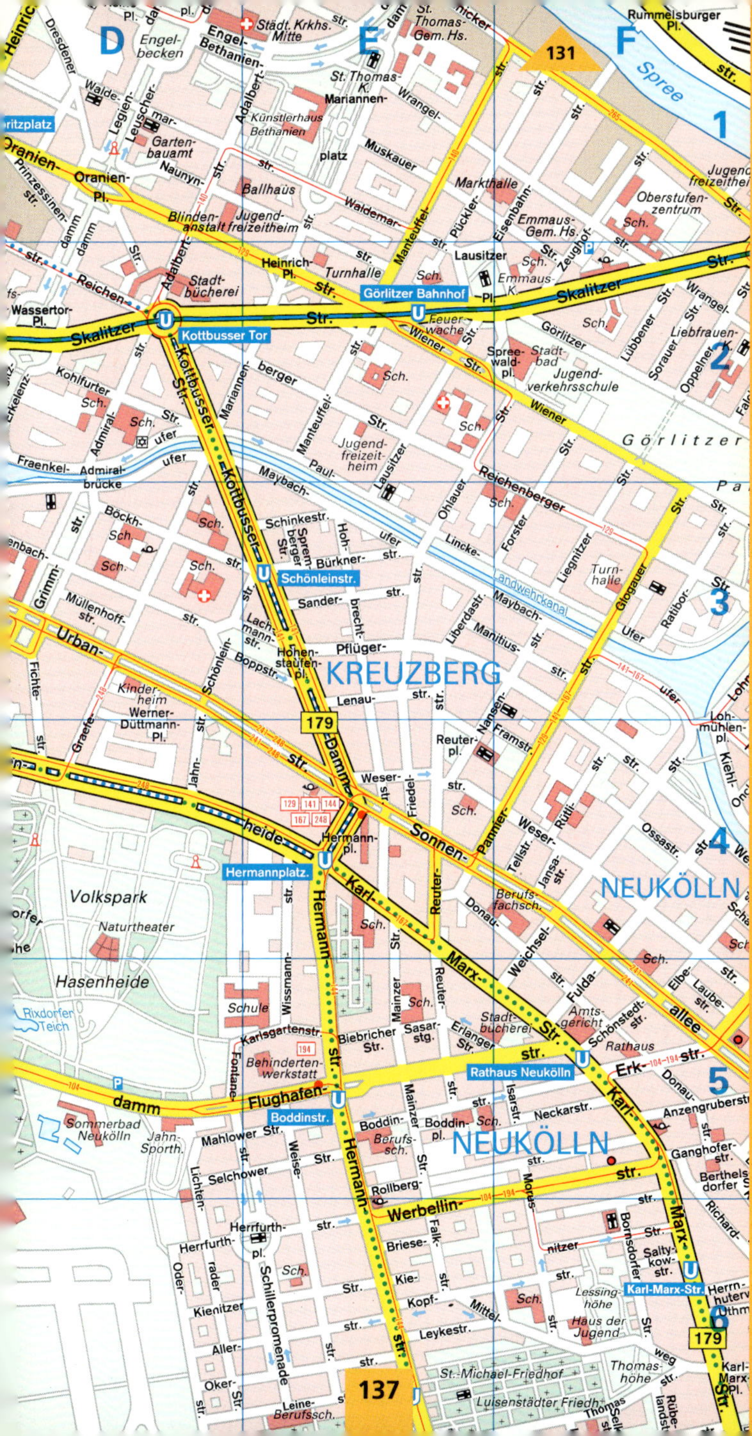
D
E
F
1
2
3
4
5
6
131
137
179
KREUZBERG
NEUKÖLLN
Kottbusser Tor
Görlitzer Bahnhof
Schönleinstr.
Hermannplatz.
Rathaus Neukölln
Boddinstr.
Karl-Marx-Str.
Spree
Landwehrkanal
Volkspark
Hasenheide
Naturtheater
Rixdorfer Teich
Sommerbad Neukölln
Städt. Krkhs. Mitte
Engelbecken
St. Thomas-K.
Künstlerhaus Bethanien
Mariannenplatz
Markthalle
Emmaus-Gem. Hs.
Emmaus-K.
Ballhaus
Blindenanstalt
Jugendfreizeitheim
Stadtbücherei
Oranienpl.
Heinrichpl.
Wassertor-Pl.
Spreewaldpl.
Stadtbad
Jugendverkehrsschule
Görlitzer
Admiralbrücke
Hohenstaufenpl.
Kinderheim
Werner-Düttmann-Pl.
Reuterpl.
Hermannpl.
Lohmühlenpl.
Berufsfachsch.
Amtsgericht
Rathaus
Behindertenwerkstatt
Schule
Herrfurthpl.
Boddinpl.
Lessinghöhe
Haus der Jugend
Thomashöhe
St.-Michael-Friedhof
Luisenstädter Friedh.
Rummelsburger Pl.
Oberstufenzentrum
Skalitzer Str.
Oranienstr.
Wiener Str.
Reichenberger Str.
Kottbusser Str.
Kottbusser Damm
Urbanstr.
Hasenheide
Sonnenallee
Karl-Marx-Str.
Hermannstr.
Flughafenstr.
Columbiadamm
Werbellinstr.
Erkstr.
Schillerpromenade

A
B
C
Neuruppin-Süd
Wustrau
Alt-Friesack
Bützsee
Rheinsberg 30km
Forst
Teschendorf
Neuendorf
E251
Freienhagen
Kremmen
Langen
Rhin Luch
Wall
Fehrbellin
Beetz
Nassenheide
Hohenbruch
Ziethenhorst
Deutsche Alleenstraße
Tarmow
Alter Rhin
Sommerfeld
Ruppiner Kanal
Sachsenhausen
E26
E55
Hakenberg
Tiergarten
Linum
Kremmen
Oranienburg
Dechtow
„Linumer Bruch"
Germendorf
Lehnitz
Schwante
Flatow
Staffelde
Dreieck Oranienburg
Leegebruch
Königshorst
Kuhhorst
Gr.-Ziethen
Vehlefanz
Tietzow
Kremmen
Schwante
Velten
Birkenwerder
Mangelhorst
Dreieck Havelland
Eichstädt
Velten
Deutschhof
Börnicke
Grünefeld
„Wolfslake"
Marwitz
Hennigsdorf
Stolpe
Dorf
Kienberg
Paaren
Perwenitz
Bötzow
„Stolper Heide"
Hertefeld
Großer Graben
Hennigsdorf
Frohnau
Weinberg
Pausin
Wansdorf
Ribbeck
Falkensee
Havel-Kanal
Schönwalde
Schulzendorfer Str.
Lietzow
Berge
Glien
Heiligensee
Nauen
Brieselang
Waidmannsluster D.
Hermsdorfer Damm
Schloß
Deutsche Alleenstraße
Bredow
Konradshöhe
Tegel
Markee
Zeestow
FALKENSEE
Tegeler See
Brieselang
Hakenfelde
Berlin-Tegel
Schwanebeck
Neugarten
Berlin-Spandau
Spandau
Siemensstadt
Gohlitz
Niebede
Wustermark
Rohrbeck
Spree
Elstal
Staaken
Charlottenburg
Walchow
Hoppenrade
Dallgow
Wilhelmstadt
Olympia-Stadion
Tremmen
Buchow-Karpzow
Etzin
Priort
Seeburg
Pichelsdf.
Funkturm
Havelland
Grunewald
Zachow
Falkenrehde
Kartzow
Gatow
Trebelsee
Satzkorn
Gr.-Glienicke
Luftw.-mus.
Kladow
Wilmersdorf
Ketzin
Potsdam-Nord
Fahrland
Schl. Völkerkd.
Gutenpaaren
Havel
Uetz
Paretz
Krampnitz
Schmergow
Fahrlander See
Marquardt
Neu-Fahrland
Havel
Dahlem
Deetz
POTSDAM
„Grunewald"
Span. Allee
Zehlendorf
Zehlendf.
Töplitz
Leest
Wannsee
Phöben
Leest
Sacrow
Pfaueninsel
Krielow
Bornstedt
Kl.-Machnow
Phöben
Golm
Sanssouci
Eiche
Klein-machnow
Kemnitz
Gr. Zernsee
Neues Palais
Teltow
Gr.-Kreutz
Plessow
Babelsberg
Stahnsdf.
P.-Babelsberg
Groß Kreutz
Plessower See
Bochow
Werder
Templiner See
Glindow
Göhlsdf.
Plötzin
Ravensbg.
Drewitz
Güterfelde
Damsdf.
Geltow
Bergh.-Rehbr.
Schenkenhorst
Dreieck Werder
Petzow
Caputh
Sputendorf
Schwielowsee
Wilhelmshorst
Nudow
Lehnin
Langerwisch
Ludwigsfelde
Kloster Lehnin
Bliesendf.
Michendorf
Saarmund
Ahrensdf.
Lehnin
Ferch
Michendf.
Saarmund
Glindow
Ferch
E30
E55
Dreieck Drewitz
Emstal
Klaistow
„Michendf."
Gröben
Ludwigsfelde-West
Dreieck Potsdam
Neuseddin
Wildenbruch
Siethen
Rädel
Kanin
Seddinsee
Fresdf.
Tremsdf.
Fichtenwalde
Seddin
Nuthe
Beelitz Heilstätten
Thyrow
Großbinsee
Forst Lehnin
Schlunkendorf
Gr.-Beuthen
Borkwalde
Blankensee
E51
Stücken
Borkheide
Blankensee
Löwendf.
5km
Beelitz
Reesdorf
Beelitz
Trebbin
Neuendorf
Zauchwitz
Schönhagen
Kl.-Schulzendorf
Wörlitz 60km
Schäpe
Nieplitz
Kliestow
Stangenhagen
Brück
Rieben
Ahrensdorf

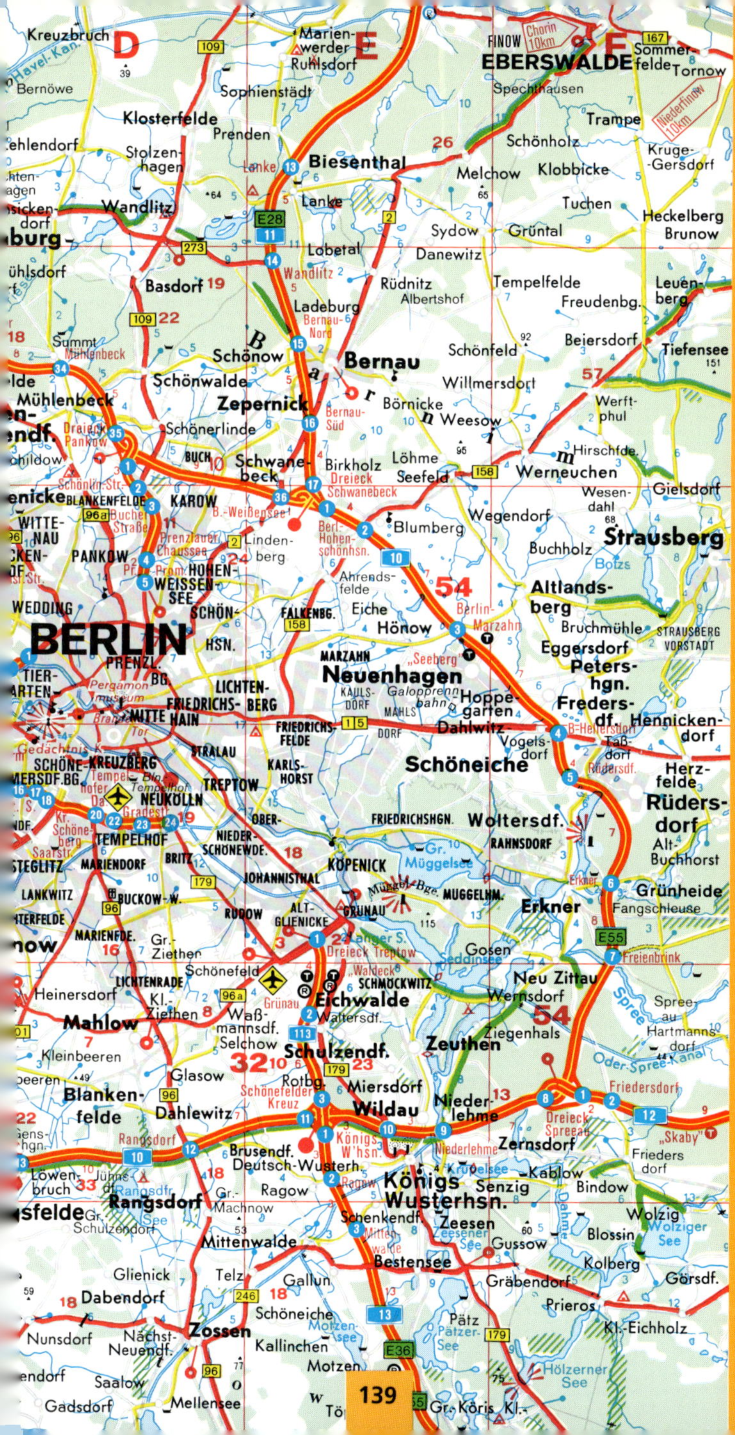
D
E
F
Kreuzbruch
Havel-Kan.
Bernöwe
Marienwerder
Ruhlsdorf
Sophienstädt
FINOW
Chorin 10km
EBERSWALDE
Sommerfelde
Tornow
Spechthausen
Klosterfelde
Prenden
Trampe
Niederfinow 10km
Schönholz
Kruge-Gersdorf
Zehlendorf
Stolzenhagen
Lanke
Biesenthal
Melchow
Klobbicke
Wandlitz
E28
11
Lanke
Tuchen
Heckelberg
Brunow
Sydow
Grüntal
273
Lobetal
Danewitz
Basdorf
Mühlsdorf
Wandlitz
Rüdnitz
Albertshof
Tempelfelde
Freudenbg.
Leuenberg
Ladeburg
109
Bernau-Nord
Summt
Mühlenbeck
Schönow
Bernau
Schönfeld
Beiersdorf
Tiefensee
Schönwalde
Willmersdorf
Mühlenbeck
Zepernick
Bernau-Süd
Börnicke
Weesow
Werftpfuhl
Barnim
Dreieck Pankow
Schönerlinde
Hirschfde.
Buch
Schwanebeck
Birkholz
Löhme
Seefeld
158
Werneuchen
Gielsdorf
Schönlin-Str.
Dreieck Schwanebeck
Blankenfelde
Karow
Wesendahl
Buchholz
B.-Weißensee
Blumberg
Wegendorf
Wittenau
96a
Bucher Straße
Prenzlauer Chaussee
Lindenberg
Berl.-Hohenschönhsn.
Strausberg
Pankow
Hohenschönhausen
Buchholz
Botzs
Weissensee
Ahrendsfelde
Altlandsberg
Wedding
Schön-Hsn.
Falkenbg.
Eiche
Hönow
Berlin-Marzahn
Bruchmühle
Strausberg Vorstadt
BERLIN
Marzahn
„Seeberg"
Eggersdorf
Prenzl. Bg.
Neuenhagen
Petershgn.
Tiergarten
Pergamon museum
Lichtenberg
Kaulsdorf
Galopprennbahn
Hoppegarten
Fredersdf.
Friedrichshain
Mitte
Brandenb. Tor
Mahlsdorf
Hennickendorf
Friedrichsfelde
Dahlwitz-
Vogelsdorf
B.-Hellersdorf
Taßdorf
Gedächtnis-K.
Stralau
Karlshorst
Rüdersdf.
Schöneberg
Kreuzberg
Schöneiche
Herzfelde
Tempelhof
Treptow
Rüdersdorf
Neukölln
Friedrichshgn.
Woltersdf.
Alt-Buchhorst
Kr. Schöneberg
Gradestr.
Ober-
Niederschönewde.
Rahnsdorf
Saarstr.
Tempelhof
Köpenick
Gr. Müggelsee
Steglitz
Mariendorf
Britz
Johannisthal
Buckow-W.
Müggel-Bge.
Müggelhm.
Erkner
Grünheide
Lankwitz
Rudow
Alt-Glienicke
Grünau
Fangschleuse
Lichterfelde
Marienfde.
Gr.-Ziethen
Langer S.
Dreieck Treptow
Gosen
Seddinsee
E55
Freienbrink
Schönefeld
Lichtenrade
Waldeck
Schmöckwitz
Neu Zittau
Heinersdorf
Kl.-Ziethen
Grünau
Eichwalde
Wernsdorf
Spree
Mahlow
Waßmannsdf.
Waltersdf.
Ziegenhals
Spreeau
Hartmannsdorf
Selchow
Schulzendf.
Zeuthen
Oder-Spree-Kanal
Kleinbeeren
Glasow
Rotbg.
Miersdorf
Friedersdorf
Blankenfelde
Dahlewitz
Schönefelder Kreuz
Wildau
Niederlehme
Dreieck Spreeau
„Skaby"
Rangsdorf
Brusendf.
Deutsch-Wusterh.
Königs W'hsn.
Niederlehme
Zernsdorf
Friedersdorf
Löwenbruch
Jühnsdf.
Rangsdorf
Ragow
Königs Wusterhsn.
Krüpelsee
Senzig
Kablow
Bindow
Dahme
Rangsdorf
Rangsdorfer See
Gr.-Machnow
Gr. Schulzendorf
Schenkendf.
Zeesen
Zeesener See
Mittenwalde
Gussow
Wolzig
Wolziger See
Blossin
Bestensee
Glienick
Telz
Gallun
Kolberg
Gräbendorf
Görsdf.
Dabendorf
Schöneiche
Prieros
Motzener See
Pätz
Pätzer See
Kl.-Eichholz
Nunsdorf
Nächst-Neuendf.
Zossen
Kallinchen
Motzen
Hölzerner See
Saalow
Mellensee
Gadsdorf
Gr. Köris
Kl.
E36
179
246
96
10
12
13
54

A
B
C
400 m
1
2
3
4
5
6
BORNSTEDT
(zu Potsdam)
DAS KURZE FELD
Reiherstand
Potsdamer Str.
Amundsenstr.
Amundsen-
Verlängerte Amtsstr.
Grüner Weg
Hügelweg
Flora-
Am Raubfang
Thaerstr.
Zum Lausebusch
Meisenweg
Rosenweg
Birnen- weg
Apfelweg
Melchior-Bauer-Str.
Engelhard-Str.
Hermann-Mattern-Prom.
Orville-Wright-Str.
Paul-Erwin-Barth-Str.
Karl-Krieger-Str.
Erich-Mendelssohn-Allee
Alexander-Klein-Str.
Ludwig-Boltzmann-Str.
Hannes-Meyer-Str.
Peter-Behrens-Str.
Mies-van-der-Rohe-Str.
Kirsch-
Fliederweg
Charles-Tellier-Pl.
Habichtweg
Blumenstr.
Schul-pl.
Pappel-
Reiherw.
Elsässer Weinstuben
Katharinenholzstr.
Bornstedter Str.
Bornstedter See
Ribbeck-str.
1 Denis-Gabor-Str.
2 David-Gilly-Str.
3 Konrad-Wachsmann-Str.
4 Johan-Bouman-Pl.
Ruinenbg.
Lendel-allee
Grabenstr.
Eichen-allee
Chaussee
Am Drachenberg
Drachenbg.
Belvedere
Klein-gärten
Weinbg.
Drachenhs.
Kaiser-Friedrich-Str.
Maulbeer-allee
Maulbeer-allee
Orangerie
Brandenb. Landeshauptarchiv
Zur Hist. Mühle
Hist. M.
An der Orangerie
Nord. Gtn.
Sanssouci
Wein-berg-terrassen
Holl. Gtn.
Neue Kammern
Sizil. Gtn.
Gewächshäuser Botan. Gtn.
Park Sanssouci
Friedr. II
Glockenfont.
Gr. Font.
Lustgarten
Marlygtn.
Am Grünen Gitter
Antiken-tempel
Neues Palais
Universität Potsdam
Lindenavenue
Lindst. W.
Rehgarten
Chin. Haus
Ökonomie-weg
Schloss-theater
Freundsch.-tempel
Meierei
BRANDENBURGER VORSTADT
(zu Potsdam)
Park Charlottenhof
Röm. Bäder
Teepav.
Maschinen-teich
Schloss Charlottenhof
Dichter-hain
Hippo-drom
Fasanerie
Kaiserbhf.
Palais
Lenné-Str.
Feuer-bachstr.
Meistersinger-
H.-Sachs-Str.
C.-v.-Ossietzky-Str.
Zetkin-Str.
Sellostr.
Geschw.-Scholl-Str.
Zeppelin-Str.
Zeppelinstr.
Am Wildpark
P.-Park Sanssouci
Werderscher Weg
Feldw.
Kolonie Unverzagt
Peter-Kühne-Siedlg.
Forststr.
Schule
Kol. Krähenbusch
Schlüterstr.
Gontardstr.
POTSDAM-WEST
Kant-str.
Maybach-str.
Kastanienallee
Fichtestr.
Haeckelstr.
Haeckel-str.
Rosegger-str.
Stormstr.
Hotel
Arb.-Ger. Potsd.
Landesarb.-u. Soz.-Ger. Brdbg.
Wielandstr.
Schillerstr.
Grillparzerstr.
Auf dem Kiewitt
Wasser tankst.
Boots-verleih
Havel
HERMANNSWERDER
Uferweg
Wasserturm
Villa Ingenhm. (Militärarchiv)
Charlott
Alten-hm.
Voltaire
273
692
695
606
610
612
614
650
X98
94
96
95
92

POTSDAM
NAUENER VORSTADT (zu Potsdam)
BERLINER VORST. (zu Potsdam)
ZENTRUM OST (zu Potsdam)
Neuer Garten
Jungfernsee
Heiliger See
Havel
Schloss Cecilienhof
Gedenkstätte
Hotel
Marmorpalais
Orangerie
Planetarium
Holl. Etablissement
Pomonatempel
Belvedere
Pfingstbg.
Waldpark
Biosphäre Potsdam
Russ. Kolonie Alexandrowka
Riesterhorn
Quappenhorn
Meierei
Grünes Hs.
Rotes Hs.
Pyramide (Eiskeller)
Nedlitzer Str.
Am Schragen
Pappelallee
Puschkinallee
Große Weinmeisterstr.
Reiterweg
Kurfürstenstr.
Behlertstr.
Berliner Str.
Humboldtring
Nuthestr.
Friedrich-Ebert-Str.
Breite Str.
Lange Br.
Babelsberger Str.
Friedrich-Engels-Str.
Heinrich-Mann-Allee
Leipziger Str.
Freundschaftsinsel
Hans-Otto-Theater
Potsdam-Hbf.
Bahnhofspassagen
Landtag
Landesregierung
Klinikum E. v. Bergmann
Hinzenbg.
Küssel
Vorderkappe
Planitz
Obere
RB21
RB22
RE3
IRE1
S7
X91
602 603 604 605
606 607 608 609
610 611 612 614
619 631 638 650
750 780
580 601
618 643
694
695
691
697
692

Das Register enthält eine Auswahl der im Cityatlas dargestellten Straßen und Plätze

A

Abbestraße **116/C1**
Adalbertstraße **131/D6-E5**
Adenauerplatz **127/E6**
Adolf-Scheidt-Platz **135/F5**
Afrikanische Straße **122/B1-C3**
Agricolastraße **128/A2-B3**
Ahornallee **126/A4-B3**
Akazienstraße **134/C3-135/D4**
Albrechtstraße (Mitte) **118/B1-B2**
Alexanderplatz **131/D2**
Alexanderstraße **131/D3**
Alexandrinenstraße **130/C5-136/B2**
Alice-Berend-Straße **129/D2-D3**
Almstadtstraße **119/F1-F2**
Alt Lietzow **127/E3**
Alt Moabit **128/A2-129/E2**
Alte Jakobstraße **119/E5-130/B6**
Alte Schönhauser Straße **119/F1-F2**
Altonaer Straße **117/F1-128/C3**
Am Festungsgraben **119/D3**
Am Friedrichshain **125/E6-F5**
Am Köllnischen Park **131/D4**
Am Kupfergraben **119/D2-D3**
Am Lustgarten **119/D3-E3**
Am Nussbaum **119/E3-E4**
Am Schillertheater **116/B2**
Am Steinberg **125/E1-F1**
Am Weidendamm **118/C2**
Am Zeughaus **119/D3**
Am Zirkus **118/C1-C2**
Am Zwinger **119/E2**
Amrumer Straße **122/C3**
Amtsgerichtsplatz **126/C5**
An der Kolonnade **118/A4-B4**
An der Putlitzbrücke **122/C4**
An der Spandauer Brücke **119/E2**
An der Urania **117/F5-F6**
Andreasstraße **131/F3-F4**
Anhalter Straße **118/A6-B6**
Anklamer Straße **124/B4-B5**
Annenstraße **119/F5**
Ansbacher Straße **117/F5-134/B2**
Anton-Saefkow-Straße **125/F4**
Apostel-Paulus-Straße **134/B4-C4**
Arnswalder Platz **125/F5**
Aschaffenburger Straße **134/B3**
Askanischer Platz **118/A6**
Augsburger Straße **117/D5-E6**
Augustenburger Platz **123/C3**
Auguste-Viktoria-Straße **132/C3-C5**
Auguststraße **119/D1-E1**
Axel-Springer-Straße **119/D5-D6**

B

Babelsberger Straße **134/B4-B5**
Bachstraße **117/E2-F1**
Badensche Straße **134/A4-C4**
Baerwaldstraße **136/B4-C3**
Bamberger Straße **117/D6-134/B4**
Barbarossaplatz **134/C3**
Barbarossastraße **134/B3-135/D3**
Barfusstraße **122/C1**
Bauhofstraße **119/D3**
Bayerische Straße **116/A5-A6**
Bayerischer Platz **134/B3-B4**
Bayernallee **126/A4**
Bayreuther Straße **117/E6-F5**
Bebelplatz **118/C3-119/D3**
Behmstraße **124/A2-C2**
Behrenstraße **118/A3-119/D3**
Bellermannstraße **124/A1-B2**
Bellevueallee **129/D4-E4**
Belziger Straße **134/C4-135/D4**
Bergmannstraße **136/A3-C4**
Berkaer Platz **132/C5-C6**
Berkaer Straße **132/B5-C6**
Berliner Straße (Pank.) **125/D1**
Berliner Straße (Wilmersdf.) **133/E4-134/B4**
Bernadottestraße **132/B6**
Bernauer Straße (Wedd.) **124/A5-C4**
Bernburger Straße **118/A6**
Bertolt-Brecht-Platz **118/C2**
Besselstraße **118/C6**
Beusselstraße **122/A4-A6**
Beuthstraße **119/D5**
Birkenstraße **122/B5-C5**
Bismarckallee **132/A4-B3**
Bismarckplatz **132/B3**
Bismarckstraße (Charlottbg.) **116/D2-127/D4**
Bleibtreustraße **116/B5-C3**
Blissestraße **133/F4-F5**
Blücherstraße **136/A2-C3**
Boddinplatz **137/E5**
Boddinstraße **137/E5-F5**
Bodestraße **119/D3-E3**
Boelckestraße **135/F4-F6**
Bornholmer Straße **124/B1-125/D1**
Borsigstraße **130/A1**
Bötzowstraße **125/F5-F6**
Brabanter Platz **133/E5-F5**
Brandenburgische Straße **133/E2-F4**
Branitzer Platz **126/A3**
Bredowstraße **122/B5-B6**
Bregenzer Straße **116/A5-B3**
Breite Straße (Mitte) **119/E4**
Breite Straße (Schmargdf.) **132/C6-133/D6**
Breitscheidplatz **117/E4**
Brückenstraße **131/D4**
Brüderstraße **119/E4**
Brunnenstraße **124/A2-B5**
Budapester Straße **117/D4-E4**
Bülowstraße **135/D2-E2**
Bundesallee **117/D6-134/A6**
Bundesplatz **134/A5**
Bunsenstraße **118/B2**
Burggrafenstraße **117/F4-F5**
Burgstraße **119/E2**

C

Calvinstraße **128/C2-C3**
Carmerstraße **116/C3**
Cauerstraße **116/B1-127/F3**
Charitéstraße **118/B1**
Charlottenburger Tor **117/D2-E2**
Charlottenburger Ufer **127/D2**
Charlottenstraße **118/C3-C6**
Chausseestraße **123/E4-124/A6**
Claire-Waldoff-Straße **118/C1**
Clausewitzstraße **116/A4**
Clayallee **132/B6**
Columbiadamm **136/A4-137/D5**
Cora-Berliner-Straße **118/A3-A4**
Courbièrestraße **117/F6**
Crellestraße **135/D4-E3**
Cuxhavener Straße **117/F1**

D

Damaschkestraße **127/D6**
Dänenstraße **124/C2-125/D2**
Danziger Straße **125/D3-F5**
Darmstädter Straße **116/A5-B6**
Demminer Straße **124/B3**
Dennewitzplatz **135/E2**
Dernburgstraße **126/B5-C6**
Dessauer Straße **118/A5-A6**
Detmolder Straße **133/F5-134/A5**
Dircksenstraße **119/E2-F3**
Dominicusstraße **134/C5**
Donaustraße **137/E4-F5**
Dorotheenstraße **118/A2-119/D3**
Dovestraße **127/F2-F3**
Drakestraße **117/F4**
Dresdener Straße **131/D5-D6**
Drontheimer Straße **123/F1**
Droysenstraße **127/D6**
Dudenstraße **135/E4-F4**
Duisburger Straße **133/E2**
Düsseldorfer Straße **116/C6-133/E2**

E

Eberswalder Straße **124/C3-125/D3**
Ebertstraße **118/A3**
Edwin-Redslob-Straße **118/A4**
Eichenallee **126/A3**
Eichendorffstraße **130/A1**
Eichkampstraße **132/A2**
Einemstraße **128/C5-129/D6**
Einsteinufer **117/D1-127/F3**
Eisenacher Straße (Schönbg.) **134/C2-C4**
Eisenzahnstraße **133/D2-D4**
Eislebener Straße **117/D5**
Elchenallee **126/A3**
Elsterplatz **132/B5**
Emser Platz **133/F3**
Emser Straße (Wilmersdf.) **116/B5-133/F3**
Engeldamm **131/D5-E5**
Englische Straße **117/D2-E1**
Entlastungsstraße **129/E3-E4**
Erich-Weinert-Straße **125/D2-F3**
Erkstraße **137/F5**
Ernst-Reuter-Platz **116/C2**
Esplanade **124/C1-125/D1**
Ettaler Straße **117/E6**
Exerzierstraße **123/E1-F1**
Eyke-von-Repkow-Platz **117/E1**

F

Fanny-Hensel-Weg **118/A6**
Fasanenplatz **116/C6**
Fasanenstraße **116/C6-117/D2**
Fehrbelliner Platz **133/E3**
Fehrbelliner Straße **124/B4-C5**
Feilnerstraße **119/D6**
Fennstraße **123/E3-E4**
Fischerinsel **119/E4-E5**
Flotowstraße **117/E1**
Flottwellstraße **135/E1-E2**
Flughafenstraße **137/E5-F5**
Föhrer Straße **122/C3-E4**
Fontanestraße **137/D5-E5**
Forckenbeckstraße **132/C5-133/E5**
Franklinstraße **128/A2-A3**
Franzensbader Straße **132/B4-B5**
Franz-Mehring-Platz **131/F4**
Französische Straße **118/B4-119/D4**
Fraunhoferstraße **116/C1**
Friedenstraße (Friedrhn.) **131/E1-F3**

Friedrich-Ebert-Platz **118/A2**
Friedrich-List-Ufer **129/E2**
Friedrichsberger Straße **131/F2-F3**
Friedrichsgracht **119/E4-E5**
Friedrichstraße **118/C1-130/B6**
Friedrich-Wilhelm-Platz **134/A6**
Friesenstraße **136/B4**
Fuggerstraße **117/E6-F6**
Fürstenberger Straße **124/C4**
Fürstenbrunner Weg **126/A1-B3**
Fürther Straße **117/D6**

G

Galvanistraße **127/F3**
Gartenufer **117/E3**
Gaußstraße **121/E5-E6**
Geisbergstraße **117/D6-134/C2**
Gendarmenmarkt **118/C4**
Genthiner Straße **129/D5-D6**
George-Grosz-Platz **116/B4-127/D5**
Georgenstraße **118/C2**
Gerichtstraße **123/E3-F3**
Gertraudenstraße **119/E4-E5**
Geschwister-Scholl-Straße **118/C2**
Giesebrechtstraße **116/A4**
Gipsstraße **119/E1**
Gitschiner Straße **136/B2-137/D2**
Gleimstraße **124/B3-125/D2**
Glinkastraße **118/B3-B4**
Glogauer Straße **137/F3**
Gneisenaustraße **136/A3-C3**
Goebelstraße **120/A4-B4**
Goebenstraße **135/D3-E3**
Goerdelerdamm **120/C4-121/D4**
Goethestraße **116/A2-C3**
Goltzstraße **134/C3-135/D2**
Gontardstraße **119/F3**
Gontermannstraße **135/E6-F5**
Gormannstraße **119/E1-F1**
Gotenstraße **135/D4-D6**
Grainauer Straße **117/D6**
Granseer Straße **124/C4**
Graunstraße **124/B2-B3**
Greifswalder Straße **125/E5-F3**
Grellstraße **125/E3-F3**
Grieser Platz **132/C3**
Grolmanstraße **116/C3-C4**
Große Hamburger Straße **119/E1-E2**
Große Präsidentenstraße **119/E2**
Große Querallee **129/E3**
Großer Stern **128/C3-C4**
Grunewaldstraße (Schönbg.) **134/B4-135/D3**
Grüntaler Straße **124/A2-B1**
Guerickestraße **116/C1-127/E3**
Güntzelstraße **133/F3-134/B3**
Gustav-Adolf-Straße **125/F1-F2**
Gustav-Böß-Straße **119/F3-F4**
Gustav-Meyer-Allee **124/A3**
Gustav-Müller-Platz **135/D5**
Gutenbergstraße **117/D1-E1**

H

Hackescher Markt **119/E2**
Hagenplatz **132/A4**
Hagenstraße **132/A5-B5**
Halemweg **120/C4**
Hallesches Ufer **135/F1-136/A2**
Hamburger Platz **125/F1**
Händelallee **117/F2**
Hannah-Ahrend-Straße **118/A4-B4**
Hannoversche Straße **129/F1-130/A1**
Hansa Ufer **117/E1-F1**
Hansaplatz **117/F1**
Hans-von-Bülow-Straße **118/A4**
Hardenbergplatz **117/D4-E3**
Hardenbergstraße **116/C2-117//D4**
Hasenheide **136/C4-137/E4**
Hauptstraße **134/B6-135/D3**
Hausvogteiplatz **119/D4**
Heckerdamm **120/A3-121/E3**
Hedwigskirchgasse **119/D4**
Heerstraße **126/A4**
Hegelplatz **119/D3**
Heidelberger Platz **133/E5**
Heidestraße **123/D4-E6**
Heilbronner Straße **134/B3**
Heilmannring **120/B4-C4**
Heinrich-Heine-Platz **131/D5**
Heinrich-Heine-Straße **131/D4-D5**
Heinrich-von-Gagern-Straße **129/E3**
Helmholtzstraße **127/F2-128/A2**
Helmstädter Straße **134/B3-B4**
Henriettenplatz **132/C2**
Herderstraße **116/B2-B3**
Hermannplatz **137/E4**
Hermannstraße **137/E4-E6**
Herrfurthplatz **137/E6**
Herrfurthstraße **137/D6-E6**
Herthastraße **132/B4**
Hertzallee **117/D3**
Hessische Straße **129/F1**
Hinter dem Gießhaus **119/D3**
Hinter dem Zeughaus **119/D3**
Hinter der Katholischen Kirche **119/D4**
Hirtenstraße **119/F1-131/D2**
Hochmeisterplatz **133/D2**
Hochstraße **123/F3-124/A2**
Hoeppnerstraße **135/E6-F6**
Hofjägerallee **128/C4**
Hohenstaufenplatz **137/E3**
Hohenstaufenstraße **134/B3-C3**
Hohenzollerndamm **132/B5-134/A2**
Hohenzollernplatz **134/A3**
Holsteinische Straße **134/A3-A4**
Holtzendorffplatz **126/C6-127/D6**
Holtzendorffstraße **126/C5**
Holzmarktstraße **131/D3-F5**
Hosemannstraße **125/F2-F3**
Hubertusallee **132/B3-B4**
Hubert-von-Meyerinck-Platz **116/A4**
Hundekehlestraße **132/B6-C6**
Hussitenstraße **124/A3-A4**
Huttenstraße **121/E5-122/A6**

I

Iburger Ufer **127/E3**
In den Ministergärten **118/A4**
Ingeborg-Drewitz-Allee **129/D2**
Innsbrucker Platz **134/B5-C5**
Innsbrucker Straße **134/B4-B5**
Inselstraße **119/F5**
Invalidenstraße **123/D6-124/B5**

J

Jafféstraße **132/A1-A2**
Jägerstraße **118/B4-119/D4**
Jagowstraße **128/A3-B2**
Jakob-Kaiser-Platz **120/C4-C5**
Jebenstraße **117/D3-D4**
Jerusalemer Straße **119/D4-D5**
Joachim-Friedrich-Straße **133/C3-134/D1**
Joachim-Karnatz-Allee **129/D3**
Joachimstaler Platz **117/D4-D5**
Joachimstaler Straße **117/D4-D5**
Joachimstraße **119/E1**
Johannaplatz **132/B3**
Johannisstraße **118/C1-119/D1**
John-F.-Kennedy-Platz **134/C4**
John-Forster-Dulles-Allee **129/D3-E3**
John-Schehr-Straße **125/F4-F5**
Joseph-Haydn-Straße **117/E2**
Joseph-Joachim-Platz **132/B5**
Jüdenstraße **119/F3-F4**
Jungfernheideweg **120/A2-A4**

K

Kaiserdamm **126/B4-C4**
Kaiser-Friedrich-Straße **127/D3-D5**
Kaiserin-Augusta-Allee **121/D6**
Kaiser-Wilhelm-Platz (Schönbg.) **135/D4**
Kalckreuthstraße **117/F6**
Kalkscheunenstraße **118/C1**
Kantstraße **117/D4-126/C5**
Kapelle Ufer **118/B1**
Karl-August-Platz **116/A2-A3**
Karl-Liebknecht-Straße **119/E3-131/D2**
Karl-Marx-Allee **131/D2-F3**
Karl-Marx-Platz **137/F6**
Karl-Marx-Straße **137/E4-F6**
Karlplatz **118/B1-B2**
Karlsgartenstraße **137/E5**
Kastanienallee **124/C5-125/D4**
Katharina-Heinroth-Ufer **117/F4**
Katzbachstraße **135/F3-F4**
Keithstraße **117/F4-F5**
Kelheimer Straße **117/D6**
Kemperplatz **129/E4**
Kirchstraße **128/C2**
Kleine Alexanderstraße **131/D2**
Kleine Gertraudenstraße **119/E5**
Kleine Hamburger Straße **130/B1**
Kleine Kurstraße **119/D5-D6**
Kleine Präsidentenstraße **119/E2**
Kleine Rosenthaler Straße **119/E1**
Kleiner Stern (Tiergt.) **129/D3**
Kleiststraße **128/C6**
Klingelhöferstraße **128/C4-C5**
Klopstockstraße **117/E2-F1**
Klosterstraße **119/F3-F4**
Knesebeckstraße **116/C2-B5**
Kniprodestraße **125/F5**
Knobelsdorffstraße **126/B4-127/D4**
Kochstraße **118/B6-119/D6**
Koenigsallee **132/A4-B3**
Kohlrauschstraße **116/C1**
Kollwitzstraße **125/D5-E4**
Kolonie Emser Platz IV **116/A5-A6**
Koloniestraße **123/F1**
Kolonnenstraße **135/D4-E4**
Kommandantenstraße **119/D5-E6**
Königin-Elisabeth-Straße **126/B3-B4**
Konrad-Adenauer-Straße **118/A2**
Konstanzer Straße **116/A5-133/E3**
Köpenicker Straße **131/D4-F6**
Koppenplatz **119/E1**
Koppenstraße **131/F3-F4**
Körtestraße **136/C3-137/D3**
Kottbusser Damm **137/D2-E4**
Kottbusser Straße **137/D2**
Krausenstraße **118/B5-119/D5**
Krausnickstraße **119/D1-E1**

Kreuzbergstraße **135/F4-136/A3**
Kreuzstraße **119/D4**
Kronenstraße **118/B4-119/D5**
Krumme Straße **116/A3-B1**
Kulmbacher Straße **117/D6**
Kulmer Straße **135/E3**
Kurfürstendamm **117/D4-132/C2**
Kurfürstenstraße **117/E4-135/E2**
Kurstraße **119/D4-D5**
Kurt-Schumacher-Damm **120/C4-121/D3**

L

Landgrafenstraße **128/C5**
Landhausstraße **134/A3-A4**
Landshuter Straße **134/B3**
Langenscheidtstraße **135/D3-E4**
Langhansstraße **125/E1-F2**
Laubacher Straße **133/F6**
Lausitzer Platz **131/E6-F6**
Leberstraße **135/D4-D5**
Lebuserstraße **131/F3**
Lehderstraße **125/F2**
Lehrter Straße **123/D4-E6**
Leibnizstraße **116/A4-B1**
Leinestraße **137/E6-D6**
Leipziger Platz **118/A4-A5**
Leipziger Straße **118/A5-119/D5**
Lennéstraße **129/E4-F4**
Lessingstraße **128/B2-B3**
Leuthener Platz **135/D5**
Leuthener Straße **135/D5**
Levetzowstraße **128/A2-B3**
Lewishamstraße **127/D5-E6**
Lichtenberger Straße **131/E2-E4**
Lichtensteinallee **117/F3**
Liesenstraße **123/F4**
Lietzenburger Straße **116/B5-117/F6**
Lilienthalstraße **136/C4-C5**
Lindenstraße **130/B5-B6**
Linienstraße **130/A2-C1**
Lise-Meitner-Straße **121/E5-E6**
Littenstraße **131/D3**
Loewenhardtdamm **135/E4-F5**
Lohmühlenplatz **137/F3-F4**
Los-Angeles-Platz **117/D5**
Loschmidtstraße **127/E3**
Louise-Schroeder-Platz **123/E1**
Ludwig-Erhardt-Ufer **118/A1**
Ludwigkirchplatz **116/B6**
Ludwigkirchstraße **116/B6-C6**
Luisenplatz **127/D2-D3**
Luisenstraße **118/B2-129/F1**
Lüneburger Straße **128/C3-129/D2**
Lützowplatz **128/C5**
Lützowstraße **129/D5-E6**
Lützowufer **128/C5-129/D5**
Luxemburger Straße **122/C3-123/D3**
Lynarstraße (Grunwld.) **132/B3-C3**
Lynarstraße (Wedd.) **123/D4-E3**

M

Maaßenstraße **135/D2**
Mackensenstraße **135/D1-D2**
Magdeburger Platz **129/D5-D6**
Malmöer Straße **124/C1-C2**
Manfred-von-Richthofen-Straße **135/F6-136/A4**
Manteuffelstraße (Kreuzbg.) **137/E2-F1**
Marburger Straße **117/D5-E5**
Marchstraße **116/C2-117/D1**
Marheinekeplatz **136/B4**
Marie-Elisabeth-Lüders-Straße **116/B2**
Marienburger Straße **125/E4-E5**
Marienstraße **118/B2**
Markgrafenstraße **118/C4-130/B6**
Märkischer Platz **119/F5**
Märkisches Ufer **119/F5-131/D4**
Martin-Luther-Straße **134/C2-C5**
Masurenallee **126/A5-B5**
Matthäikirchstraße **129/E4**
Mauerstraße **118/B3-C5**
Max-Beer-Straße **119/F1-F2**
Maybachufer **137/E2-F3**
Mecklenburger Straße **133/D6-134/F5**
Mehringdamm **136/A2-A4**
Mehringplatz **136/A2-B2**
Meierottostraße **117/C6**
Meinekestraße **116/C5-117/D5**
Melanchthonstraße **128/C2-129/D2**
Memhardstraße **119/F2**
Meraner Straße **134/B4-B5**
Messedamm **126/A6-B4**
Metzerstraße **125/D5-E4**
Mierendorffplatz **121/D6**
Mierendorffstraße **127/D2**
Mittelstraße **118/B3-C3**
Mittenwalder Straße **136/B3**
Möckernstraße **135/F3-136/A1**
Mohrenstraße **118/B4-C4**
Molkenmarkt **119/F4**
Mollergasse **119/D3**
Mollstraße **125/D6-E6**
Mommsenstraße **116/B4-127/D5**
Monbijouplatz **119/D2-E2**
Monbijoustraße **119/D2**
Monumentenstraße **135/E4-F4**
Moritzplatz **136/C1**
Motzstraße **134/B3-C2**
Mühlendamm **119/E4-F4**
Mühlenstraße (Friedrhn.) **131/F5**
Mulackstraße **119/F1**
Müller-Breslau-Straße **117/D2-E3**
Müllerstraße **122/B1-123/E4**
Münchener Straße **134/B2-B4**
Münzstraße **119/F2**
Museumstraße **119/D3**

N

Nachodstraße **134/A2-B3**
Nachtigalplatz **122/B1**
Nassauische Straße **134/A3-A4**
Nauener Platz **123/E2**
Naumannstraße **135/D4-D6**
Neue Grünstraße **119/E5**
Neue Jakobstraße **119/F5-F6**
Neue Kantstraße **126/B5-C5**
Neue Promenade **119/E2**
Neue Roßstraße **119/E5-F5**
Neue Schönhauser Straße **119/E2-F2**
Neumannsgasse **119/E4**
Neumannstraße **125/E1**
Neustädtische Kirchstraße **118/B2-B3**
Niebuhrstraße **116/A3-B4**
Niederkirchnerstraße **118/A5-B5**
Niederlagstraße **119/D3**
Niederwallstraße **119/D4-D5**
Nikolaikirchplatz **119/E4-F4**
Nollendorfplatz **128/C6-129/D6**
Nordufer **122/A3-123/D4**
Novalisstraße **130/A1**
Nürnberger Platz **117/D6**
Nürnberger Straße **117/D6-E5**

O

Oberwallstraße **119/D3-D4**
Oberwasserstraße **119/D4-E5**
Olbersstraße **121/D5-E6**
Olivaer Platz **116/A5**
Olof-Palme-Platz **117/E4**
Oranienburger Straße **118/C1-119/E2**
Oranienburger Tor **130/A1**
Oranienplatz **137/D1**
Oranienstraße **130/B5-131/E6**
Osloer Straße **123/E1-124/A1**
Osnabrücker Straße **121/E6-122/A6**
Ostender Straße **122/C3-123/D2**
Ostseeplatz **125/F2**
Ostseestraße **125/F2**
Otto-Braun-Straße **131/D2-E1**
Otto-Ludwig-Straße **116/C4**
Otto-Suhr-Allee **127/D3-F4**
Otto-von-Bismarck-Allee **118/A2-129/E3**

P

Paderborner Straße **133/D2-E2**
Pallasstraße **135/D3**
Panierstraße **137/E4-F3**
Pankstraße **123/E3-F2**
Panoramastraße **119/F2**
Pappelallee **125/D2-D3**
Pariser Platz **118/A3**
Pariser Straße **116/A5-C6**
Parochialstraße **119/F4**
Passauer Straße **117/E5-E6**
Paul-Löbe-Allee **118/A2-129/E3**
Paulsborner Straße **132/B4-133/E2**
Paulstraße **129/D2-D3**
Pekinger Platz **122/C4-123/D4**
Perleberger Straße **122/C5-123/D4**
Pestalozzistraße **116/C3-127/F5**
Petersallee **122/B1**
Petriplatz **119/E4**
Pfalzburger Straße **116/C5-133/F4**
Pflügerstraße **137/E3-F4**
Philippstraße **129/F1**
Pistoriusstraße **125/F1**
Planckstraße **118/C2-C3**
Platz am Königstor **125/E6**
Platz der Vereinten Nationen **131/E2**
Platz des 18. März **118/A3**
Platz vor dem Neuen Tor **129/F1**
Pommersche Straße **133/E3-F3**
Poststraße **119/E4**
Potsdamer Platz **118/A4**
Potsdamer Straße **129/F5-135/D3**
Prager Platz **134/A3**
Prager Straße **134/A3-B3**
Prenzlauer Allee **125/D6-E2**
Prenzlauer Berg **131/D1-E1**
Prenzlauer Promenade **125/E1-E2**
Prinzenallee **124/A1**
Prinzenstraße **136/C1-C2**
Prinzregentenstraße **134/A3-A5**
Probststraße **119/E4**
Putlitzbrücke **122/C5**
Putlitzstraße **122/B5-C5**
Puttkamerstraße **118/B6**

Q

Quitzowstraße **122/B5-123/D4**

R

Ramlerstraße **124/A2-B2**
Rankeplatz **117/D5**
Rankestraße **117/D5**
Rathausstraße **119/E3-F3**
Rathenauplatz **132/B2**
Rathenower Straße **122/C5-123/D6**
Regensburger Straße **134/A2-B2**
Reichenberger Straße **137/D2-F3**
Reichpietschufer **129/D5-F5**
Reichsstraße **126/A4**
Reichstagufer **118/A2-B2**
Reichweindamm **121/D3-D4**
Reinhardtstraße **118/A1-C1**
Reinickendorfer Straße **123/E1-E3**

Rheinbabenallee **132/B6-C6**
Richard-Wagner-Straße **116/A1**
Ritterstraße **118/C6-131/D6**
Robert-Koch-Platz **129/F1**
Rochstraße **119/E2-F2**
Rohrdamm **120/A5**
Rolandufer **131/D4**
Röntgenstraße **127/E3**
Rosa-Luxemburg-Platz **130/C1-131/D2**
Rosa-Luxemburg-Straße **119/F1-F2**
Roseneck **132/B5-C6**
Rosenheimer Straße **134/B3-C3**
Rosenstraße **119/E2-E3**
Rosenthaler Platz **130/B1-C1**
Rosenthaler Straße **119/E2-130/C1**
Rosmarinstraße **118/C3**
Rückerstraße **119/F1**
Rüdersdorfer Straße **131/F4**
Rudolstädter Straße **133/D4-E5**
Rügener Straße **124/B3**
Rungestraße **119/F5-131/D4**

S

Saatwinkler Damm **120/A2-122/A4**
Sachsendamm **135/D5-D6**
Sächsische Straße **116/B5-133/F3**
Salzufer **117/D2-127/F3**
Savignyplatz **116/C4**
Schadowstraße **118/B3**
Schaperstraße **116/C6-117/D6**
Scharoun Straße **129/E5**
Scharrenstraße **119/E4**
Scheidemannstraße **129/E3-F3**
Schendelgasse **119/F1**
Scheringstraße **123/F3-124/A2**
Schiffbauerdamm **118/A2-C2**
Schillerpromenade **137/E6**
Schillerstraße **116/C2-127/F4**
Schillingbrücke **131/E4-E5**
Schillingstraße **131/D3-E3**
Schillstraße **128/C5**
Schlegelstraße **130/A1**
Schleiermacherstraße **136/B3-B4**
Schleswiger Ufer **117/E1**
Schlossplatz **119/D3-E4**
Schlossstraße (Charlottbg.) **127/D3-D4**
Schlüterstraße **116/B2-B5**
Schöneberger Straße(Kreuzbg.) **129/F5-F6**
Schöneberger Ufer **129/D5-F6**
Schönhauser Allee **124/C6-125/D1**
Schönhauser Tor **124/C6**
Schönwalder Straße **123/E3-F3**
Schröderstraße **130/B1**
Schulstraße **123/D2-E1**
Schulze-Delitzsch-Platz **119/F5**
Schumannstraße **118/B1**
Schützenstraße **118/C5-119/D5**
Schwarzbacher Straße **132/C2-C3**
Schwarzer Weg **129/F1**
Schwedenstraße **123/E1-F1**
Schwedter Straße **124/B2-125/D5**
Sebastianstraße **119/E6-131/D5**
Seesener Straße **132/C2-133/D3**
Seestraße **122/B3-123/E1**
Sellerstraße **123/E4**
Sesenheimer Straße **116/A2**
Seydelstraße **119/D5-E6**
Seydlitzstraße **123/D6-E6**
Shakespeareplatz **116/A2**
Sickingenstraße **121/E5-122/A5**
Siegmunds Hof **117/E1-E2**
Siemensdamm **120/A4-C5**
Siemensstraße **122/A5-B5**
Singerstraße **131/E3-F4**
Skalitzer Straße **137/D2-F2**
Solinger Straße **128/B3**
Sömmeringstraße **127/E2**
Sonnenallee **137/E4-F5**
Sophie-Charlotten-Straße **126/B2-C4**
Sophie-Charlotte-Platz **127/D4**
Sophienstraße **119/E1**
Spandauer Damm **126/A2-127/D3**
Spandauer Straße **119/E2-F4**
Spenerstraße **128/C3-D2**
Sperlingsgasse **119/E4**
Spichernstraße **117/D6**
Spittelmarkt **119/D5-E5**
Spreeufer **119/E4**
Spreewaldplatz **137/F2**
Spreeweg **128/C3-129/D3**
Sprengelstraße **122/C3-123/D3**
Stahlhelmer Straße **125/D2-E2**
Stallschreiberstraße **119/E6**
Stargarder Straße **125/D2-E3**
Steinplatz **116/C3**
Steinstraße **119/E1-F1**
Stephanplatz **122/C5**
Stephanstraße **122/C5-123/D5**
Stralauer Platz **131/E4-F5**
Stralauer Straße **119/F4-131/D3**
Straße der Pariser Kommune **131/F3-F5**
Straße des 17.Juni **116/C2-129/F3**
Strausberger Platz **131/E3**
Stromstraße **122/B6-C5**
Stülerstraße **128/C4-C5**
Stuttgarter Platz **127/D5**
Suarezstraße **126/C5-127/D4**
Südstern **136/C4**
Swinemünder Straße **124/B2-C4**
Sybelstraße **127/D6-E6**

T

Taubenstraße **118/C4-119/D4**
Tauentzien Straße **117/E5**
Tegeler Straße **123/D3-D4**
Tegeler Weg **120/C5-121/D6**
Tempelhofer Damm **136/A4-A6**
Tempelhofer Ufer **135/F1-136/A2**
Tempelhofer Weg **135/D5-D6**
Teplitzer Straße **132/B5**
Teutoburger Platz **124/C5**
Theodor-Heuss-Platz **126/A4**
Theyßstraße **132/C3**
Thomas-Dehler-Straße **117/F3**
Thomasiusstraße **128/C2**
Thomasstraße **137/F6**
Thulestraße **125/D1-E1**
Tieckstraße **130/A1-B1**
Tiergartenstraße **128/C4-129/E4**
Tiergartenufer **117/E2-F3**
Tile-Wardenberg-Straße **128/A3-B3**
Toeplerstraße **120/B4-C4**
Togostraße **122/B1-C2**
Torfstraße **122/C3-123/D4**
Torgauer Straße **135/D5**
Torstraße **130/A1-131/D1**
Transvaalstraße **122/A3-C1**
Trautenaustraße **134/A3-A4**
Triftstraße **123/D3**
Tucholskystraße **119/D2-130/B1**
Turiner Straße **123/D2**
Turmstraße **122/A6-123/D6**

U

Uhlandstraße **116/C3-133/F4**
Universitätsstraße **118/C3**
Unter den Linden **118/B3-119/D3**
Unterbaumstraße **118/A1-B1**
Unterwasserstraße **119/D4**
Urbanstraße **136/B3-137/E4**
Usedomer Straße **124/A4-B3**

V

Veteranenstraße **124/B5-C5**
Viktoria-Luise-Platz **134/B2**
Voltairestraße **131/D3**
Von-der-Heydt-Straße **128/C4-129/D4**
Voßstraße **118/A4-B4**

W

Waghäuseler Straße **134/A4-B4**
Waisenstraße **119/F4**
Waitzstraße **127/D5-D6**
Waldemarstraße **131/D5-E6**
Waldschulallee **132/A2**
Waldstraße **122/A5-A6**
Wallstraße **119/E5-F5**
Walter-Benjamin-Platz **116/A4**
Wandalenallee **126/A5**
Warmbrunner Straße **132/B4-C4**
Warnemünder Straße **132/C6**
Washingtonplatz **129/E2**
Wassertorplatz **137/D2**
Waterlooufer **136/B2**
Wegelystraße **117/E2**
Weimarer Straße **116/A3-B2**
Weinbergsweg **124/C5**
Weinmeisterstraße **119/E1-F2**
Welserstraße **134/B2**
Werbellinstraße **137/E6-F5**
Werderscher Markt **119/D4**
Werderstraße **119/D4-E4**
Werner-Voß-Damm **135/E6-F6**
Westfälische Straße **132/C2-133/E3**
Wexstraße **134/A5-B5**
Weydinger Straße **131/D1-D2**
Wichertstraße **125/D2-E3**
Wichmannstraße **117/F4-F5**
Wiclefstraße **122/A5-B5**
Wielandstraße **116/A5-B3**
Wiener Straße **137/E2-F3**
Wiesbadener Straße **133/D6-F6**
Wiesenstraße **123/E2-F3**
Wilhelmshavener Straße **122/B5-B6**
Wilhelmstraße **118/B2-130/A6**
Willy-Brandt-Straße **129/E2-E3**
Wilmersdorfer Straße **116/A1-127/A6**
Wilsnacker Straße **128/C1-C2**
Windscheidstraße **127/D4-D5**
Winterfeldtplatz **135/D2**
Winterfeldtstraße **134/C2-135/D2**
Wisbyer Straße **125/D1-E2**
Wittelsbacher Straße **116/A6-133/E2**
Wittenbergplatz **117/E5-F5**
Wolliner Straße **124/B3-C4**
Wörther Straße **125/D4-E4**
Wullenweberstraße **117/E1**
Württembergische Straße **116/B5-133/E3**
Würzburger Straße **117/E6**

X

Xantener Straße **133/E2**

Y

Yorckstraße **135/E3-136/A3**

Z

Zähringerstraße **116/B6-133/E2**
Zauritzweg **116/B1-B2**
Ziegelstraße **118/C1-119/D2**
Zillestraße **116/B1-127/D4**
Zimmerstraße **118/B5-119/D6**
Zossener Straße **136/B2-B3**

MARCO POLO

Für Ihre nächste Reise gibt es folgende Titel:

Deutschland

Allgäu
Amrum/Föhr
Bayerischer Wald
Berlin
Bodensee
Chiemgau/ Berchtesgaden
Dresden
Düsseldorf
Eifel
Erzgebirge/ Vogtland
Franken
Frankfurt
Hamburg
Harz
Heidelberg
Köln
Leipzig
Lüneburger Heide
Mark Brandenburg
Mecklenburger Seenplatte
Mosel
München
Nordseeküste: Niedersachsen mit Helgoland
Nordseeküste: Schleswig-Holst.
Oberbayern
Ostfries. Inseln
Ostseeküste: Mecklenburg-Vorpommern
Ostseeküste: Schleswig-Holst.
Pfalz
Potsdam
Rügen
Schwarzwald
Spreewald/Lausitz
Sylt
Thüringen
Usedom
Weimar
Die besten Weine in Deutschland
Die tollsten Musicals in Deutschland

Frankreich

Bretagne
Burgund
Côte d'Azur
Disneyland Paris
Elsass
Frankreich
Frz. Atlantikküste
Korsika
Languedoc-Roussillon
Loire-Tal
Normandie
Paris
Provence

Italien Malta

Capri
Dolomiten
Elba
Emilia-Romagna
Florenz
Gardasee
Golf von Neapel
Ischia
Italien Festland
Italien Nord
Italien Süd
Ital. Adria
Ital. Riviera
Mailand/ Lombardei
Malta
Oberital. Seen
Piemont/Turin
Rom
Sardinien
Sizilien
Südtirol
Toskana
Umbrien
Venedig
Venetien/Friaul

Spanien Portugal

Algarve
Andalusien
Azoren
Barcelona
Costa Blanca
Costa Brava
Costa del Sol/ Granada
Fuerteventura
Gomera/Hierro
Gran Canaria
Ibiza/Formentera
Lanzarote
La Palma
Lissabon
Madeira
Madrid
Mallorca
Menorca
Portugal
Spanien
Teneriffa

Nordeuropa

Bornholm
Dänemark
Finnland
Island
Kopenhagen
Norwegen
Schweden

Osteuropa

Baltikum
Budapest
Königsberg/ Ostpreußen Nord
Masurische Seen
Moskau
Plattensee
Polen
Prag
Riesengebirge
Rumänien
Russland
St. Petersburg
Slowakei
Tschechien
Ungarn

Österreich Schweiz

Berner Oberland/ Bern
Kärnten
Österreich
Salzburg/ Salzkammergut
Schweiz
Tessin
Tirol
Wien
Zürich

Westeuropa und Benelux

Amsterdam
Brüssel
England
Flandern
Holländische Küste
Irland
Kanalinseln
London
Luxemburg
Niederlande
Schottland
Südengland
Wales

Südosteuropa

Athen
Bulgarien
Chalkidiki
Dalmat. Küste
Griechenland Festland
Griechische Inseln/Ägäis
Ionische Inseln
Istrien
Istanbul
Korfu
Kos
Kreta
Peloponnes
Rhodos
Samos
Türkei
Türkische Mittelmeerküste
Zypern

Nordamerika

Alaska
Chicago und die Großen Seen
Florida
Hawaii
Kalifornien
Kanada
Kanada Ost
Kanada West
Los Angeles
New York
Rocky Mountains
San Francisco
USA
USA Neuengland
USA Ost
USA Südstaaten
USA Südwest
USA West
Washington, D.C.

Mittel- und Südamerika Antarktis

Antarktis
Argentinien/ Buenos Aires
Bahamas
Barbados
Brasilien/ Rio de Janeiro
Chile
Costa Rica
Dominikanische Republik
Ecuador/ Galapagos
Jamaika
Karibik I
Karibik II
Kuba
Mexiko
Peru/Bolivien
Südamerika
Venezuela
Yucatán

Afrika Vorderer Orient

Ägypten
Dubai/Emirate/ Oman
Israel
Jemen
Jerusalem
Jordanien
Kenia
Libanon
Marokko
Namibia
Südafrika
Syrien
Türkei
Türkische Mittelmeerküste
Tunesien

Asien

Bali/Lombok
Bangkok
China
Hongkong
Indien
Japan
Ko Samui/ Ko Phangan
Malaysia
Nepal
Peking
Philippinen
Phuket
Singapur
Sri Lanka
Taiwan
Thailand
Tokio
Vietnam

Indischer Ozean Pazifik

Australien
Hawaii
Malediven
Mauritius
Neuseeland
Seychellen
Südsee

Sprachführer

Arabisch
Englisch
Französisch
Griechisch
Italienisch
Kroatisch
Niederländisch
Norwegisch
Polnisch
Portugiesisch
Russisch
Schwedisch
Spanisch
Tschechisch
Türkisch
Ungarisch

Enthalten sind die in diesem Reiseführer erwähnten Sehenswürdigkeiten und Museen sowie wichtige Sachbegriffe und Personen. Halbfette Seitenzahlen verweisen auf den Haupteintrag, kursive auf ein Foto.

Ägyptisches Museum 40
Alexanderplatz 20, **29,** *29*
Alexandrowka, Potsdam 87
Alte Nationalgalerie 47, 98
Alter Markt, Potsdam 87
Alter Marstall 9, 31, 96
Altes Museum 31, **47,** 98
Altes Rathaus, Potsdam 87
Antiquitäten 65
Archenhold-Sternwarte 34
Architektur 13
Arminiusmarkthalle 65
Babelsberg 91
Bauhaus-Archiv (Museum für Gestaltung) 40
Belvedere, Potsdam 88f
Berlin-Marathon 17, *17*
Berlin-Museum 43
Berliner Ensemble 85
Berlinisch 13
Bildergalerie, Sanssouci 88, 90
Bode-Museum 39, **47**
Botanischer Garten 31
Brandenburger Tor *6,* 24, **30**
Brecht, Bertolt 26, 53
Bröhan-Museum 41
Brücke-Museum 41
Bundeskanzleramt 13, 23
Centrum Judaicum 29
Charité 20
Chinesisches Teehaus, Sanssouci *88,* 88f
Chorin, Kloster 103f, *104*
Charlottenburger Kiez 19, **35**
Charlottenhof, Sanssouci 89
Christo (und Jeanne-Claude) 22
Currywurst 54
Dahlemer Museen 39, **46**
Denkmal für die ermordeten Juden Europas 20
Deutsche Oper Berlin 14, *74,* **75**
Deutscher Dom 30, 97
Deutsches Historisches Museum 13, 25, **41**
Deutsches Technikmuseum 42, *42*
Deutsches Theater 85
Dom zu Berlin 27, *97*
Dorfkirche Marienfelde 28
Dorotheenstädtischer Friedhof 26
Drachenhaus, Sanssouci 89
Ephraim-Palais 36, 96
Ethnologisches Museum (Völkerkunde) 40, **46**
Europa Center 17, 61, 99
Fernsehturm *18,* 20
Filmmusuem Potsdam 92
Filmpark Babelsberg 91
Flohmärkte 62
Französischer Dom 30, *30,* 97
Friedenskirche, Sanssouci 88
Friedhöfe am Halleschen Tor 27
Friedrich I. 9, 24f
Friedrich II. (der Große) 9, 24, 28, 33, 88ff, 97, 102
Friedrich Wilhelm (Gr. Kurfüst) 9, 32, 45
Friedrich Wilhelm I. (Soldatenkönig) 9, 32, 102
Friedrich Wilhelm II. 90
Friedrich Wilhelm III. 32, 88f
Friedrich-Werdersche Kirche **28,** 39, 96
Friedrichsfelde 35
Friedrichshain (Volkspark) 26
Friedrichstadt-Palast 14, **83**
Funkturm 20
Galeries Lafayette 64, *64*
Gedenkstätte Deutscher Widerstand 42
Gedenkstätte Haus der Wannseekonferenz **42,** 101
Gedenkstätte Plötzensee 43
Gemäldegalerie 21, 40, **45**
Gendarmenmarkt 17, **30,** *30,* 67, 75, 97
Gerichtslaube 36, 96
Gipsformerei Berlin 43
Glienicker Brücke 25
Glienicker Park 32
Gotisches Haus 20
Grips-Theater 85
Hackesche Höfe/Hackescher Markt 7, **37,** 61f, 84
Hamburger Bahnhof 43
Hansa-Viertel 35
Haus am Checkpoint Charlie 43
Heiliggeist-Kapelle 98
Herz, Henriette 9, 27
Holländisches Viertel, Potsdam 88
Hugenotten-Museum 30
Humboldt-Universität 24, 98
ICC; Internationales Congress-Centrum 20
Insulaner 34
Jagdschloss Glienicke 32
Jagdschloss Grunewald 9, **32**
Johannisstift, ev. 20
Jüdischer Friedhof Weißensee 27
Jüdisches Gemeindehaus 99
Jüdisches Museum 43
Juliusturm 23
Jungfernbrücke 25
Kabarett 14, 79, 93
Käthe-Kollwitz-Museum **44,** 56, 99
Kaiser-Wilhelm-Gedächtniskirche *24,* **28,** 99
Kammermusiksaal 21, 83
Kaufhaus des Westens (KaDeWe) 61, **63**
Kinos 80ff
Klausberg, Sanssouci 89
Kleines Schloss, Babelsberg 91, *91*
Klosterkirche 95

Knobelsdorff, Georg Wenzeslaus von 8, 25, 27, 33, 76, 87f
Knobelsdorffhaus, Potsdam 88
Knoblauch-Haus 36, 96
Königliche Bibliothek, ehem. 25, 97
Königlich Preußische Porzellanmaufaktur (KPM) 43
Köpenick 19
Komische Oper 75
Komödie (Theater am Kurfürstendamm) 85
Konzerthaus, *siehe* Schauspielhaus
Kreuzberg (Bez.) 19, 34, **35**
Kreuzberg (Berg) 34
Kronprinzen-Palais 25
Kulturforum **21,** 40
Kunstgewerbemuseum 21, **45**
Kupferstichkabinett 21, 40, **45**
Kurfürstendamm **24,** 61, 75, 99
Langhans, Carl Gotthard 25, 28, 30, 33, 90, 97
Lenné, Peter Joseph 8, 32f, 91
Literaturhaus 56
Love Parade *14,* 15, 17
Lustgarten 31
Märchenbrunnen 26
Märkisches Museum 44
Märkte 64f
Marmorpalais, Neuer Garten 90, **91**
Marienkirche **28,** 98
Markthalle Marheinekeplatz 65
Marstall, Potsdam 88, 92
Maxim Gorki Theater 85, 98
Medizinhistorisches Museum 20
Messegelände *16,* 16f, 20, **21**
Mies van der Rohe, Ludwig 40, 46
Mosse-Palais 13
Müggelsee 19, **102**
Museen am Kulturforum 39f, **45**
Museum für Indische Kunst 46
Museum für Islamische Kunst 40, 47
Museum für Naturkunde 44
Museum für Ostasiatische Kunst 40, **46**
Museum für Vor- und Frühgeschichte 40
Museumsdorf Düppel 44
Museumsinsel 39f, **47,** 98
Musikinstrumentenmuseum 21, 40, **45**
Neptunbrunnen **26,** 98
Neue Kammern, Sanssouci 88, 90
Neue Nationalgalerie 21, 39f, **46,** *46*
Neue Synagoge 19, **28,** 37
Neue Wache 25, 98
Neuer Garten, Potsdam 90
Neuer Markt, Potsdam 88
Neuer Marstall 31
Neues Museum 39, **47,** 98
Neues Palais, Sanssouci 88, **89**
Neuköllner Oper 76
Niederfinow 105
Nikolaikirche 36, 96
Nikolaiviertel **36,** 96
Nofretete *38,* 40
Obeliskportal, Sanssouci 88
Olympia-Stadion 22
Orangerie, Sanssouci 89
Palast der Republik 15, 31, 96
Papyrussammlung 40
Pariser Platz 24, **30,** 67
Parochialkirche 95
Pergamon-Museum 39, **47**
Persius, Ludwig 8, 32, 89, 91f
Pfaueninsel 19, **32,** *33,* 101
Pfingstberg, Potsdam 89
Philharmonie 21, 82, *82,* **83**
Potsdam 87ff
Potsdam-Museum 92
Potsdamer Platz *12,* 31, *74*
Prenzlauer Berg 19, **36**
Prinz-Heinrich-Palaias 98
Prinzessinnen-Palais 25, 56
Reichstagsgebäude 22, *22*
Renaissance-Theater 85
Rheinsberg (und Schloss Rheinsberg) 102, *103*
Ribbeck-Haus **23,** 96
Riehmers Hofgarten 23
Rixdorf 19
Römische Bäder, Sanssouci 89
Rotes Rathaus *18,* 23
Sammlung Berggruen 40, **44**
Sanssouci, Potsdam 17, *86,* **88ff**
Schadow, Gottfried 27, 30, 32, 96
Schaubühne 85
Schauspielhaus 30, *30,* 82f, 97
Schinkel, Karl Friedrich 8, 26, 27f, 30ff, 39, 47, 89f, 98
Schinkel-Museum 28, 96
Schlösschen Friedrichsfelde 19
Schloss Babelsberg 91
Schloss Bellevue 33
Schloss Cecilienhof, Potsdam 90
Schloss Charlottenburg 19, **33,** 35, 40
Schloss Klein Glienicke 17, **32**
Schloss Sansouci *86,* 88, **90**
Schlossbrücke 26, *26*
Schlossplatz 26, **31,** 40
Schlüter, Andreas 15, 25, 28
Siegessäule 34
Sophie-Gips-Höfe 37, *37*
Sophienkirche 19, **29**
Sowjetisches Ehrenmal 34
Spandau 20
Spandauer Heimatmuseum 24
Spandauer Vorstadt 37
Staatsbibliothek 21, 24, 98
Staatsoper Unter den Linden 14, 25, **76,** 97
Staatsratsgebäude, ehem. 31, 96
Stadtschloss **15,** 31, 96

Stahnsdorfer Friedhof 27
Stasi-Zentrale 23
Stella Musical Theater 76
Strandbad Wannsee *100*, 101
Stüler, Friedrich August 29, 39, 45
St.-Hedwigs-Kathedrale **28**, 97
St.-Matthäus-Kirche 21
St. Nikolai, Potsdam 88
Tegeler Fließ/See *7*, 19
Teufelsberg 34
Theater 85
Theater des Westens 76
Tiergarten 33
Topografie des Terrors 45
Treptower Park 34
Trümmerberge 34
Ufa-Fabrik 80, *80*
Unter den Linden *8*, 19, **24**, 26, 31, 98
Varnhagen, Rahel 9, 27
Viktoria-Park 34
Villa Grisebach 44, 56, 99
Volksbühne 77, **85**
Vorderasiatisches Museum 47
Waldbühne 22
Wannsee 19, **101**
Wasserklops 26, *35*
Wilhelm I. 10, 28
Wilhelm II. 10, 26
Wilhelm-Förster-Sternwarte 34
Winterfeldmarkt 65
Wintergarten 44, 84
Wochenmarkt Maybachufer *19*, 36, **65**
Wörlitz 105
Zeughaus 9, 25, 41
Zille, Heinrich 35f
Zitadelle Spandau 23
Zoologische Gärten 34

Schreiben Sie uns!

Liebe Leserin, lieber Leser,

wir setzen alles daran, Ihnen möglichst aktuelle Informationen mit auf die Reise zu geben. Dennoch schleichen sich manchmal Fehler ein – trotz gründlicher Recherche unserer Autoren/innen. Sie haben sicherlich Verständnis, dass der Verlag dafür keine Haftung übernehmen kann. Wir freuen uns aber, wenn Sie uns schreiben.

Senden Sie Ihre Post an die Marco Polo Redaktion,
Mairs Geographischer Verlag, Postfach 31 51, 73751 Ostfildern,
marcopolo@mairs.de

Impressum

Titelbild: Reichstagskuppel (Look: H. Wohner)
Fotos: Adlon (67); Bildarchiv Berlin (38); R. Freyer (vorderer Umschlag links, 5u, 29, 33, 53, 66, 74, 80, 83, 86, 88, 91, 92, 94, 103, 104); J. Gläser (8, 48, 56, 60, 64, 72); Grüner Salon (vorderer Umschlag unten, 78); HB Verlag, Hamburg (19, 24, 46); Kempinski Hotel (2li, 68); Lade: Tzimopulos (10); Look: H. Wohner (113); Mauritius: Schnürer (26); K. U. Müller (7, 17, 35, 39, 54, 59, 97, 98, 100); Oxymoron/Thil (106); H. Schlemmer (4, 14, 16, 42, 50, 75, 82); O. Stadler (vorderer Umschlag oben, 1, 2re, 5o, 6, 12, 18, 22, 30, 37, 61); ydo sol (71)

11., aktualisierte Auflage 2002 © Mairs Geographischer Verlag, Ostfildern
Herausgeber: Ferdinand Ranft, Chefredakteurin: Marion Zorn
Lektor: Jochen Schürmann, Bildredakteurin: Gabriele Forst
Kartografie Cityatlas: © Mairs Geographischer Verlag/Falk Verlag, Ostfildern
Gestaltung: red.sign, Stuttgart

Printed in Germany. Gedruckt auf 100% chlorfrei gebleichtem Papier